# 人为何物

## 进化的逻辑

王一江 著

中信出版集团 | 北京

图书在版编目（CIP）数据

人为何物：进化的逻辑 / 王一江著. -- 北京：中信出版社，2021.1（2021.3重印）
ISBN 978-7-5217-2656-5

Ⅰ.①人… Ⅱ.①王… Ⅲ.①人学—研究 Ⅳ.①C912.1

中国版本图书馆 CIP 数据核字 (2020) 第 263635 号

人为何物：进化的逻辑

著　　者：王一江
出版发行：中信出版集团股份有限公司
（北京市朝阳区惠新东街甲4号富盛大厦2座　邮编　100029）
承 印 者：北京楠萍印刷有限公司

开　　本：787mm × 1092mm　1/16　　印　　张：24.25　　字　　数：290千字
版　　次：2021年1月第1版　　印　　次：2021年3月第3次印刷
书　　号：ISBN 978-7-5217-2656-5
定　　价：98.00元


服务热线：400-600-8099
投稿邮箱：author@citicpub.com

# 目　　录

# 前言　问世间，人为何物

## 1_关于人

哲学有三大终极问题：我是谁？我从哪里来？我到哪里去？

简言之，哲学最关心的问题就是：问世间，人为何物？

庚子年间，新冠病毒（COVID-19）肆虐，始有暇再读原始社会史，也再次感受“学而思，思而学”之妙，忽有所悟。

真理是简单的！原来，对人的认识，只要抓住一个关键词，便可一通百通。这个关键词就是：暴力 。暴力泛指通过武力侵害他人身体、财产或精神的行为。

何来此说？

因为，人类诞生于一个暴力的世界，由暴力催生，又靠暴力赢得生存权，在进化过程中强化了自身的暴力基因，成为地球上最强大的暴力物种。人类是在一个暴力世界，由暴力催生、为暴力而存在的物种。

所以，人类的社会组织和精神世界，都建立在暴力的基础之上，都笼罩着暴力的阴影。

我们将用这一整本书，详细解释这个“因为”和“所以”，解释人类诞生和进化的环境，解释人类的生存博弈，解释暴力如何决定了人类的社会秩序和精神世界。

关于“人为何物”已经有很多说法，抓住暴力这个关键为何很重要？

现代以来，人们从自然科学、社会科学和人文科学等角度，对人进行了广泛深入的研究。专业研究包括考古学、地理学、化学、生物学、解剖学、基因遗传学、社会学、人类学、历史学、政治学、哲学等等，涵盖的问题包括社会、政治、组织、技术、生理、心理、行为、宗教等问题。

这些研究虽硕果累累，但均为从局部入手，在专业范围内刨根问底，深究细探。在各行各业专业精神的指引下，关于人的讨论，总体来说还是停留在只见树木，不见森林的状态。最终，我们收获了关于人的很多说法：善人、恶人、自然人、高尚之人、卑劣之人、社会人、理性人、情感人、上帝的子民、统治者的臣民、自由人、主人、奴隶等等。这些说法均有道理，但显然是从特定角度看人，难免以偏概全，挂一漏万。

要超越这类对人、对“局部人”的说法，有一个知识结构上的巨大挑战：我们掌握的知识，不是太少，就是太多；过去或许太少，现在肯定太多。仅以一个不大不小的历史事件为例：到20世纪90年代中期，关于美国南北战争的书籍已超过5万种，对阅读量的挑战，已远不是常言“熟读24史”的概念。[1] 正如杜兰特（Will Durant）指出的现代人掌握的知识，早已超出其理性所能承受的极限。这造成科学家的知识日益深而不博（know more and more about less and less），而哲学家的知识则日益博而不深（know less and less about more and more），最终，科学家在获得知识时失去了问题和方向感，而哲学家则在讨论问题时失去了知识和专业性。[2]

要从本质上、整体上系统准确地回答“人为何物”问题，既需要大量专业知识，又不能局限于专业知识。如何才能让业已积累的海量知识，成为载舟之水，而不是覆舟之水呢？怎样才能了解局部，又超越局部，既见树木，也见森林呢？

必须以一个简单的概念为原点，从这个原点出发，认识关于人的所有局部。

---

1 Morris（2014），第21页。

2 Durant（2019），第1页、第2页。

成为原点的条件是，关于人的一切，人的基因、人的行为和人的精神世界，都是因其而生，为其而成。暴力就是这个原点。我们著此书以为证，以人类原生进化的逻辑，说明这个观点。

本书最后部分概括出一个3×3结构模型，或曰三环结构模型图，用它描述人类的自然存在、社会存在和精神存在，解释人的这三个存在，如何围绕暴力这个原点展开。这个3×3结构模型图，用“理工男”的思维方法讨论“人为何物”问题，第一次将这个哲学问题的讨论结构化，方便大家快速把握本书的核心思想，准确、逻辑、系统地理解人这一物种。

对人的完整认识，竟可以如此简洁；关于“人为何物”的答案，竟可以这么严谨准确。希望读者在领会了3×3结构模型图之后，对此能有同感。

## 2_关于原始人

本书从“猿之末、人之初”开始，以原始人为背景，探讨“人为何物”。

以原始人为背景探讨“人为何物”有着特别的意义。人类诞生之前和人类早期的生存博弈，决定了人类的基因、人类的体形、人类的心理与行为特征。现代人是原始人的后代，今日是昨日的延续。

聚焦原始人对回答“人为何物”的意义，可以从时间概念上认识。人类历史的一大特点是，原始的昨日之长，与文明的今日之短，形成强烈对比：前者已有几百万年，后者才万年历史。昨日与今日之时间比例决定了，无论从生理还是心理特征来说，现代人都不过是刚刚穿上文明外衣的原始人。

聚焦原始人对回答“人为何物”的意义，还可以从“纯洁性”上认识。进入文明社会以来，人类创造了大量概念，制定了众多行为规范，来限定人可以是什么，不可以是什么。比如，法国人于18世纪创造了“文明”这个词，表示有文化，这个词很快风靡欧洲，又传遍世界。从这些概念出发，受其束缚，最终我们认识的，都是经过包装的人。跳出这些概念，回到原始人的自然状态，我们才能认识更真实的人，更好地理解人类的进化问题。[3]

正因为如此，现代学者对原始人和原始社会的研究一直都兴趣盎然，西方学者喜欢称此为史前史研究。近几十年来，史前史研究更是突飞猛进，日新月异，在诸多方面取得了重大成果。

本书系统介绍了原始人与自然的关系、历史、社会与精神世界，与已有关于史前史的文献相比，在目的和方法论上均有重要不同。

表1以过去部分重要研究成果为例，总结他们的研究方法和研究目的，也扼要解释本书与已有研究的异同。

**表1　对原始人的一些重要研究**

| 研究者 | 研究方法 | 研究目的 |
|---|---|---|
| 摩尔根、米迪、戴蒙德 | 考察现存原始部落 | 认识、解释原始生活 |
| 费根和一批剑桥学者 | 分析考古证据 | 还原史前史 |
| 恩格斯、莫里斯、赫拉利 | 讨论社会发展过程 | 解释家庭、宗教、国家起源 |
| 赖克、铎金斯、其他遗传学家 | 基因分析 | 解释人类起源、迁徙、基因融合、人种形成 |
| 德瓦尔、巴拉什、威尔逊 | 猿类研究、动物研究 | 解释人类心理和行为 |
| 赫拉利、阿克曼 | 观察、哲学讨论 | 人对自然与生态的影响 |
| 达尔文、其他科学家 | 自然科学分析方法 | 人类起源、生态规律 |
| 宗教学 | 信仰、历史 、人类学、史学、哲学方法 | 人类起源、人类信仰、行为规范 |
| 霍布斯、卢梭、杜兰特等 | 哲学思辨 | 从各个角度认识人 |
| 《人为何物》 | 综合运用跨学科知识、结构化哲学思辨 | 完整、系统、准确地回答“人为何物”问题 |

3　布罗代尔（2016），第34页。

从表1可以看出，本书的研究目的和哲学家最为接近，但在研究方法上，有三点超越过去的哲学思维。一是得后发之利，更加充分和综合运用各专业学科最新的研究成果。二是用模型讨论“人为何物”的问题，第一次实现了将这个重要哲学问题的讨论结构化和体系化，是方法论上的一个重要突破。最终，也是最重要的，我们将以暴力为中心，建立起对人的完整认识。

从表1还可以看出，本书的目的，不是为了从专业角度给原始人研究添砖加瓦，而是为了更好地认识人，认识人创造的社会和意识。服务于这个目的，本书不受专业限制，以原始社会为大背景，从跨界、跨时空综述与人类进化、人的属性和人类社会有关的问题，达到说明问题的效果。表1中列举的内容和其他已有研究成果，是本书的基础，书后面对它们有更多介绍和诸多借鉴。

在某种意义上，“人为何物”是世界上最容易回答的问题；对这个问题，谁都能满怀信心说上几句。但同时，这也是世界上最难回答的问题，谁都不能简单将其讲透讲清。客观看，从科学家、哲学家到普通大众，大家对“人为何物”都有一些好的认识，也都不能全面系统地回答这个问题。本书试图改变这种情况，在关于人的认识上取得一些突破。

## 3_关于现代人

每一个关心社会和自身命运的现代人，都能得益于本书关于“人为何物”的讨论。

现代社会虽科学发达，技术先进，物质丰富，但无论社会还是个人，都充满问题。这些问题不断积累，随时可能爆发，陷我们于危机之中。现代科技与原始人性的共存意味着，现代社会对人类的最大挑战来自人类自身。

在社会层面，时至今日，始终未变的是，人类一直生活在暴力的阴影中。时至今日，社会治理的核心问题，仍然是如何以暴制暴，以暴止暴。

关于现代社会的暴力阴影和以暴止暴的问题，我们无法在此展开讨论，仅从社会管理、国际关系、政治制度和经济制度四个方面，各举一例，点到为止。

在社会管理上，若无国家暴力的威慑，便会盗匪横行，遍地都是暴力。[4]

在国际关系中，今日世界大国之间的和平，要靠核恐怖维持。[5]

在政治制度中，有一种设计叫民主。谈民主的人很多，谈民主产生和维护条件的人很少。有意无意，大家好像在忽视一个基本事实：民主都是打出来的，其产生与维系都要靠武力的微妙平衡。因为民主对武力均衡的要求很高很微妙，所以它不是人类历史上的主流制度。[6]

在经济制度中，有一种设计叫市场。亚当·斯密解释了理想市场制度是如何运行的：产权得到保护，人们公平竞争，通过价格机制这只“看不见的手”实现资源配置。[7] 斯密没有解释，市场制度为何这么晚才在这么少的国家确立，成为主流。经济学家鲜有提及的事实是，打得赢的人不喜欢等价交换，更喜欢抢。不信可以去问亚历山大、成吉思汗、希特勒。若非打不动、抢不到，怎么会有市场？[8]

以上举例虽是蜻蜓点水，却能让我们清楚地看到，在今日世界，暴力的阴影仍然无处不在，无时不在。离开对人类暴力基因和行为的理解，就很难理解人，很难理解人类社会，很难理解人类建立的各种制度。

---

4 霍布斯（1651）。

5 Morris（2014）.

6 North、Wallis and Weingast（2019）; 王一江（2017）。

7 Smith（1776）.

8 王一江（2019）。

对“人为何物”的理解也与个人生活质量密切相关。人类的基因凝结着对数百万年进化历程的记忆。原始人遗传的基因驱动着现代人的行为，决定了现代人做什么、不做什么。而原始人留给我们的基因，难得与暴力无关。

我们来看生活中一个熟悉的小例子，个人体重问题。很多人都觉得控制体重很难，因为人太贪吃，太懒动。好吃懒动，有基因基础。原始社会食物稀缺，来之不易，有吃就要吃个够。整日饥肠辘辘，吃带来的愉悦，可想而知。同时，食物稀有时，少动、节省体力，也是达到身体平衡、维持生命的一个重要方法。数百万年的饥饿历史告诉人类，多吃少动，储藏脂肪和能量，是应对饥饿威胁的正确方法，对生存有利。正是这种进化的经历，在人类灵魂深处留下了不可磨灭的记忆，在人类的基因中铸就了“好吃懒动”的本能。

大家都知道控制体重需要做什么，“迈开腿、管住嘴”的说法广为人知。可是，知道归知道，做到完全是另外一回事。现代人携带的原始基因，让体重问题成为典型的知易行难的问题。

与基因、与本能对抗是很难的。既然“好吃懒动”由基因所致，就真的没有办法了吗？是，又不是。“是”很容易理解，上面已经解释。“不是”是因为，有如其他自然规律，人类基因的组成与功能，天生就存在着对抗与平衡的力量。我们可以利用人类基因中固有的对抗力量，善用其他基因的力量，做到事半功倍。比如，为了在暴力环境中更好地保护自己，更好地生存，原始人必须生活在集体中，由此产生了强烈的归属需要，养成了从众心理。这个基因也延续给了现代人，给我们控制体重指出了另一条路。

在归属感的驱动下，个人在进入集体后，会自动向集体的行为规范看齐，尽力融入这个集体。这导致个人行为越来越与集体其他成员行为同步。

脑科学告诉我们，当他人处于某种状态时，旁观者大脑的相关部位也会同时活跃起来。听到他人唱歌时，人们会情不自禁想跟着唱；当他人处于危险和紧张状态时，人们也会心情紧张，手心冒汗。这就是大脑的“镜面效应”。[9] 镜面效应发生在有意无意之间，告诉我们“我是谁”取决于我周边是谁，我和谁在一起。

这跟控制体重有何关系？关系就在于，大家一起努力，能更好地克服好吃懒动，比个人关起门来拼命效果更好。这就是为何健身俱乐部能成为一门很大的生意。

是否去健身俱乐部只是形式，关键是要和健康生活、热爱运动的人在一起，形成氛围，互相推动，大家一起崇尚和追求健康的生活方式，借助集体的力量，克服“好吃懒动”的本能。这样就可能会事半功倍，达到控制体重的目的。这个思路，行为心理学上叫“助推理论”（nudge theory）。[10]

这个例子告诉我们，人要想做好什么事，最重要的或许不是明白自己要做什么，而是明白谁擅长此事，向他们靠拢，去接受他们的影响，即“沾光”。

这个例子还告诉我们，基因决定欲望，欲望驱动行为。人生充满欲望，人生动力来自欲望。欲望之满足带来人生的快乐和幸福，其不满足带来人生的痛苦、失落和愤怒。足够强烈的欲望驱使人以死相拼，去获得欲望之满足。

这个例子再次确认，欲望是矛盾的，一念天堂，一念地狱是可能的。在控制体重的问题上，好吃懒动的欲望和从众的欲望都存在。人很难对抗自己的欲望，但可以用一个欲望平衡和抵消另外一个欲望。

---

9 Brooks（2011）.

10 Thaler and Sunstein（2008）.

进化心理学（evolutionary psychology）认为，人类的心理系统，都是为处理原始人在狩猎采集过程中遇到的问题而设置的。[11] 要理解现代人的心理，现代人的追求、梦想、幸福感、焦虑感、贪婪、恐惧、自私、集体主义精神等，都需要从原始人开始，从那里找原因。而原始人留下的记忆，最重要的是运用暴力获得食物的记忆，关于饥饿和暴力的记忆，刻入我们的骨髓，植根于我们的灵魂，牢牢控制着我们的潜意识。

## 4_各章内容提要

本书的主体部分用八章的篇幅解释原始人类如何在暴力环境中诞生，如何在暴力世界中求得生存，如何在使用暴力的过程中进化，如何获得意识、达到暴力的巅峰，成为暴力世界的主宰，成为我们所知的宇宙的至尊。

第一章、第二章以时间前后流逝顺序为经，物种之间横向比较为纬，回顾人类进化的历史和人类在自然界的定位，说明暴力与人类的历史渊源和自然关系。

第一章以“天有始，地无终：人类时间”为题，描述人类进化的时间进程，回顾人类漫长的进化历程，展示人类是如何杀开一条血路，获得生存权的。

第二章以“天有经，地有纬：人类空间”为题，讨论人类作为一个物种与自然的关系、与其他动物的关系，帮助我们在茫茫宇宙和万类霜天中找到人类的位置，认清生存博弈的挑战。

第三章、第四章的主题是人类对世界与其他物种的征服，解释人类如何通过暴力登上世界之巅，成为万物的主宰。

第三章以“天下清，四海平：原始大征服”为题，描述智人离开非洲

11 巴斯（2007）。

后，如何披荆斩棘，征服五大洲四大洋，成为地球的主人。

第四章以“天不应，地不灵：原始大灭绝”为题，描述智人在走向世界的过程中，如何一路进行“灭国”大战，将一个个人类物种和一个个动物物种斩尽杀绝，永久性地改变了地球的生态系统。

第五章、第六章的主题是人际关系，讨论原始人部落内部和部落之间为什么常态化地互相残杀，有时又被迫和平相处。

第五章以“天也怒，地也怨：暴力人间”为题，介绍原始人暴力相向的原因及形式，说明原始社会是一个非常暴力非常血腥的社会。更糟糕的是，原始社会的筛选淘汰机制，确保了人类身上普遍携带暴力基因，确保和强化人类作为暴力物种的存在。

第六章以“天行纲，地走常：有序人间”为题，介绍原始人的社会秩序，包括部落内部秩序和部落之间的外交及商业秩序。

第七章、第八章的主题是人类意识、人类精神世界，重点讨论长期的暴力环境如何决定人类意识，塑造人类的脑和心，即决定人类的思维和心理特征。

第七章以“思之乾，信之坤：意识的力量”为题，讨论思维能力在生存博弈中的决定性作用，包括想象力、意志力及信仰问题，以及现实世界和虚拟世界本末倒置的风险。

第八章以“天堂上，地狱中：人类心理世界”为题，讨论嵌入人类基因的四组八大心理特征：暴力与和平、个人与集体（利己与利他）、贪婪与恐惧、快思与慢想。这些讨论帮助我们认识人类心理特征根深蒂固的基因基础，及它们对人类行为的影响。

将这八对心理特征分为四对讨论，是为了方便读者看到，暴力在塑造人性时，在人类的内心深处留下了多少矛盾与冲突，给人带来困惑和煎熬。这些矛盾不会因我们的认识而消失，但我们希望，认识这些矛盾能帮助我们更好地管控它们。

本书的结尾部分对全书重点进行回顾总结。用一张图，对“人为何物”做最简洁、最精确的表述，用“暴力”和“意识”这两个关键点，将人的自然、社会和精神三个世界连接起来，每个世界作为一个子系统。至于每个子系统中的变量，子系统内部外部如何互相连接，还请读者细看全书最后一节。

图1简要总结了本书的八章内容与主题的关系，方便读者把握全书的结构。

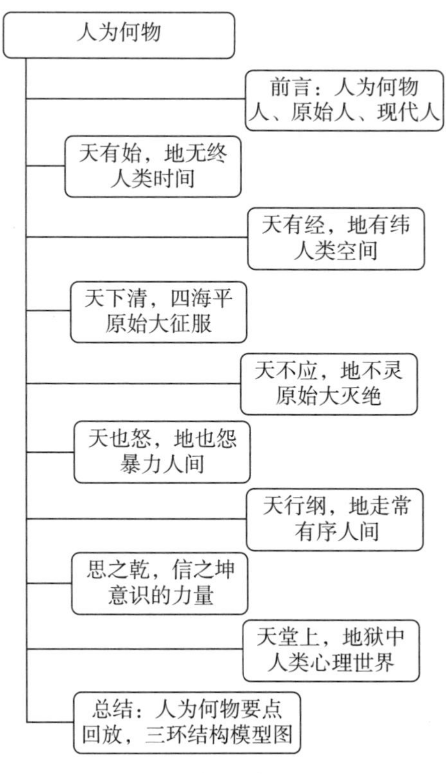


图1　全书内容概览

接下来让我们回到那混沌初开的蛮荒时代，重走一遍人类远古祖先之路，开始这趟关于“人为何物”的认识之旅。

第一章

# _天有始，地无终_

# 人类时间

人都有好奇心。小孩会问妈妈："我是从哪里来的？"

有些母亲会搪塞说："有天晚上我们走在路上，捡到一个孩子。""白鹤从头顶飞过，扔下一个盒子，打开一看，里面是个孩子。"终于，有一天，孩子明白了，他是父母所生。他不会满足和止步于知道自己是父母所生。外婆是妈妈的妈妈。充满求知欲和好奇心的孩子，想清了妈妈与外婆的关系，像发现了宇宙真理，扬扬得意，满脸笑容，充满幸福感。

父母心里可能会想，小孩子真幼稚。是有些幼稚。但父母要做好思想准备，正因为幼稚，小孩经常提出最好的问题。他们不会停下来。外婆也有外婆吗？外婆的外婆的外婆是哪来的？

稍大些的孩子可能会问：世界上第一个人是哪里来的？问到这里，孩子已提出了一个最重要的问题，充分表现出人性的伟大。

他们的逻辑能力，已经超过了世界上最聪明的动物。不知不觉，他们已将我们带入了人类起源的课题，带入了"我是谁，我从哪里来，我到哪里去"这三大终极哲学问题。

不要笑话孩子，不要小看他们平淡无奇的随口一问。他们提醒我们，是我们的祖先，塑造了我们的身体，塑造了我们的灵魂。

## 1_从猿到人：春花秋月何时起？

相信李后主唱出"春花秋月何时了"这千古名句时，没指望谁来回答他的问题，事实上也没人能回答他的问题。

何时了难说，何时起倒是知道。地球能欣赏春花秋月的人，大约起于250万年前。250万年是多久？我们来找点儿感觉，看看汉语里面哪个词适合描述这个时间长度。

中国人最重视家族关系，传统中国社会中的家族祠堂中，供奉着列祖列宗。汉语是关于家庭关系词汇最丰富的语言，在汉语中，有多少专用名词用于称呼祖孙关系？

战国时齐威王的儿子田婴，一日对四十个儿子说：“周旋列国，辩才当先，谁若能问得住我，便是田门英才。”大小哥哥相继发问，竟没人能难住父亲。

此时，田文霍然起身，高声发问：“子之子为何？”

“为孙。”父亲笑答，兄弟们也哄堂大笑。如此问题，太浅薄了！

“孙之孙为何？”田文接着问。

“玄孙。”

“玄孙之孙为何？”

父亲愣住了，摇摇头：“不知道了，你等谁知道啊？”厅中一片摇头，却没有人再笑。

父亲回头问：“文儿，你自己知道吗？”田文答道：“玄孙之孙为来孙，来孙之孙为昆孙，昆孙之孙为仍孙，仍孙之孙为云孙，云孙之后，以代计之。此谓人伦梯次也。”举厅惊愕，鸦雀无声。

田文庶出，是母亲违抗父命偷偷生的，原本在家中地位卑微，此次却一举成名，令父亲刮目相看。后来，他被齐宣王指定为田婴嗣子，不负家国厚望，成为合纵抗秦核心人物，战国四君子之首，名垂青史，人称孟尝君。[1]

汉语中有专用名词可以描写祖孙各18代。对中国人来说，祖宗18代是个很重要、很神圣的概念，若被人骂了祖宗18代，那可是奇耻大辱，让人产生要拼命的念头。上下各18代，前前后后800来年，时间不算短。

但真要说祖宗，800年放进250万年中，是近乎零的概念。

其他汉语词汇呢？百年易过，弹指之间，人们常这样感叹。

千年老乌龟，长寿令人羡慕。曹操感叹：神龟虽寿，犹有竟时。

---

1 孙皓晖（2016）。

千秋万代如何？中国帝王最大的愿望，便是千秋万代，江山永固。结果，无论怎样费尽心机，历代王朝，传承少有超过18代的，绝对没有超过两个18代的。中国家族传承最为悠久的，是创建了儒学的孔家和创建了道教的张家，薪火相传都已有70多代。但即使这两大家族，距传承百代也还有不小距离。

号称万世一统的日本天皇体制，世代延续在世界各国王室家族中遥遥领先，是绝对的冠军。从传说中的神武天皇到当今的德仁天皇，已传承了126代。

126代不可谓不多，但和千秋万代相比，还不足一个零头。250万年光阴，若以25年为一代，是10万代。

难怪，如果孩子要坚持问外婆的外婆，外婆的外婆的外婆……妈妈会觉得好烦。

汉语中还有一个词，叫海枯石烂，人们喜欢用它表达永恒，表达永远不变的忠贞爱情。殊不知，人类历史之久远，海枯石烂亦不足以描述。地球大概每9万年便会经历一次极寒，进入冰期。冰期气温下降使海水大量结冰，海平面下降，更多陆地露出海面，这就是所谓的“海枯”。人类在250万年的漫长进化过程中，已见证过数十次这样的“海枯”周期了。[2]

无论千秋万代，还是海枯石烂，相对于人类历史来说，都太短暂。人类历史之久远，没有文学词语能够描述。

佛教中有个“劫”的概念倒是够长，一大劫十几亿年。佛教说万劫不复，万劫的时间超过了宇宙的时间，显然是想象的概念，没法用来描述人类历史。

2 费根（2017），第40页。

必须承认，岁月如此漫长，没有只言片语的文字记录人类进化究竟始于何时，这自然是个大问题。虽然我们采用了人类历史始于250万年前的说法，但要记住，这只是目前一个相对可信的说法，学术界对此并无定论，随时可能重写。帕夫拉克（Brian Pavlac）认为人类历史始于200万年前。[3] 赫拉利（Yuval Noah Harari）200万年和250万年两个说法都使用过。[4] 德瓦尔（Frans de Waal）认为，人类历史始于550万年前。[5] 戴蒙德（Jared Diamond）将人类进化从600万年前开始算起。[6] 赖克（David Reich）将人类进化开始的时间定在700万年前至500万年前之间，留下了200万年的区间。[7]

认为人类历史的起点在700万前至500万年前之间的依据是人类的先祖南方古猿与黑猩猩分道扬镳的时间。从那以后，南方古猿成为一个新的物种，朝人的方向进化。认为人类历史起点在250万年前的依据是那时人类已具有与南方古猿明显不同的身体结构，直立人和一些早期人类已经出现，他们的脑容量已大大增加，与现代人只有一步之遥。

时间的高度不确定性是讨论原始社会问题时的常见现象，大家对此不必苛求。大家知道，中国共产党第一次全国代表大会1921年7月在上海召开。如此重大的改变中国命运和世界历史的事件，短短30年后，参加过会议的还在世的几位关键人物，已经无法确定开会的准确日子了，何况几百万年前的事？

除了人类进化的起点，几乎所有关于原始社会其他重大事件发生的时间，人们也很难确定。比如原始人遗址的时间、火的使用和认知革命发生

3 Pavlac（2011），第15页。

4 赫拉利（2014），第6页、第9页、第78页。

5 德瓦尔（2015），第15页。

6 戴蒙德（2014），第5页。

7 赖克（2019），第22页。

的时间，不同说法的差别动辄万年。因为没有记录，因为过于远久，关于原始社会的一切都是在有限证据下的合理猜测。

## 2_暴力草原：冰期的危与机

“郴江幸自绕郴山，为谁流下潇湘去？”600万年前到底发生了什么？250万年前到底发生了什么？缘何从那时起，有一种猿，会改变自己存在了千万年的历史，开始向人进化？

是地球上的气候变化，推动了人类的进化。具体来说，是冰期地球气温的下降，导致东非森林的消失，草原的兴起，推动人类与其他猿类动物分道扬镳，走上了不同的发展道路。

草原兴起和人类兴起有何关系呢？因为草原上的生活更具有挑战性，来到草原上的猿必须更加聪明才能生存。

让我们从头说起。大约2 400万年前，非洲涌现了多种猿类动物。大约2 000万年前，随着气温的下降，森林消失，迫使原来一些树上动物开始适应地面的生活，其中也包括一些猿。[8]

来到地面生活的猿，在后来的岁月里，逐步分裂成5个分支，按分裂的时间顺序，分别是红毛猩猩（orangutan）、大猩猩（gorilla）、人类（human）、黑猩猩（chimpanzee）和巴诺布猿（bonobo，俗称倭黑猩猩）。猿科的这5个属，在1 400万年前是一家，同祖宗。红毛猩猩是人类的近亲，与人类基因的相似度为97%。[9]

大约1 000万年前，随着森林的进一步消失，草原面积增加，包括无树草原和稀树草原。这时，一些猿类动物离开森林，开始尝试草原生活。

8 费根（2017），第41页、第42页。

9 阿克曼（2017），第3页。

虽然都是猿，但敢于离开生活了千万年的熟悉环境，到陌生的草原上潇洒走一回，这样的猿和继续留在森林中的同类相比，是不是有某种基因方面的特色呢？这种微妙但重要的差别，对这些勇敢的猿后来进化成人，是不是起了关键作用呢？这些都是值得探讨的问题。

600万年前至400万年前，生活在草原上的猿分裂成两个分支，一支是南方古猿（australopithecus），另外一支一直是猿。南方古猿后来分布至非洲各地，其中一部分最终进化成人。[10] 另外这支后来又分裂成黑猩猩和巴诺布猿两支。黑猩猩和巴诺布猿是人类在动物界最近的近亲，与人类基因的相似度超过98%，与人类的情绪和行为也有相当的类似之处，是研究人类行为重要的参照物种。

在从南方古猿到人的发展过程中，320万年前的少女露西占有特殊地位，她同时具有南方古猿和早期人类的生理特征，大脑容量与南方古猿更加接近，只比黑猩猩稍大，但身体结构更适合直立行走。她的发现证实了很多人类学家长期以来的一个猜测：直立行走先于大脑进化。露西还不会使用工具，而会使用工具的人类历史，在她之后。[11]

南方古猿后来又产生了不同分支，250万年前的一个分支南方古猿惊奇种，已经留下了使用工具的痕迹。[12] 200万年前的能人（homo habilis），脑容量已接近现代人的一半，而黑猩猩和南方古猿的脑容量大约为现代人的三分之一。[13]

草原刺激了人类的进化，因为生活在草原上的猿，在觅食和自我保护两个方面面临的挑战，都远远超过在森林中。

---

10 德瓦尔（2015），第15页。《剑桥古代史》（2020），第159页。

11 赖克（2019），第76页、第77页。

12 费根（2017），第52页、第53页。

13 费根（2017），第55页。

南方古猿在草原上觅食难度更大。人类能食用的植物本来就很少，只占所有植物种类的1%。[14] 这和动物肉基本都可以食用形成了鲜明对比。这些植物很多都是森林植物，比如树上的果子，古猿离开森林后自然也离开了它们熟悉的森林植物。[15] 还有很多植物需要做熟才能食用，当时也无法成为古猿的食物。除了无法消化，很多草还有毒，令人恐惧。想必有不少古猿和早期人类都死于误食毒草，所以人类进化出对草的戒心和本能排斥。直至现在，很多小孩还保留着这种潜意识，本能地不喜欢吃素菜。

肉食虽然安全营养，但来自森林的古猿没有速度优势。在草原上，它们难以隐蔽接近捕食目标。

草原上不仅觅食难，自身安全更是问题。失去了森林和树木的遮蔽保护，南方古猿暴露在猛兽面前，必须面对更多的危险。草原上有10种不同的大型猫科动物，还有成群的鬣狗豺狼，古猿随时都可能成为它们的食物。[16] 在草原上，不要说碰到凶猛的肉食动物，即使是被野牛、斑马、长颈鹿甚至野猪顶撞一下，也会令古猿受伤甚至生命堪忧。“打，还是跑”（fight or flight）是暴力世界生存博弈最重要的选择题。[17] 古猿没有速度优势，碰到危险时，打不赢也跑不掉，生存之艰难可想而知。

毒蛇猛兽和其他暴力挑战在森林中就存在，在草原上更是加倍。生活在草原上的南方古猿需要更加高效强大的暴力，才能幸存。从猿到人的历史告诉我们，人类诞生于暴力环境之中，由暴力催生，从出生第一天起就和暴力相伴，脱不开干系，并在整个进化过程中发扬光大了这个传统。难

---

14 戴蒙德（2016）；Morris（2014），第76页。

15 阿克曼（2017），第4页。

16 德瓦尔（2015），第112页。

17 Carroll（2016），第17页。

怪杜兰特夫妇说，暴力是人类历史中的一个常数。[18]

这些挑战迫使南方古猿在生理上做出调整，以更好地适应草原生活，让自己成为草原暴力世界的强者。

狩猎获得食物和采集获得食物不同。动物会动，古猿狩猎需要的空间、移动范围大大增加了。他们的后肢变得更加发达，更适合直立行走，为树上移动而生长的强大前肢则逐渐弱化了。

它们需要看得更远，才能尽早看到远处的动物，要么前去捕获，要么及早逃脱。这进一步强化了它们直立行走的功能。

它们的大脑，也需要发育出新的空间识别和定位系统，需要获得新的空间概念，能够对视觉进行外延推理，更好地判断距离以及距离与速度的关系。[19] 这种判断力对现代人过马路很有帮助，但若行驶的车辆速度太快时，人类大脑就会丧失对速度与距离的判断力，因为当年在草原上跟动物打交道时，人类没见过这种速度，没有建立起对这种速度的判断力。所以高速公路和高速铁路必须实行封闭式管理。

古猿需要通过更好地沟通与合作，来弥补个人力量的不足。为此，它们的发音系统也在改变。除了大脑能够识别更多的声音，喉咙的位置也逐渐下移，变得更适合发音，能够发出更加丰富的声音。[20]

人的器官都遵循用进废退的法则，古猿的大脑在更具挑战的环境中受到刺激，变得越来越发达，体积增大，功能增强。考古证据表明，南方古猿的脑容量约400~500毫升，略高于黑猩猩。能人的脑容量约为600~700毫升。[21] 直立人脑容量约800~1 200毫升，已高出南方古猿1倍多

---

18 Durant（1968），第81页。

19 费根（2017），第67页、第78页。

20 费根（2017），第66页。

21 费根（2017），第55页。

了。[22] 随着大脑的进化和经验的积累，南方古猿在工具制作方面取得了进步，最终遥遥领先于黑猩猩，更不要说其他动物。[23]

不假思索地一味为原始人大脑的进化而欢呼，就不能准确理解进化的挑战。中国人都知道孟子的“劳心者治人，劳力者治于人”的名言。在西方，经济学也反复论证，教育和人力资本的积累，是改变个人命运的最佳途径。这些说法也许会让人理所当然地认为，拥有更强大脑肯定是好事。其实，这些说法都要到后来才成立。从进化的角度来说，人类最初选择优先进化大脑，是否正确，值得怀疑。

原因是，大脑是一个高耗能器官。人类大脑重量只占整个体重的2%～3%，但在身体处于静止状态时能耗占整个能量消耗的25%，而猿类只占8%。为了支持如此高耗能的器官，人类需要找到更多的食物，也牺牲了很多肌肉，这增加了古猿和原始人觅食的要求，也削弱了人类的暴力水平。而在动物世界，弱肉强食是唯一的通行证，牺牲肌肉去发展大脑，有违必须“打得赢”才有生存权这一自然界的基本原理。[24]

看看红毛猩猩、大猩猩和黑猩猩的体型和浑身的肌肉，那简直就是一台台令人恐惧的战斗机器。这些猩猩虽然不是狮子的对手，却随时可以把人撕得粉碎。红毛猩猩和人类的体重相当，力量却是人类的7倍，一个不经意的玩笑动作即可让人受伤。[25] 在黑猩猩的世界里，赢者通吃，打得赢的处于高阶地位，可以优先获得食物和到处播种自己的后代。大家一定知道，其他很多动物也是如此，赢者通吃。在动物学框架中，“赢者通吃”

---

22 费根（2017），第79页。

23《剑桥古代史》(2020)，第132页、第158页、第159页、第165页。费根（2017），第55页、第56页。

24 德瓦尔（2015），第49页。赫拉利（2014），第9页。

25 阿克曼（2017），第26页。

的动物都实行高度的一夫多妻制度，其他动物则实行中度一夫多妻制、一夫一妻制或一妻多夫制。[26]

发展大脑的代价说明，人类是在别无选择的情况下，被迫开发自己的大脑。开阔的草原，充分暴露了人类在力量和速度方面的劣势。相对于很多草原动物，这些劣势如此之大，以至于无论如何也无法弥补。在此前提下，若不能变得有智慧，便只能灭亡。因此，发展大脑虽然风险高，却是华山一条道，别无选择，可谓置之死地而后生了。

顶着挑战，冒着风险，发展大脑成为人类在“猿之末、人之初”时，在还没有成为人类之前转危为机最成功的一次实践。绝境求生，也成为人类固有的风格。

随着大脑的进化，南方古猿终于在某个时候跨过了门槛，进化成为早期人类。考古学和解剖学研究表明，这个转变在250万年前已经完成。

## 3_暴力升级：一路走来三级跳

“我欲乘风归去，又恐琼楼玉宇，高处不胜寒。”“寂寞嫦娥舒广袖，万里长空且为忠魂舞。”

这些优美的诗句，这些看似与暴力无关的闲情逸致，却包含了人类掌握超级暴力的秘密。我们需要充分认识到，如此丰富的想象力，才是人类暴力封神的原因。可惜，在250万年的绝大部分时间里，人类并不具备如此强大的想象力。

在这250万年的时间里，人类经历了三个不同发展阶段。

250万年前，人兽大同，原始人的日子过得与野兽无别。

30万年前，人类开始脱离动物界，有了自己独特的生活方式，变得愈

26 巴拉什（2019）。

来愈像人了。

10万年前，人类获得了想象力和创造力，开始生活得像我们理解的人。具有无限想象力的人，可以在月球上创造出一个令人向往的世界，当然也可以成为地球的主宰。

先退一步说。整个人类历史，可以分为原始社会和文明社会两大历史阶段。这两大历史阶段的时间划分大体是，原始社会始于250万年前，终于1万年前，文明社会始于1万年前，目前仍在继续。

文明社会有四大标志：农业的兴起、人口的增加、国家的产生和文字的发明。这四大标志中的后三个，本质上都是因为农业的兴起才成为可能。所以，文明始于农业革命。

从这个划分可以看到，原始与文明两个历史阶段的时间比例，完全是一边倒的，是2500000：10000 = 250：1的关系。相对于原始蛮荒的漫长历史，人类进入文明时代的历史实在还非常短暂，相当于昨天的事。可以说，人类始于远古，文明始于昨日。无怪乎，现代人身上满是原始人的野蛮气息，他的身体活在今天，心理却活在数万年前的蛮荒时代；他的知识和能力已经现代化，他的心理却停留在远古恶劣的生存环境中，充满紧张焦虑，缺乏安全感。这再次告诉我们，要了解现代人和现代社会，必须研究原始社会。不从原始人开始，我们无法真正了解人性，不认识他们，就不能认识我们自己。

今天，我们处在科学技术突飞猛进的时代，人类发明创造了多种足以毁灭人类的强大技术。然而，掌握着强大技术的现代人，却拥有原始人的生理和心理，和原始人一样暴力，按原始人的习惯使用现代技术。现代技术和原始人暴力基因的共存，导致技术失控和人类自我毁灭的危险。这种状态，不能不令人担忧。

文明社会又可细分为农业社会和工业社会。人们习惯上也称农业社会为古代社会，工业社会为现代社会。人类学家摩尔根（Lewis H. Morgan）将人类历史划分为初级、中级和高级阶段。初级阶段也称蒙昧阶段，即我们说的原始阶段，中级和高级阶段分别对应于农业社会和工业社会。[27] 古代社会始于1万年前，现代社会始于500年前。有人说，我们现在已进入文明社会第三阶段，即信息社会阶段，或称后现代社会阶段。

原始人的历史可分为早期、中期和晚期三个不同阶段，每个阶段都以原始人生理上和工具上的关键事件为标志。

早期原始人的标志是人类获得了超越其他动物的脑容量。同时，人类进化成不同物种，多个不同物种的人类同时存在，都能使用复杂的工具。

中期原始人的标志是出现了解剖学意义上的现代人类，出现了现代女性的共同祖先夏娃，以及火的普遍使用。

晚期原始人的主要标志是认知革命，产生了具备想象力功能的智人，工具创新加速。所有这些，让智人获得巨大竞争优势，开始主宰世界。随着智人的成长，其他物种的人类在这一时期全部消失。

图1.1是对原始人进化的三个阶段和标志性事件的简要描述。

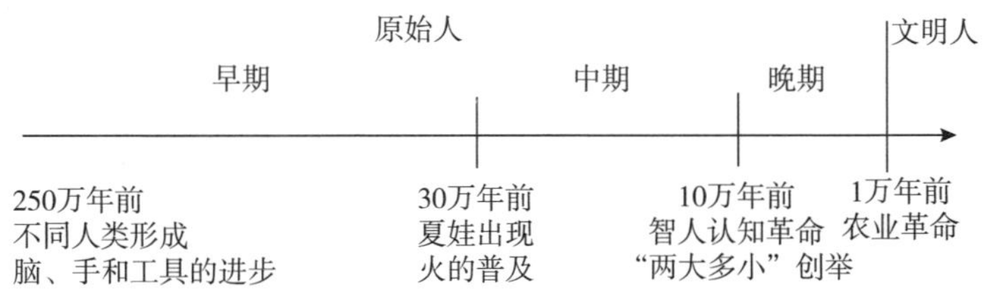


图1.1　原始人的发展阶段

下面分别进一步解释原始社会这三个阶段的时间节点和重大事件。

**早期**。原始人发展的第一阶段始于250万年前，终于30万年前，是人

27　Morgan（1877）.

类进化的初始阶段。

人类的脑容量是这段历史起点最重要的标志。考古发现，200万年前的人，脑容量都已数倍于体重相当的哺乳动物。60公斤重的动物，平均脑容量是200毫升，而200万年前的人类，脑容量已达600毫升。现代智人的脑容量在1200～1400毫升之间。[28]

在这个阶段，人类大脑虽然与动物有明显差异，但这一差异并没有在生活中得到太多体现。从生活方式上看，人类在这个阶段仍然处于茹毛饮血的状态，与动物无异。

有一个重要的不同是，人类属于杂食动物，既吃肉，也吃素。与单纯的肉食动物和草食动物相比，人类的食物来源更加广泛，这似乎可以给人类生存带来少许优势。

那时的人，手指已经非常灵活，能制造和使用工具。他们开始直立行走，会制造和使用工具。除了脑容量，手指和工具也是人类进化起点的重要标志。考古学家依据原始人使用的工具，将那个时代称为旧石器（paleolithic）时代。

世界上很多地方都有树木，出产木材，制作木器总体来说应该比制作石器更加方便容易，因此，原始人一定也大量使用了木器。人们通过对黑猩猩的观察发现，它们会改变木棍的长短和形状，使之最适合够到远处的食物，由此推论人类也会做同样的事情。从考古学证据角度来说，人们在一些原始人遗址确实偶然发现过一些木器。[29] 在一些森林地区的原始人遗址，还发现过专门用于加工木具的石器。[30]

但那个时代不叫木器时代，或石木器时代。这很可能是因为木制工具

28 赫拉利（2014），第8页。

29 费根（2017），第80页、第81页。

30《剑桥古代史》（2020），第97页。

容易腐烂，它们在世界上出现考古学家之前都早已消失。数万年后的考古学家，到处看到石器，极少见到木器，便将那个时代称为石器时代。

除了木器，还有骨器和角器。在一些原始人遗址，考古学家发现了尖形的骨器，大概是安放在木矛上的矛头，还有用鹿角做的叉子。[31] 在东南亚热带地区，竹器显然也被广泛使用。[32]

旧石器时代的工艺简单，产品粗糙，人们通过击、敲、打、摔、碰来改变石头的形状，制作石器。进入中石器和新石器时代（mesolithic and neolithic）后，人们会将石头先击打摔敲定型，再进一步精雕细磨，制作出更加美观精致，也更加锋利的石器，提高其艺术性和实用效果。《剑桥古代史》第三章用大量图片，展示了不同时期、不同地区、不同用途、不同材料、不同风格的石器，可谓琳琅满目，让人大开眼界。[33]

从旧石器时代过渡到新石器时代与农业的兴起有关。狩猎时使用的石器，能砸死野兽就行，粗糙一些无妨。而从事农业活动时，哪怕刀耕火种，使用的石刀也需要更加精细。在一些新石器时代的遗址，还发现了陶器，说明原始人已经在向文明时代过渡。

人类早期的进化是一个走向物种多元化的过程。至少从190万年前开始，人类从东非陆续向四面扩散，进入世界不同地区。在这个过程中，人类作为一个物种不断分裂，进化成不同物种的人类。原始人在其早期历史上至少发生过四次大的分裂，产生了直立人、智人（祖先）、尼安德特人、丹尼索瓦人和其他属于不同物种的人类。据遗传学估计，曾经在西亚、非洲和欧洲广泛分布，在人类发展史上占有重要地位的尼安德特人，是在77

---

31 《剑桥古代史》（2020），第264页。

32 费根（2017），第80页。

33 《剑桥古代史》（2020），第90页。也有人将中石器时代划为旧石器时代晚期。

万年前至55万年前与智人祖先分离的。[34]我们后面将进一步介绍这些不同的人类。

这些早期分化成为不同物种的人类，后来的命运大相径庭，智人的祖先作为其中一支，留在东非，继续在当地进化。他们的大脑在10万年前至7万年前再次突变，获得了一种独一无二的强大思维功能。这一突变被称为认知革命，是人类历史上第一次具有划时代意义的大革命。

经历了认知革命的人类，后来称自己为智人。因为具备强大的思维，智人掌握了生物界任何物种都不具备的强大暴力，开始独步天下，孤独求败。

智人于7万年前走出非洲，走向世界。虽然他们最后走出非洲，但世界最终因他们而改变。现今，智人的后代如繁星灿烂，遍布全球，而更早离开非洲进化而成的其他人类，则在智人的打击和压迫下，九九归零，走向灭绝，消失殆尽。

需要强调，此处讲不同物种的人类，是生物学上人种分类的概念，不同于现代人按肤色分类所说的人种。现在世界上所有的人，无论其肤色是白黄黑或其他颜色，在生物学上都属于同一物种，即智人这一物种。而200万年前至4万年前，同样在这个世界上，还有属于其他物种的人类，与智人分享地球。不同物种人类之间在基因上存在明显差异，而在同一物种的人类内部，基因差异有限，仅限于调整人们为了适应当地环境所需要的一些特殊功能，比如肤色、防寒、吸氧、吸收牛奶蛋白等等。[35]

人类在不同时期一次次走出非洲，这个说法被称为“非洲起源”理论，是目前人类学和遗传学中的主流观点。

---

34 赖克（2019），第22页、第88页。

35 赖克（2019），第39页。

但是，考古证据中的一个重要现象是，几百万年前南方古猿和早期人类的化石，还有30万年前中晚期人类的化石，都来自非洲，但180万年前至30万年前之间的人类化石，在非洲非常少见。而亚欧大陆提供了这一时期不同人类生存、迁徙和进化的丰富化石。

这些化石证据让人猜测，是不是有一部分人类在180万年前离开非洲后，在亚欧大陆进化了一段时间后又返回了非洲？若如此，人类迁徙的历史，就不再是单向走出非洲那么简单，而是非洲和亚欧大陆一直有来有往。若果真如此，则可以认为，亚欧大陆和非洲一样，也是原始人进化的中心舞台。[36]这是人类进化的多中心论。

虽然我们对180万年前的原始人是否在不同大陆之间来回流动无法确认只能猜测，但我们知道，1.6万年前踏上美洲的智人，确实有人后来又回流亚洲，如今生活在西伯利亚地区。由此可见，原始人双向流动的可能性，不可低估。

**中期**。原始人发展的第二阶段始于30万年前，终于10万年前。这个时期是人类生理上开始成型的阶段。解剖学意义上的现代人，在30万年前至20万年前这一时期内大量出现在非洲，其球形头骨和现代人的头骨处在正常差异范围内。

与非洲的发现形成鲜明对比的是，在世界其他地方，不要说30万年前，就是10万年前甚至5万年前也鲜有类似的头骨证据。这个对比告诉我们，很有可能，直至10万年前，现代人的祖先还全部生活在非洲。[37]

1987年，学者们开展了一场针对女性的大规模基因测试。测试发现，后世智人的女性祖先，都可以追溯到16万年前生活在东非的一位

---

36 赖克（2019），第22页、第89页。

37 赖克（2019），第26页。

或不多几位妇女的遗骨。他们将这位或这几位妇女命名为“夏娃”。这个发现再次告诉我们，智人有共同的祖先，他们的共同祖先16万年前生活在东非。[38]

在这一时期，原始人的生活方式发生了巨大变化，火的普及在其中起了关键作用。人类开始自觉使用火的时间难以确定。最初的熟食，一定是被动的自然现象，很可能是有人食用了发生自然起火时烧死的动物。自然起火一直就有，因此可以合理猜想，人类几百万年前就品尝过烧烤的味道。80万年前，已经有了自觉使用火的迹象。而到30万年前，用火已成为人类社会的普遍现象。[39]

此处不妨稍微停顿，感受一下那时人类知识和“科技”的进步速度：从开始接触到自然大火和吃烧烤，到偶然自觉主动使用火，再到日常普遍使用火，这一过程居然每一步都要走几十万年！只要活着，就有希望。原始人有的是时间，有的是耐心，积跬步而至万里。

火的使用，给人类带来了几大好处，具有划时代的意义。

一是增加了可供人类食用之物的种类。如前所述，地球上适合人类食用的植物很少，只占整个植物种类的1%。这少量可食用的植物中，还有很多无法生食或很难生食。但有些无法生食的植物，煮熟后却相当美味，比如后来成为人类主食的马铃薯和各种谷物。火的普遍使用大大增加了食物供应的总量。

二是熟食成为家常便饭后，人类嚼噬消化的时间缩短，吸收营养的效率提高，使人类可以将原本用于消化食物的能量节约下来，提供给大脑，有利于脑容量的扩大。现代人与原始人相比，下颚变小，一个主要原因是

38 赖克（2019），第24页。

39 赫拉利（2014），第12页。

熟食降低了对嚼嗾功能的要求。

三是熟食让食物变得更加健康卫生，有利于延长人的寿命。在没有文字的时代，知识只能储存在人们的大脑中，所以寿命的延长不仅是个人幸福问题，也有利于知识的积累和传承。

四是火具有使猛兽恐惧的力量，能对人类起到保护作用。白天，手执火把的原始人能让猛兽恐惧，躲避人类。夜晚，熊熊篝火使猛兽不敢靠近，对睡眠中的人起到保护作用。麦克尼尔（William McNeill）特别注意到，在早期人类居住的洞口发现火的痕迹，这也许意味着原始人在刻意用火保护自己。[40]

五是火可以帮助原始人抵御寒冷。有了火，人类不再那么惧怕寒冷，不再畏惧严冬，可以生活在高纬度和高海拔地区，人类活动的范围大大扩大。火的这一功能，对智人进入欧洲阿尔卑斯山以北寒冷地区生活，对智人进入严寒的西伯利亚生活，然后从那里出发穿过白令海峡，踏上美洲，都发挥了决定性作用。

最后，掌握火代表人类第一次掌握了一种超自然的力量，即超越自然禀赋给予自己的力量，用之改变环境。比如，人若要用自己的手脚和简单工具清理一片杂草树木，改善居住环境，是十分辛苦的。掌握了火的力量后，哪怕是一位身材弱小的女子或儿童，都可以点燃一片草丛，甚至烧掉一大片草原或者一大片森林，将其清理得干干净净。在草原上和森林中放把火，还不知会烧死多少动物，供人享用，这样获得食物，比捕捉打杀单个动物的劳动生产率，又不知要高出多少倍。

总之，火的使用对人类进化的作用是多方面的、决定性的，不可低估。火的使用意味着人类开始使用超自然力量与环境博弈，开始在能力和

40 McNeill（1963），第5页。

生活方式上有别于其他动物，意味着人类告别了茹毛饮血的时代，也意味着人类进化进入了加速度时代。[41]

**晚期**。原始人发展的第三阶段始于10万年前，终于1万年前。

人类历史上有过三次最重要的革命性事件，它们彻底改变了人类的命运。第一次是10万年前的认知革命，第二次是1万年前的农业革命，第三次是500年前的科技革命。原始社会的第三阶段，始于认知革命，终于农业革命。

认知革命对人类进化的最大贡献是提高了人类的思维能力，尤其是提高了人类的想象力，使人类有了明确的意识，能够认识自我、认识世界、认识自我与外部世界之间的关系。

想象力飞跃提高、意识的增强，与语言的发展是同步的。原始人的口语能力，已与现代人无异，讲故事成为日常生活的重要内容，日常生活中用于聊天的时间远远超过现代人。基于想象和信仰的宗教开始萌芽，逐渐丰富，走向成熟，最后遍地开花。到新旧石器时代交替的世代，宗教已在原始人社群中盛行。[42]

这就是为什么我们在本节一开始就说，能够讲出嫦娥、吴刚、桂花酒和天上宫阙的故事的原始人，很可能在10万年前开始出现。我们在后面章节还会分享一些真正属于原始人的类似故事。

认知革命使智人在动物界脱颖而出，成为万物之灵开始主宰世界。其后的农业革命使人类第一次获得了食物生产者的身份，使人类获得了充足稳定的食物供应，进入大型社会的发展阶段，标志着原始社会的终结和文明社会的开启。

---

41 费根（2017），第99页。

42《剑桥古代史》（2020），第320页、第321页。

最能证明认知革命的伟大意义，证明人在原始社会晚期成就的，莫过于“两大多小”，即两大事件和很多小发明。

两大事件如下：第一，原始人开始了艺术追求。原始人最早的艺术作品包括壁画、雕塑、装饰品。它们体现了原始人的想象力、他们更加复杂的社会结构和社会生活，以及他们超越现实的精神世界。关于这一点，我们将在第五章详细解释。

第二，原始人迈开了征服世界的步伐。关于这一点，我们将在第三章和第四章详细解释。

很多小发明指的是，在原始社会晚期，智人加快了其发明创造、工具更新的进程，工具的种类越来越多，越来越适用，工艺越来越好，做得越来越精美。[43] 他们的发明包括，独木舟、皮革舟、油灯、针、弓箭、鱼叉、艺术品、宗教、商业和社会等级，也包括零零星星开始的少量农业活动。他们还将艺术与狩猎结合，戴雌性动物面具吸引雄性动物。[44] 这些不计其数的小发明，大大提高了原始人的生活质量，加强了他们在自然界的竞争力。

有了弓箭，原始人就可以远距离打击猛兽，也可以打下树上的鸟，食物来源更加丰富。人类学家摩尔根特别重视弓箭的发明，视之为原始社会晚期的标志性技术进步。[45]

制作弓箭、针和鱼叉主要使用木头、骨头、鹿角和象牙等新材料，这些材料比石头更加柔韧，适合更多不同用途。

在这一时期原始人的各种发明中，制作工具的工具最值得重视。为了加工木头、骨头、鹿角和象牙这些材料，原始人发明和使用了专门的工

43 赖克（2019），第26页。

44《剑桥古代史》（2020），第95页、第97页。

45 Morgan（1877）.

具。这意味着，现代经济学中消费资料和生产资料的概念，在原始社会晚期已经适用，虽然原始人还不具备这个概念。[46]

如此众多的小发明表明，创新已经无时不在，无处不在，并成为人类习以为常的一种活动。和当初需要上百万年、几十万年才能学会使用火的祖先相比，认知革命发生以后的原始人不愧为神人。

看到这些艺术品，看到走向世界的智人，看到这比比皆是的小发明，不得不说，认知革命后的世界，是属于智人的世界。这“两大多小”的成就告诉我们，在原始社会晚期，人类正在积极创造条件，奠定基础，准备好进入文明社会的最后一跃。

30万年前，解剖学意义上的现代人开始出现。10万年前，具有强大认知能力的现代人开始出现。随着时间的流逝，人类变得越来越像我们心目中的人，即和现代人在生理上、智力上都难以区别的人。晚期原始人的身高，男人已经超过170厘米，女人已将近155厘米，比早期原始人的身高增加了将近10厘米。[47] 这毫不奇怪，当他们变得更加强大，食物来源增多，动物蛋白增加，身高的增加是必然的。随着生活条件的改善，营养增加，下一代身高超过上一代，也是普遍规律。

有人这样总结描述认知革命以后的智人：[48]

他们是出色的猎手，知道怎么狩猎获得最大的收获。

他们是能工巧匠，能够制作适用于各种需要的工具和艺术品。

他们懂艺术，从小雕像开始，在精美绝伦的洞穴壁画达到艺术的顶峰。

46 McNeill（1991），第6页。《剑桥古代史》（2020），第97页。

47《剑桥古代史》（2020），第168页。

48《剑桥古代史》（2020），第251页。

他们拥有强烈的宗教信仰。

但他们仍然受制于环境的约束，只能依赖环境提供的食物生存。

他们正准备突破这一限制，从食物的获得者成为食物的生产者。

还要加上，他们是强大的征服者，将让世界在他们的脚下颤抖。

## 4_语言升级：从此人为尊

在原始人的进化历程中，认知革命是一次最重大的飞跃，它让人从和其他动物平起平坐的一员，成为众生的主宰，从苟活于非洲一隅的一种动物，成为世界的主人。甚至在整个宇宙系统中，人因为拥有意识，成为神一样的存在。

所谓认知革命，是指足够多的一部分人因为大脑生理结构的改变，使大脑功能发生了质的改变，在想象力、逻辑能力和情感能力这三个方面，具备了前所未有的强大功能。

想象力、逻辑能力和情感能力，都要通过语言能力实现。金口玉言不是帝王的专利，而是每一个正常人的神力。语言是人类思维和情感能力的载体，代表了人类在认知革命后获得的神力。

下面我们稍微解释一下这些能力的含义。

**超越现实**。我们将超越现实的思维方法称为想象力或创造性思维。

超越现实的思维能力有两种：一是对现实进行符合逻辑的延伸，达到直观和经验无法企及的境界；二是不顾事实，凭空想象，创造出只在人的头脑中存在的事物，包括对事实进行任意重组。这两种能力都是只有人类才具备的。

和其他动物一样，人类的信息处理系统包括三个子系统。一是感应系统，即眼、耳、皮、舌、鼻等器官，通过视觉、听觉、触觉、味觉和嗅觉获得信息。二是传递系统，即人的神经网络，将感官获得的信息传递到大脑。三是中心处理系统，即大脑。人的大脑和其他动物的大脑一样，首要任务是处理感官收到的信息，指挥身体做出反应，去获得食物，避免危险，求偶繁衍，休息玩乐。

认知革命使人的大脑获得了一种新的独特功能，使大脑能够超越现实，对事物的各种可能性做出符合逻辑的外延，解释因果关系。大脑甚至可以完全不顾事实，想象一个虚拟的世界。为了体现这种新功能，大脑喜欢用“如果”和“假设”的方法认知世界。

比如，我们在没见到果实之前就知道“种瓜得瓜，种豆得豆”，在孩子还没长大前就能想到，现在的教育会如何影响孩子未来的行为，未来行为会如何决定孩子的前途。我们会通过这些认知，预设孩子的发展目标和成长路径，给他们提供教育，让他们学会必要的行为规范。

当然我们还想知道，昨天怎样决定了今天，前天又怎样决定了昨天，如此类推，直至宇宙是如何产生的，世界上的第一个人是从哪里来的，等等。本书第一章提到，小孩天生就有好奇心，就想问自己是从哪里来的，妈妈的妈妈是谁，这种好奇心就反映了人类特有的思维能力。

人类大脑虚拟思维的例子也比比皆是，他们创造了神、龙、双头鹰、狮身人面兽和狮头人身兽。他们希望自己手上的棍子变成金箍棒，天下无敌，能轻松降服毒蛇猛兽、妖魔鬼怪。

超越现实的思维能力给人带来的最大好处是，他们能够以终为始，有目的地筹划未来。理性人和期望人就这样产生了！

**情感能力**。如前所述，人类需要靠集体力量克服自身能力的不足，应对自然界的各种危险，以求生存。情感是人际关系的黏合剂和润滑剂。

人的情感能力包含两个方面，一是表达自己情感的能力，二是感受和理解他人情感的能力。这种能力对人类的生存非常重要，在这个生死博弈的世界上，人们非常需要知道谁值得信任，谁需要提防，谁会在什么时候用什么形式帮助或危害他人，谁在什么场所会是什么感觉、什么反应、自己应该做什么。

人的情感能力比思维能力出现得更早，也持续得更久。刚刚出生的婴儿就知道，妈妈是最值得信赖的人，躺在妈妈怀里的感觉最安全最踏实。婴儿也能敏感地察觉到妈妈的情绪，知道在妈妈高兴和生气的时候该做什么。[49] 老人在他们的语言和认知能力都严重衰退后，会毫无遮掩、更加强烈地表达自己的情感，变得像林黛玉那样，动辄泪眼汪汪，春流到夏，秋流到冬。

最终，虽然人类具备理性思考的能力，情感却是人类决策最重要的依据。而缺乏正常情感能力的人，则判断力堪忧，他们很可能会遇到决策困难，也容易错误决策，给自己和他人造成伤害。[50]

认识到这一点，我们便可知道，经济学的一个重大缺陷是，以理性行为下的利益最大化为其分析架构的出发点，却忽视情感的决定性作用。这一缺陷限制了经济学对现实世界的意义和价值。经济学出发点的这一重大缺陷，目前正在由心理学家修正，行为经济学在这方面已做出了里程碑式的贡献。

强调情感因素在决策中的决定性作用，并不是说人类是非理性的。如前所述，人类在生存博弈中，需要合作，情感是人类通过合作追求最大利益的媒介。很多时候，以情感为纽带的人际关系才代表了整个群体中每一个人的最大利益，抛开情感纽带追求私利的最大化，充其量只能实现最小利益的最大化，是捡了芝麻丢了西瓜。

**语言能力**。人类要通过合作取得竞争优势，怎样让合作更加精准高

---

49 Brooks（2011）.

50 Brooks（2011）.

效，怎样开展超越自然群体的大规模合作，都是必须回答的关键问题。这里的关键是信息传递，是信息量和信息的精准度问题。当信息量和信息精准度要求都很高时，鸟语的叽叽喳喳和兽语的鬼哭狼嚎，那些通过简单发音进行沟通的方法就显得力不从心。为了实现更加高效的沟通，人类发展了丰富的发音系统和复杂的语言系统。

其实，语言在人们开始沟通和合作之前就开始发挥不可或缺的作用。一个人想谋定而后动，他靠什么"谋"？人类若无丰富细微的语言，如何才能进行逻辑推理，思考问题？如何才能理清身边的问题，做出相应的决策？如何才能探索宇宙的深处和人生的哲理？如何才能创造全能的神？如何才能与李后主共鸣，想象他那明月下远方的故国，体会他的失落、忧伤和惆怅？显然，若离开了语言，这一切都无法进行。

认知革命后人类获得的思维和情感能力，都要通过语言来体现和表达。语言是人类思维和情感的载体，没有这个载体，就没有认知革命在思维和情感方面的其他成就。

而当人类发展了成熟的语言能力，开口说话时，宇宙中真正的神诞生了！

文明社会的现实生活处处在提醒我们发音与语言对人际关系的重要性。在文明社会中，女士以歌择偶，决定终身大事；男士以文会友，寻找天下知己。具有共鸣和磁性的音色能产生强烈的感染力，优雅的歌声能打开人们的心扉，在《五朵金花》《阿诗玛》《茶花女》这些文艺作品中，声音的魅力表现得淋漓尽致。文采的重要性，也在前面关于孟尝君的故事中一展无遗。

动物靠美艳的皮毛和狂热的舞蹈吸引异性，人类靠复杂细腻的语言获得友谊。有人统计，成年人掌握的词汇大概在6万个左右，其中约100个词活跃于日常生活60%的交谈中，4 000个词活跃于98%的交谈中。[51] 其他5万多个词，我们为何要花那么大气力去学习和掌握?

为了让下一代更安全！掌握巨量日常不使用的词汇，可以让下一代更安全？为什么?

如前所述，在原始社会中，婴幼儿的死亡率很高，单亲的婴幼儿死亡率更是超高。确认父亲会负责共同抚养孩子，是妇女做出怀孕生育这一重大决策前必做的功课。

很多妇女与异性交往，都是在3个月后怀孕，怀孕前双方有90多天互动的过程。假设开始交往后他们每天有2小时在一起交谈，每秒钟说出3个词，3个月要讲100万个词。在此期间，说错话，说废话，说重复话，说让人生气或无聊的话，说安慰、和解和互相关心的话，都有可能。经历3个月如此集中、强烈的语言考验还能在一起生活下去，这对男女能合作将一个新生儿养大的可能性便大大提高。在女士的潜意识中，她会感觉“可以怀孕了”。高密度、高强度的语言沟通能带来的信息，使交往3个月再怀孕成为一个合理的时间要求。[52]

经历了认知革命的人是很聪明的，被称为智人。人类大脑功能发生革命性变化的一个标志是，人类能够创造和理解复杂的概念，能够使用复杂的概念性语言进行交流和沟通。

积极心理学家塞利格曼（Martin Seligman）和他的同事仔细研究了人脑功能后认为，用“智人”（homo sapiens）这个称呼，以聪明作为人类标签并非那么贴切。他们认为，认知革命后的人类最主要的特点不是“聪明”，而是他们的大脑总在想象、构思和设计未来。因此，人类更应该称

---

51 Brooks（2011），第12页。

52 Brooks（2011），第13页。

自己为“期望人”（homo prospectus）。他们强调，人类大脑最基本的特点是，其关注的重点是未来，而不是过去。甚至个人的记忆、对现实的兴趣以及情绪，都会因对未来的关注而变化调整。他们的理论，在潘多拉的盒子这个故事中得到印证：无论遇到什么困难，只要对未来还抱有希望，生活就值得继续。[53]

我们非常认同塞利格曼对人的认识，赞同“期望人”的概念，但鉴于语言使用中约定俗成的原则，为避免混乱，仍然沿用“智人”这个大家熟悉的说法。

构思未来，策划未来，更好地掌握自己的命运，这不是现代人最明显的特点吗？不是当今世界成功者的突出特点吗？

认知革命给人类发展带来了什么？为什么具备想象力，能够构思和设计未来，就能成为世界的主宰？

我们知道，在这个暴力的世界上，速度和力量能带来暴力的优势。但再快，也快不过早知如此，有备而来；再强，也强不过有备而来，预设战场，让一切都按自己的计划进行。正可谓，知己知彼，百战不殆。

当智人能未雨绸缪，设计好，安排妥当，让事情都按计划如自己期望的那样发展时，其他人类和动物在智人面前便只能是待宰的羔羊。

智人很快就证明，他们不仅能掌握自己的命运，也会对整个自然界都产生难以估量的深远影响。他们能力超凡，行为特别。他们策划未来，改变世界，在很短的时间内，改变了自然界亿万年的游戏规则，改变了人类几百万年默默无闻，与其他动物混为一体的状态，将自己提升为动物世界的主宰，用一己之力改变了地球的生态环境。[54]

---

53 Seligman、Railton、Baumerster and Sripada（2016）.

54 阿克曼（2017）。

## 5_濒危时刻：火山期的危与机

是什么导致了认知革命，赋予人类特殊的思维和语言能力？

至今无人能准确解释认知革命是如何发生的，但可以尝试从人类生理条件、自然环境和社会环境三个方面推测。这三个方面是互相关联的，都是必要条件，缺一不可。

**生理条件**。认知革命的发生，必须以人本身生理条件的改变为基础。以语言能力为例，动物只能简单地吱呀发声和嚎叫，由此过渡到用复杂语言表达自己的情感和交流大量信息，一定要具备不同的大脑功能和发音系统，人类大脑的语言处理功能必须大大加强，发音系统也必须大大改善。

人类学家克莱因（Richard Klein）研究了基因突变提高人类认知能力、语言能力的可能性。后来，人们果然在人体基因中发现了两个突变，其中一个很可能是控制语言的基因。将这个基因移植到老鼠身上后，老鼠的叫声发生了明显变化，而其他行为却一如既往，没有改变。

颇令人困惑的是，尼安德特人也有这两个基因突变，但他们为何不具备智人复杂的语言能力呢？

正当大家感到困惑之时，人们又发现了第三个突变的基因，这个基因的作用是控制前面两个突变基因，决定它们的使用效率。这个突变在尼安德特人身上没有发生。

这个解释逻辑上是成立的，但这第三个基因差异是关键所在的说法，即这第三个基因对前面两个基因的功能起决定性调控作用的说法，至今还只是一个猜想，有待证实。尽管如此，人们还是从基因研究中看到了希望，相信总有一天，我们会知道基因变化如何成就了人，导致人类语言功能的飞跃，在从人到神的路上迈出这关键一步。

除了认知能力，语言对发音系统本身的结构也有要求。前文说到，解剖学意义上的现代人产生于30万年至20万年前。除了头骨和体型，这也包括了人类发音系统的重大变化。[55]

生活在400万年至100万年前的南方古猿，和其他哺乳动物一样，气喉处于喉骨的高位，这使它们发音困难。人类近亲黑猩猩和巴诺布猿会用手势传递相当多的信息，表达相当丰富的情感，却无法用丰富多变的声音表达自己的想法和情感。

生活在190万年前的能人，喉的位置已开始下移，具备了有限的语言能力。到30万年前，人类祖先的喉才下移到现代人的位置，处于颈部第四段至第七段脊椎之间，可以发出清晰的各种声音。

实际上，即使现代人，婴儿的喉也处于较高的位置，要到一岁之后，才会下移进入方便发音的合适位置。所以，在哺乳动物的世界里，只有超过一定年龄段的智人，才有处于低位因而便于发声的气喉。[56] 人类的独特性，此为一例。

哺乳动物为何要将气喉长在高位？高喉位的一个好处是，气喉和食道分开，动物可以一边吃一边呼吸，嚼食吞咽不影响呼吸。我们知道，在残酷的竞争环境中，即使捕获到猎物，也不能保证食物属于自己的辘辘饥肠，动物们还需要分秒必争，狼吞虎咽，快速完成进食，才能让到手之物“落袋为安”。在这样的环境中，能一边吃一边呼吸，让自己吃得更快一些，有益无害。

30万年前的人类，脑容量增加，工具更加精致适用，已逐步强大起来，可以通过沟通协调和技术获得竞争优势，争分夺秒快速进食的重要性相对下降。随着相对优势的改变，人类在生理上做出调整，喉位下移应运而生，显得非常合理。

---

55 赖克（2019），第26—29页。

56 费根（2017），第66页。

人类为气喉下移付出的一个小小代价是，在吞咽时不能同时呼吸，否则食物可能掉入发音的气管，造成窒息。人吃东西时不能太急，也不方便说话，正如《论语》教诲的，“食不语，寝不言”才是吃饭时的安全雅姿。

**自然环境**。我们知道，自然环境的变化对人类的进化一直起着决定性作用。如前所述，600万年前的气候变化导致森林消失和草原增加，一部分猿类动物改变了生活习惯，从在树上生活改为以地面生活为主，随之发展了直立行走和以捕猎草原动物为食的功能。认知革命的发生，是否也有类似的环境原因呢？

有如对人之初的大多数问题一样，人们对这个问题也没有确切的答案，只有一些合理猜测。

有一个猜测是，大约7.35万年前的某日，位于今日印度尼西亚苏门答腊岛上的多巴火山爆发。这不是一次普通的火山爆发，而是过去2 300万年中地球上最严重的一次火山爆发，释放的能量相当于10亿吨烈性炸药，而1945年美国在长崎和广岛投放的原子弹，当量仅为1.6万吨TNT炸药。

火山爆发时，岩浆覆盖了几万平方千米的地区，火山灰喷发到3.25万米以上高空，导致远在印度洋另外一边的印度和巴基斯坦地区都被3米厚的火山灰覆盖。成千上万吨的含硫气体上升到地球大气同温层，弥漫在那里多年，导致了同温层阴霾。同温层阴霾反射太阳光，导致地球气温大幅度下降，在北部地区达10℃，全球3～4℃。这种全球“火山冬季”（volcanic winter）同时给非洲带来了持续的严重旱灾。[57]

自然环境的急剧恶化导致大批原始人像蝼蚁一样静静消失，人口总数急剧下降。依据基因分析和计算机模拟估计，那时的世界人口总数，

57 费根（2017），第98—99页。

最低谷时下降到不足1万人，其中非洲育龄妇女的总数，可能仅剩4千余人。

人口大量死亡消除了基因的多样性，这就是为何现代人的基因相似度很高，为何现代基因学家总告诉我们，他们在非洲找到了现代人的共同祖先。

人口总量的剧烈下降以至于所剩无几，使人类危在旦夕。但是，人类的韧性和适应性此时发挥了决定性作用。幸存人类的一些小众群体，不仅在残酷的环境中生存下来，而且通过自身的革命性变化，变得更加强大，完成了从人到神之旅最关键的一跃。

**社会环境**。火山爆发改变了人类生存的自然环境后，人类的生理条件发生了变化，人类突然成为具有强大认知能力、能够用复杂语言交流情感和信息的物种。如果这二者之间存在因果关系，这个关系到底是由什么形成的呢？自然环境是通过什么机制，改变人类的生理结构的呢？

人类社会环境是连接自然环境和生理条件的中间环节。自然环境的改变，需要通过改变人类的社会关系，进而改变人类的生理条件。

理解人类生理功能，有个重要理论叫“频率理论”。这个理论认为，认知革命并非由少数基因突变引起，而是长期积累的基因变化，在某些有利条件下使用频率大大提高，诱发了人类新的行为。

我们知道，人的语言能力的高低非常依赖于个人是否经常说话。任何原始人要具备很强的语言能力，不是自己某天基因突变就能做到的。语言能力的开发不能靠一个人，而是需要与人互动，因此更可能的是，人类的身体已经在长期进化中具备了相当的积累，为更多语言沟通创造了基本的条件。在此基础上，当环境变化时，大家突然感到了新的压力，产生了新的需要，必须有更多更加频繁的沟通。在这样的压力下，大家同时自觉或不自觉地努力，更好地发挥自己的语言，更多地沟通，互相刺激，使大家的语言能力都能在短时间内得到快速提高。[58]

这个理论强调社会环境在人类进化中的作用，这与马克思和社会学家“社会人”的视角不谋而合。[59]

千万年一遇的火山爆发，改变了地球的生态环境，让人类面临灭顶之灾，造成了前所未有的压力，需要人们为生存而加强合作，为大家一起提高语言使用频率，共同提高语言能力提供了动力。[60]

我们可以设想，在异常艰苦的条件下，人们需要有更加频繁和及时的沟通，互相支持合作，充分利用资源，才更有可能活下去。他们需要知道，哪里下雨了，哪里发现了水；进入他人地盘取水是否被允许；哪里出现了动物，大家怎么合作保证狩猎的收获；有限的食物，吃多少，留多少；吃的在人群中如何分配，剩余的由谁负责保管，违规偷吃的人怎么处理；如此等等，不一而足。

转危为机，莫过于此。人类在濒临灭绝的边缘，通过对自己认知能力、情感能力和语言能力的飞跃提升，将自己提升到了神的位置。

## 6_远古天问：谁吃谁？谁爱谁？

他身体强壮硕大，一手抓着吃了一半的幼儿尸体，旁边还有其他成员等着，轮流分食这具尸体。[61]

现代人看到这样的描述，一定会感觉心惊胆战，毛骨悚然。

好在，这里描述的是一只黑猩猩，不是人，你可以松口气，宽慰一下

58 赖克（2019），第41页。

59 Brooks（2011）.

60 费根（2017），第67页。

61 德瓦尔（2015），第107页。

自己。黑猩猩是人类的近亲，以暴力著称。他们残忍，他们杀婴，他们食用同类，他们虐待女性，可谓无恶不作。

不过，原始人也好不了多少。在史前社会250万年蛮荒岁月的大部分时间中，人类的生活方式和黑猩猩以及其他猿类和猴类等高级动物基本类似，和很多其他群居动物，比如狮、狼、马、鹿之类，也没有本质差别。但到了史前社会中期和晚期，即从30万年和10万年前开始，人类的生活方式逐渐脱离了动物界，变得丰富起来。

下文将从工具、居住地、社会组织、分工、食物、生活方式、死亡率和人口数量这几个方面考察原始人的生活。在开始分享之前，有必要提醒读者的是，这一节的篇幅会比较长。关于原始人的生活，以往的研究已获得很多成果，是可以轻松写一本书的。但原始人的生活不是本书真正的目的，我们从简介绍。

**工具**。工具反映社会的技术水平，是衡量人类发展水平的重要指标。

原始人使用的工具非常简单。如前所述，原始人使用的是石器，而且是粗糙的旧石器。人类1万年前才开始使用铜器，7 000年前才开始使用铁器，5 000多年前才产生国家和书写系统。[62] 考古学家汤姆森（Christian Jürgensen Thomsen）1836年提出三时代体系（Three-age System），将人类历史划分为石器时代、青铜器时代和铁器时代。原始社会使用的是旧石器，农业革命开始后逐步过渡到新石器时代。铜器和铁器都是文明社会的工具，与原始人无关。

当然，即使都叫旧石器时代，原始人使用的工具变化也是很大的，从最初几乎就是石头，只有少许外形改变，到后来变得丰富多彩，既有通用的结构，也有专器专用的专门设计。

---

62 戴蒙德（2014），第6页。

除了石器，原始人还使用木器、骨器和角器。到原始阶段晚期，用各种材料制作的各种工具变得丰富多彩，既实用，又美观。

**居所**。对原始人来说，理想的居住地需要既方便又安全，这似乎和今日很多人的习惯雷同。

从方便的角度来说，靠近河边或湖边，水源充足非常重要，这不言而喻。

如果在水边和水中能找到大量鹅卵石，可以加分。鹅卵石是制作石器的重要材料。虽然原始人使用的石材多种多样，他们可以到10多千米之外的地方取石制作工具，也可以通过交易或赠送从几百上千公里之外获得制作石器的材料，但在居住地随手可取毕竟是好事。

如果在水边还有荫凉的地方，也是加分项。非洲地处热带，躲避太阳照射对生活质量和身体健康都非常重要。在更加寒冷的地方，比如欧洲，在河边有山洞可以在冬天避寒，不仅是加分项，而且是必需的。

最后，也许也是最重要的是，在附近地区要有众多的动物和植物，方便原始人狩猎采摘。

考古学家在非洲发现的一些原始人遗址非常符合这些理想条件。在其中一个180万年前的水边遗址上，有大量鹅卵石和用鹅卵石制作的工具，还找到了两千多块动物的骨头，集中在一个几平方米的区域，这个区域貌似当年大家聚餐的地方。这些动物遗骨来自17种不同的哺乳动物，其中绝大多数是羚羊，也包括河马和其他动物。这些动物遗骨上既有其他肉食动物撕咬的痕迹，也有原始人用石器切割敲打的痕迹。[63]

原始人会随季节调整居住地。在4万年前到达法国和西班牙边境地区的一批原始人，夏季居住在开阔地区，那里繁茂的草地上有成群的猛犸

---

63 费根（2017），第62页、第79页。

象、野牛、野马、野猪，春秋之际有成群的驯鹿路过，冬天则离开寒风刺骨的草原，居住在河谷边更能抗寒的山洞中。[64]

从安全角度来说，将居住地设在悬崖峭壁，或需要经过狭窄通道才能进入的地方，最为理想。这样理想的地理条件当然不是到处都有，尤其在水边更不容易找到。这时，原始人会将日常聚餐和晚上睡觉的地方设在其领地的中心，晚上也会在领地上设置岗哨，防止有人来袭。

在中心生活区留下广阔的边缘地带，这在史前社会早期能给一个部落带来很大安全，因为史前社会早期的一个特点是地广人稀，空间和资源相对充足。到史前社会晚期，随着人口增加，争夺资源的冲突严重起来，原始人就需要更多地利用特殊的地理条件，比如悬崖峭壁或狭窄通道，以保护自己的安全。人类学家考察过的一些印第安人，就居住在这样的地方，为此他们甚至要牺牲很多生活中的便利，比如要去远处取水，再费力地把水运到山上。

**社会组织**。原始人都生活在部落中，过着集体生活，和灵长目动物以及很多哺乳动物类似，比如狮群、狼群、马群、象群。他们结群为伴，入穴而居，以狩猎采集为生，嬉戏玩耍度日。他们小群相依，社会关系简单。

部落是独立的政治实体，没有上级，没有更高权威。部落会议是部落所有事务的最高决策机构，会议的决定即是最终决定。这也意味着，几十百把人的一个部落，即享受着现代社会一个国家的主权。要说小国寡民，这是极致。

最重要的部落事务包括安排狩猎采集活动、分配食物、对外战争、惩罚违规者。还有一个很重要的部落活动是聊天。后面我们会解释聊天对原

---

64 费根（2017），第109—110页。

始人的生活和生存有多么重要。原始人花在聊天上的时间，远远超过现代人。

原始社会人际关系简单，人们生活在部落的小群体里，不会被复杂的人际关系困扰和折磨，也不用心情忐忑紧张不安地和陌生人打交道。

部落由有血亲关系的家庭组成，一个部落基本上就是一个大家庭。多数部落不会超过几十人，少数会上百人。小圈子里的几个到十几个家庭，血脉相连，世代相识，终生相伴，知根知底。[65]

一般认为，部落内部的关系基调是民主和平等。部落内部权力平等，重大问题上人人均可发表意见，畅所欲言。虽然没有投票之类的机制，但决策基本上以多数人的意见为准。领袖不通过任何正式的程序产生，没有任何正式的头衔，没有任何正式的权力，主要靠个人能力和威信领导部落。[66]

虽然人类学家普遍相信原始部落中的人际关系是平等的，但近年来对人类近亲黑猩猩和巴诺布猿的研究质疑了这一认识。猿类专家注意到，黑猩猩有熟练的权力斗争技巧，多姿多彩的斗争手段，从结盟到谋杀，无所不用其极。在巴诺布猿群体中，雌性占有统治地位。动物世界崇尚暴力，雌性占统治地位的现象极其少见。猿类专家通过观察发现，个体弱小的雌性能成为统治者，靠的是同性社交和结盟，包括频繁密切的同性恋关系。同时，雄性巴诺布猿好像缺乏社交能力，每次与雌性发生冲突时都会一对多被群殴，最后投降。不过，在雌性的统治下，巴诺布猿以和平与和谐著称，不似黑猩猩和其他猿类那样，喜欢置对方于死地。巴诺布猿雄性在承认雌性的统治权威后，不仅不会受到虐待，反而会得

65 费根（2017），第29页。这里说的部落，相当于费根说的游团（band）。

66 McNeill（1991），第8页；Pavlac（2011），第16页。

到很好的关照。[67]

猿类专家的质疑是，既然在猿的社会中都普遍存在等级和压迫，有什么理由相信人类社会一开始就是平等的呢？实际上，在一个人人平等的社会里，麻烦一定会层出不穷，任何两人对食物分配和做任何事有不同意见时，就可以用任何手段来解决他们之间的分歧。而如果在部落内部有权威、有等级，这些麻烦大多可以避免。[68]等级制是建立社会秩序和规范的自然选择。德瓦尔因此相信，人类也许并不是始于平等再走向等级社会，而是相反。

**部落之间的关系**。部落之间的关系，相当于现代主权国家之间的外交关系。部落之间也有合作，有通婚，有贸易，当然还有战争。

原始人之间战争频繁，形式多样，且非常残酷，对此后文会有详细介绍。黑猩猩族群之间也经常有战争，甚至有种族灭绝，即一个族群将另外一个族群系统杀光。[69]

部落之间的通婚非常重要，因为所有动物都无法逃脱的一个规律即是，近亲繁育的后代更容易有遗传病和退化。在黑猩猩的世界里，雌性成年后会四处游荡，尝试不同部落，最后在一个最理想的部落中定居。原始人则更可能组成相对稳定的交换关系，在一些部落之间通婚。

到原始社会晚期，部落之间开始组成族群，族群又联合成酋邦。但无论族群和酋邦如何扩大，原始人生活的社会圈子总在几千人的范围内，世界上其他人无论远近都与自己无关。

在酋邦社会里，酋长的权力有限，不会超过联合国秘书长的权力。他主要靠自己的威望，以仲裁者的身份处理矛盾，协调内部关系。也有一些

---

67 德瓦尔（2015），第42页、第62页、第67页。

68 德瓦尔（2015），第78页。

69 德瓦尔（2015）。

时候，酋长会滥用权力，夺人财产和女人。而被欺负的人，也会报复，有可能杀死酋长。[70] 这似乎说明，《论语》强调的君臣之间的契约关系，强调有德者方可治天下，是人类自远古以来就有的社会管理原则。

原始人的小圈子生活方式体现在语言上。原始人的语言非常之多，多数方言的平均使用人数也就是千人左右。所谓“十里不同音”在原始时代不是例外，而是常态。现代社会大量人口使用的语言，比如汉语、英语、西班牙语，不是史前社会语言状态的自然延伸，很可能和后世的征服有关。

在史前社会的组织机构和人际关系中，没有国家，没有企业，没有正式组织，没有复杂的管理。大部分事情都按约定俗成的习惯处理。人们不用跟政府机构打交道，报收入，填税表，办驾照，办出生证、身份证、结婚证、死亡证。

没有学校，没有培训班，小朋友每天以玩为主，不用上学上幼儿园，不用做作业，不会因为考试成绩不好受老师和家长责备，或互相攀比考试分数心理失衡。没有人要求他们用科学解释太阳、地球、星星、月亮，解释一年四季。

没有房屋，没有卫生间，没有自来水，没有煤气，没有电，没有洗洁剂。大人不用吸尘、刷碗、洗衣、擦桌子、付房租和水电费。

这样的生活，现在简直让人难以想象，也让一些现代人羡慕。美国有些人主动选择成为街头流浪者（homeless），目的就是为了过上这样自由自在、听天由命的生活。

**分工**。生活在同一个部落的原始人，最初所有的活动都一起完成。原始人后来意识到，分工可以带来更高的效率，部落内部便出现了明确的社

---

70 德瓦尔（2015），第76页。

会分工。

人类最早的分工出现在不同性别之间，男人更专注于狩猎，女人则负责采集和照看孩子。[71]

分工对原始人的生活质量和生存发展非常重要。男人专注于狩猎，培养了更强的空间定位能力，也提高了团队合作能力，可以获得更大的收获，为部落提供更加丰富的肉食。

母亲的陪伴和照看对后代成长尤其重要。人类因为脑容量特别大，孩子如果要在母体完全成熟才出生，母亲无法承受。为了减轻母亲的负担和分娩的风险，所有的孩子都得是早产儿，出生后需要在母亲的长期照料下继续成长发育，而不能像马和鹿那样生下来很快就能自己奔跑觅食。除了给孩子喂食，母亲还要负责背着孩子四处走动，或背着孩子随部落迁移，让孩子东张西望，对孩子唠唠叨叨，使孩子的大脑受到刺激从而更好地发育，也在成长和成熟的过程中获得最重要的知识和技能，比如语言和关于环境的基本知识。

现代教育学的研究告诉我们，频繁的口头交流对孩子的智力开发有决定性作用。印度发现的狼孩告诉我们，由狼带大的孩子，长大后只知道狼嚎和狼的撕咬动作，这些孩子虽有物理的人形和人脑，却完全无法在人类社会生活。这些研究告诉我们，如果将大脑视为硬件，将后天输入的知识和技能视为软件，往大脑中输入什么软件对一台计算机的运行非常关键。母亲的陪伴，唠唠叨叨，最可能在孩子的大脑中装上最好的软件。

**食物**。原始人的食物有结构问题和总量问题。从总量看，原始人因为没有可靠的食物来源，食物供应严重缺乏保障，饥饿是生存的最大挑战。

因为总量不足，原始人被迫有什么吃什么。在物产丰富的地区，这意

71 McNeill（1991），第5页。Morris（2014），第82—84页。

味着食物结构的多样性，有利于健康，但在更多地方，什么食物都不足，营养不良是常态。

人是杂食动物，通过狩猎获得肉类食物，通过采集获得植物性食物，史前社会因此被称为狩猎—采集社会。

南方古猿的食物以植物为主。[72]我们可以合理地推测，原始人因为在力量和速度上都没有优势，最初的食物来源更多是植物。后来因为多种原因，肉食的比重不断提高，人类变得越来越爱吃肉。

在需求方面，一是随着人类大脑的发展，人类对食物总量和蛋白质的需求都大大提高。二是随着森林的退化和草原面积的扩大，植物提供的食物来源相应减少，人类被迫更多地向动物索取食物。[73]

在生产方面，一是随着人类社会组织的发展，部落内部出现分工，男人更加专注于狩猎，狩猎技能提高，收获增加。[74]二是随着工具的进步，又进一步加强了狩猎的投入产出比，使原始人得以提高获得肉食的比重。尤其在认知革命后，人类知道了如何进行大规模合作，知道如何将一大群动物赶进山谷一网打尽，获得大量肉食。[75]

处于食物链中端的智人，为了生存，为了免于饿死，必须跟比自己强大得多的野兽打交道，也必须什么都吃，乌龟、王八、兔子、贼都不能放过。

这里的“贼”字，不是作为随意使用的一个字。人，或曰“贼人”，即非本部落的人，的确是原始人的常见食物。受饥饿所迫，一些原始人得靠食人生存。考古学家和人类学家在美洲、非洲、大西洋和太平洋的诸多

72 赖克（2019），第76页。
73 费根（2017），第44页。
74 McNeill（1991），第5页。
75 赫拉利（2014）。

岛屿中，都证实了食人族的存在。最近，有位华人探长深入新几内亚岛食人族部落考察，去时还着实担心了一把自己的安全。从视频中看到，他一路都在担心自己会不会被吃掉。[76]

实际上，即使文明社会在伦理道德和心理上对“食人”极端排斥，备感恐怖，但是每当出现大饥荒时，食人甚至“易子而食”的现象仍时有发生，将人类社会一朝打回原始形态。

人类最喜欢的食物，当然是那些个大肉多的大型动物，比如牛羊鹿象狮虎豹狼。对欧洲一些遗址的考察发现，驯鹿和羚羊是当地原始人的主要食物来源。[77] 在伊朗，瞪羚羊、野驴、野猪是主要食物来源，还有水产品，比如鲤鱼、鲇鱼、龟和蛤蚌，以及昆虫，还有植物、蜥蜴、青蛙和蟾蜍（癞蛤蟆）和鸟类。[78] 但那些最理想的食物来源即多肉大型动物，人类最初不是打不赢，就是跑不过。更多时候，人类只能吃到他们死后由其他动物吃剩下的残羹剩菜，残尸腐肉。

残尸腐肉也是珍稀食物。一头大型动物，狮子吃完豹子吃，豹子吃完鬣狗吃，鬣狗吃完秃鹫吃，等这些动物都吃完，地上只剩下一堆白花花的遗骨，是什么动物都不吃的。工具这时就可以派上用场了，原始人会用石头砸开骨头，吃到里面美味的骨髓，让白骨成为人类的美食。“敲骨吸髓”在现代汉语中是一个带有贬义的文学词语，在原始社会却是对现实生活的真实描写，是人类获得美食的重要手段。

除了“贼”、残尸腐肉和敲骨吸髓，从野果到树根，从白蚁到毒蛇，从蝙蝠到飞鸟，从鱼虾到泥鳅，从昆虫到苍蝇，尽在人类的食谱之中。原始人的食谱，有些会令现代人即便只是听说也不寒而栗，极感恐怖，但对

---

76《（雷）探长访问食人族，真的有勇气》，2019，https://v.qq.com/x/page/t3010l8kyn9.html。

77《剑桥古代史》（2020），第95页。

78《剑桥古代史》（2020），第263页、第265页。

食物匮乏的原始人来说，为了生存，能维持生命的食物，吃什么都没有顾忌。

从各考古文献可以合理地推测，原始人的食物结构在原始社会不同阶段有很大差别。在原始社会早期，人类还非常弱小，痛痛快快大块吃肉的机会一定非常难得，更多时候是野兽在吃人。进入原始社会中期后，火的使用成为常态，人类逐步强大起来，开始更多地主动攻击大型动物，更多地以大型动物作为重要食物来源。而到认知革命后的原始社会晚期，人类已经强大到让所有动物恐惧。

有一个现象能够证明这一点：所有动物都学会了躲避人类，而缺乏这一常识的动物，则自身命运堪忧。到原始社会晚期，原始人食物中“缺肉”很可能是因为大型动物在躲避人类，或已被人类斩尽杀绝。人类将大型动物斩尽杀绝的程度和速度，令人难以置信，第四章对此还会详细交代。[79]

原始人普遍营养不良。在西南欧的莫尔比昂和塔古斯两个河口地区发现的大批原始人遗骨告诉我们，居住在那里的原始人，平均身高男人为160厘米，女人为150厘米，无论男人女人，普遍发育不良。[80]

但骨骼化石告诉我们，也有些原始人的体格比现代人更加健壮，晚期原始人的平均脑容量相当于甚至可能超过现代人。这个发现有些令人吃惊，但仔细想来也不是完全不可能。导致这个结果的原因，一是原始人什么都吃，他们的营养反而比现代人更加全面，在食物不太贫乏的地方，原始人有可能获得不错的营养。二是他们的生活方式也远比现代人健康，长期在野外，与自然密切接触，经常奔跑搏斗，自然更加健壮。三是原始社会有严格的淘汰机制，对不健康的孩童会果断淘汰，这就保证了成年人有更高的平均健康水

79 赫拉利（2014），第11页。

80《剑桥古代史》（2020），第114页。

平，这可能是最重要的原因。关于原始社会的淘汰机制，下文会更多介绍。

**死亡**。原始人多数都活不到自然死亡的年龄，平均寿命很短。

原始人死亡的第一大原因是暴力，而引发暴力的第一大原因是食物。在暴力充斥的原始人社会，无论是部落内部的暴力，还是部落之间的战争，绝大多数都因食物而起。“鸟为食亡”这句话，改为人为食亡，在原始社会也是非常贴切，完全准确的。而“人为财死”这句话，到最近，也就是进入文明社会后，才更加贴切适用。

原始人死亡的第二大原因是疾病，而导致疾病的最大原因还是饥饿。现代医学知识告诉我们，营养不良会导致人体免疫能力下降，器官衰退，使人更容易生病和因病诱发其他问题而死亡。[81]

原始人很容易死于非命。谁吃谁的问题在那个时代非常严重，人想吃野兽，野兽也想吃人。在自然界弱肉强食的食物链中，人类是其中的一环，处于它的中段。单个的人在很多野兽面前都显得非常弱小，不堪一击。人没有野牛和犀牛的强大力量，没有长毛象的巨大体型，没有剑齿虎的坚牙利爪，没有豺狼虎豹的速度。在没有铠甲，没有堡垒，没有钢铁利器，更没有枪炮的原始时代，人类既不能抵挡猛兽的攻击，也不能保护自己，只能尽量避之。个人若在野外与虎豹豺狼、毒蛇猛兽相遇，只能惊恐万分，拼命逃脱，往往凶多吉少，死于非命。

生病和老弱的猛兽，对人类的威胁更大，因为老弱猛兽已无法正常捕猎，更加饥肠辘辘，更需要吃人，拿速度和力量都没有优势的人类维持自己的生计。它们会更加主动入侵人类的居住地，在野外相遇时也更具攻击性和更难摆脱。

原始社会总体来说不同情弱者，有残酷的淘汰机制。部落食物匮乏，没

---

81 戴蒙德（2014），第225页。

有余粮，非但无法建立服务于老幼弱病残的福利制度，反而会毫不犹豫地放弃老幼弱病残，只保留强者，保证部落每一个人都健康强大聪明，反应敏捷，能打会跑。前文说到原始人优秀的身体素质和这种淘汰制度也直接有关。

原始社会有抛弃老人的传统，尤其是老年妇女。在食物匮乏时，老人丧失了生产力，却参与消耗有限的食品，对群体的生存都构成威胁，群体为了生存，不得不忍痛牺牲他们。生活在南美洲巴拉圭森林中的亚契人，会砍杀年事已高的女人和不想要的婴儿。

实际上，牺牲老人的做法，一直延续到文明时期。在世界上很多贫困地区，直至今日老人的命运也都堪忧，赡养老人的经济负担，经常成为家庭和社会矛盾的一个突出爆发点。现代社会的安乐死，也带有一丝类似的味道。在日本，这个做法持续到幕府时期还能见到，人们会把老人背到山中偏僻的地方，让他静静地离去。[82]

原始社会的婴儿死亡率很高。早期的原始人很弱小，经常受到猛兽攻击。和牛群、马群、鹿群一样，遇到猛兽袭击时，力量最小和奔跑速度最慢的，总是最容易成为猛兽口中之食。在这样的环境中，婴幼儿、儿童和老弱病残一样，死亡率很高。

婴儿死亡率高企的一个重要原因是杀婴。史前社会有对新生儿精心筛选的习惯，生来弱小甚至有生理缺陷的婴儿会被毫不犹豫地无情遗弃。

淘汰不够健康不够强壮的新生儿这种做法，一直延续到文明社会。在古希腊城邦国家，这种做法就非常普遍，其中最著名的是全民皆兵的陆军强国斯巴达。在斯巴达，每个男孩的宿命都是优秀的战士，一个孩子出生时若不够健康不够强壮，无论对社会还是对个人，都毫无意义，毫无价值，所以会被毫不犹豫地抛弃掉。

---

82 姜建强（2014）。

部落会实行严格的计划生育。原始人不懂避孕，计划生育的意思就是杀婴。即使在正常年份，他们也会将多生超生的婴儿主动消灭。之所以如此，是因为食物匮乏频频发生，每当此时，儿童和老人一样被优先牺牲。人们知道会有这么一天，过多的孩子无法喂养，只能牺牲，这意味着现在养得越多，到这一天就需要牺牲更多。既然如此，不如从第一天起就不浪费母乳。

在原始社会晚期，人类开始建立宗教信仰，婴儿又经常成为祭祀的贡品。《圣经·旧约》记载，亚伯拉罕要将自己的儿子供奉给神，天使在最后一刻制止了他。《圣经》中还记载了神对埃及人的惩罚，在逾越节（passover）杀死他们每家第一个男孩。虽然《圣经》讲的不是原始社会的故事，但不妨将这些故事理解为对人类最古老最原始实践的一种记忆。不妨推测，用婴儿做祭祀品的文化，从原始社会晚期开始，延续到了《圣经》的时代。

人类学家实地考察过一些印第安人部落，在这些部落中，14%的男孩和23%的女孩会在10岁前死亡。若双亲中有一人不在，孩子的死亡率更会暴增4倍，即双亲有一人不健在的孩子，有超过一半会在10岁前死亡。[83] 人类学家考察的这些印第安人部落，都处于原始社会晚期，儿童死亡率尚且如此之高，原始社会早期和中期的婴幼儿和儿童死亡率可想而知。

除了饥饿这个最常见的问题，在原始人的生活中，其他危险也比比皆是，处处存在。很多危险对身强力壮的男人和对老幼弱病残一视同仁。在亚诺玛米和阿齐印第安人中，所有成年男子都至少被毒蛇咬过一次。阿齐印第安男人的死亡，14%由毒蛇造成，8%由美洲豹造成。水里的鳄鱼，岸上的荆棘，林中的蚂蚁蜘蛛，草边的蝎子黄蜂，倒下的树木，突变的天

83 戴蒙德（2014），第141页。

气，追捕羚羊时不慎崴脚，采摘水果或蜂蜜时不慎从树上摔下……都可以成为死因。在考古学家发现的原始人遗骨中，有一个320万年前的年轻女士露西。有人认为，这位女士即是从树上摔下致死的。

世界上其他地方的原始人，生命也同样时刻受到各种威胁。在非洲，死于狮子鬣狗河马的攻击，在阿拉斯加，死于冰灾溺水，在山区，死于寒冷，在深林，死于迷路……这其中任何一个原因，还有其他很多原因，都可以让人一命呜呼。[84]

因为没有医疗设施，身体任何一个部位受伤都可能导致死亡。擦破皮肤会导致感染，扭伤筋骨会影响奔跑速度，感冒发烧会使人特别脆弱易受攻击。很多对现代人来说不值一提，治疗处理一下休息休息就过去了的小病小痛，对原始人来说都可能成为灭顶之灾。

前面说到的华人探长，在前往新几内亚食人族探险时，没被食人族吃掉，却被毒蜘蛛咬到。从他分享的照片看，伤口在腿上，又深又大。不用为这位探长担忧，通过治疗和休息，他完全好了，又在酝酿新的探险。若是缺医少药的原始人，这样被咬后就不一定这么幸运了。

一言以蔽之，原始人死亡的方法太多了，他们太容易死去，他们听天由命，生死都交给天了。

2019—2020年新冠病毒在全世界暴发时，一些国家应对不力，束手无策，导致大量死亡，却美其名曰“群体免疫”。“群体免疫”这个现代人的时髦说法，却是原始人的标准做法。不同的是，原始人搞群体免疫，不是选择，而是无奈，反映了原始人掌握自身命运的能力有限，只能接受命运的安排。要是群体免疫好使，人类何必劳神费力发展医学并兴办医院呢？

**人口**。原始人的期望寿命很短，只有30多岁，导致寿命短的主要原因

84 戴蒙德（2014），第215—218页。

是高企的婴幼儿和儿童死亡率。[85]

日本学者大室干雄曾经统计，中国从汉高祖到清光绪，总计有208位皇帝，平均寿命为38岁。[86]这么说来，原始人的寿命也不算太短，接近中国皇帝的寿命，对于生育和繁衍来说，已是绰绰有余。有意思的是，人人都想做皇帝，可知皇帝与原始人同寿？

原始部落人口的年龄结构呈圆柱形或山坡陡峭的“平顶山”形，即婴幼儿和儿童人数不会比青壮年多太多。形成这种人口结构的原因是，原始人会通过消灭多余的孩子，控制他们的数量，保证他们的质量。同时，原始社会会制度性消灭老年人，保证老年人不会成为部落的负担，这一制度使老年人很难自然形成金字塔结构的尖顶。原始社会对一老一少这两头的政策，造成了陡峭的“平顶山”形的年龄结构。

营养不良导致原始社会的低生育率。有些现代社会的妇女哺乳期间怀孕，就医时询问医生：哺乳期间本不应怀孕，为何又会怀孕？医生对此的解释是，曾经是这样，但现在不是了。在贫困社会，哺乳加剧了妇女营养不良，使她们难以怀孕。

在原始社会，男男女女总在一起，不缺性生活，但缺少食物。我们不能说缺衣少食，因为原始人不怎么穿衣。饥饿难当的时候，原始人会用性来弥补，但食物匮乏影响了她们的怀孕和生育。现代人则恰恰相反，不缺食物，但缺少合适的性伴侣，要用多吃来弥补性关系的缺失。[87]食色，性也，这二者之间的关系，原来也有主次之分，随着食物的稀缺性和人际关系的变化而变化。

原始社会的计划生育，前文已经提到。一个原始部落对自己能够供养

85 赫拉利（2014），第51页。

86 姜建强（2014），第52页。

87 戴蒙德（2014），第231页。

的小孩总数，会有一个评估，再基于这个评估决定应该生育多少小孩。这些小孩的总数会分配给每个育龄妇女。在一些印第安人、新几内亚人和非洲部落中，部落规定两个孩子出生时间的间隔，未达到这一时间间隔的孩子出生便会被抛弃，有的是杀死，有的是没人喂养自然饿死。原始社会没有人工避孕、人工绝育和人工堕胎的概念，他们的计划生育，就是杀婴或弃婴。

原始社会人口增长缓慢，人口数量有限。出生率低，婴幼儿死亡率高，老年死亡率高，这些因素综合作用，最终结果是原始社会人口增长非常缓慢。

15万年前，世界各地生活着至少六七种以上不同物种的人类。所有物种的人类相加总计不足百万人，散布在从太平洋诸岛到亚洲、欧洲，再到非洲的辽阔地区，可以说地球上多数地方都是人口稀少，人迹罕至。[88] 假设当时不同物种的人类数量大体相当，我们祖先智人的总人数不过10多万，可谓寥寥无几。

而这本来少得可怜的世界人口，在7.35万年前还因为火山爆发经历了一次重挫，智人的祖先下降到最多不过区区几万人，甚至可能不足1万人。[89]

到2万年前，地球上其他物种的人类已基本消失殆尽，只剩下了智人。这时世界总人口近50万人。[90] 人类从600万年前开始独立进化，250万年前初具人形，30万年前成为解剖学意义上的现代人，到7千万年前为止，总人口的长期增长率为0，低谷时几乎灭绝。

在下一章将要介绍，到2万年前，智人已经征服了除美洲以外的世界各个大陆。这说明，智人人口总数的增加和智人征服世界并非同步，而是

---

88 费根（2017），第19页。赫拉利（2014），第14页。

89 费根（2017），第98—99页。

90 Morris（2014），第9页、第76页。

稍微滞后。这一滞后并不奇怪。前文提到，7万年前，智人人口总数曾经下降到可能不足1万人，而且，地球有海枯石烂的周期，每隔大约9万年便会出现一次冰期，2万年前正是最近一次冰期最冷的时候。智人能在这样的环境中将人口增加到并维持在50万人的规模，实属不易，证明了他们的生存能力。

有趣的是，当时世界上黑猩猩和大猩猩的总数，大概也是几十万。

冰期结束后，人类迎来了有史以来最大规模的一次人口高速增长。到1万多年前农业革命前夕，智人人口达到了500万～800万人之间的某个规模，甚至可能接近1 000万人，1万年增加了几十倍。[91]

碰巧，当欧洲人于500多年前即1492年踏上美洲大陆时，美洲印第安人的人口总数大体也是这么多，总计几百万人，相当于1万年前全世界智人的总数。智人在美洲独立发展，人口规模已经超过黑猩猩和大猩猩总数的10倍以上，是很了不起的成就。

1770年，英国人库克船长率人登上澳大利亚，宣布英国占有这片土地。当地原住民总人口那时大概是75万人，与世界上黑猩猩和大猩猩的数量相当。自那时以来，澳大利亚原住民人口总数下降了90%以上，与同期黑猩猩和大猩猩总数下降的比例相当。这种巧合，不能不让人唏嘘。

此后世界人口更是加速增长。从2万年前到1万年前，世界人口从几十万人增加到几百万人，1万年增加了十几倍。

此后再过8 000多年，世界人口总数超过2.5亿人，8 000年增加了30倍。[92]

此后再过2 000多年，世界人口总数超过75亿人，2 000年又增加了30倍。这是今日世界之人口规模。

---

91 Morris（2014），第9页、第76页。

92 赫拉利（2014），第45页、第97页。

世界人口于1800年达到10亿人，2020年超过75亿人。2020年的世界人口，是220年前的7倍多。如果按最近220年的速度继续增长，从1800年开始，不到500年世界人口就将增长50倍，达到500亿人，2300年世界人口相当于1万年前的1万倍。

如果人口每1万年就增加1万倍，10万年以后，世界会是什么样子？让人不敢想象！

原始社会的智人，需要1万年才能增加10倍总人口，与其他物种的人类和其他动物物种横向比较，是了不起的成就。跟农业社会和现代的智人纵向比较，却微不足道，尽显当年时日之艰辛。

人类就这样延续了几百万年，十几万代，未被饥饿、疾病、毒蛇猛兽灭绝，未被自然淘汰，堪称奇迹，也可谓万幸，令人由衷感叹。[93]

说人类的生存是奇迹与万幸，并非随意，也毫不夸张。举目环视，在这几百万年间，有多少物种的人类和动物物种走向了灭绝，从地球上完全消失，只留下化石供人类研究。属于人类近亲的黑猩猩、巴诺布猿和大猩猩，和人类有着共同的祖先，有过类似的进化历史，几百万年前还属于同一个物种，过着类似的生活，如今在世界上总计却不过几万只，若不加以保护，它们还能生存多久也值得怀疑。这些对比，让我们更加强烈地感受到原始人生存之不易。

离开非洲之后的人类，也继续艰难地努力生存。大家知道，10万年前第一次离开非洲的智人，已全部消失，不知所终。基因测试表明，智人第二次离开非洲后，险些又遭遇了同样的命运，他们的人口突然减少，变成一个很小的群体，而且作为小群体存在了很长时间，达万年之久。人类学家将这种人口突然下降的历史称为“人群瓶颈事件”。智人离开非洲后，

93 McNeill（1991），第6页。

不止一次经历过这样的事件。最终，这个小群体顽强地生存了下来，成为后来遍布地球所有人类的共同祖先，实属万幸，而不能视为理所当然。[94]

智人不仅生存了下来，还迈开了征服世界的步伐，加快了生殖繁衍的速度，让当年空旷荒凉的地球，变得拥挤和不堪重负。

关于原始人的生活，说了很多，总结起来就是一句话：原始生存博弈的核心问题是食物，决定食物获得的是暴力的能力和水平，因为暴力手段不够强大，原始人生活的标准模式是食物缺乏，死亡率高，预期寿命短，人口增长几乎为零。

生活的其他内容都必须服务于加强暴力，促进暴力水平的提高。

幸运的是，原始人在无比艰苦的条件下存活延续了下来，才有了我们的今天。

## 7_远古重构：现代人的回望

前文洋洋洒洒，讲了很多，读者可能会问：那么远久的事，是怎么知道的？我们来回答这个问题，介绍学者如何千方百计，用各种方法将原始人的历史再现给现代人。

先请判断一下，下面这个故事是真实的历史吗？

在最初的原始部落中，一个最强大的男人占有了全部女人，并如其所愿生下了很多孩子。霸道的父亲也不允许儿子们分享他的权利，把他们都赶去了远方。

他没料到，儿子们长大后还是成功地联合起来，成为他的对手。他们反抗父亲的权威，杀死他后，又分掉了他的女人。

这不是真实的历史，也不是希腊神话中关于宙斯的故事。这个故事是

---

94 赖克（2019），第35页。

心理学家和精神病医生弗洛伊德（Sigmund Freud）对原始部落的想象。弗洛伊德在1913年出版的《图腾与禁忌》一书中，想象了一个达尔文主义盛行的原始部落，他依据优胜劣汰，强者通吃的原则，构思了这个故事。[95]

这种猜想是现代人重现原始人历史的一种方法。原始人真实的配偶制度，既不像一些动物那样赢者通吃，也不像现代人那样实行一夫一妻。原始人普遍实行中度一夫多妻制，杂婚也相当常见。下文将说明当时实行杂婚制的基因遗传优势。而在整个动物世界，有一夫一妻、中度一夫多妻、高度一夫多妻（赢者通吃）和一妻多夫制，但最多的还是中度一夫多妻。[96]

原始社会的历史非常漫长，原始人压根没有想过，几十几百万年之后，还会有谁想知道他们的存在，想了解他们的生活，想来点儿什么“历史记忆”。他们没有想到过要保留关于他们生活的记录。当然，他们即使想到了，也没有什么手段去保留。

后人则不同，他们不愿意否认和忽视自己那250万年的进化过程，给这段没有文字的漫长历史取了个名字，称之为“史前史”（pre-history）。

在历史学的语境中，“历史”可以有两种不同的理解。一是狭义的理解，指有记载的记忆，而记载下来的记忆只能产生于有文字的社会。所以，如果按这个定义咬文嚼字，人类历史的长度不过几千年，进入文明社会发明文字前的人类是没有历史的。

历史的另一个更加广义的定义是指发生在此刻之前的一切。按照这个定义，历史始于138亿年前宇宙诞生，历史没有终结，我们正在经历的每一件事，都在发生的同时进入历史。

史前史的概念貌似将历史的两个定义都涵盖了：过往均为历史；你若

95 Freud（1990）；德瓦尔（2015），第116页。

96 巴拉什（2019）。

坚持有文字记载才是历史，我就是历史之前的历史。

史前史的概念在现代人的著作中处处可见，恩格斯早在1884年的《家庭、私有制和国家的起源》一书中就使用了“史前”的概念。[97] 20世纪50年代，史前史研究蓬勃兴起，系统展开。1961年，克拉克（Grahame Clark）第一次总结和综述对放射性碳定年法（radiocarbon dating）的研究成果，其著作成为史前史研究的一个重大里程碑。[98] 费根（Brian M. Fagan）以“史前史”为题，写过一系列著作。从学术风格上说，史前史概念源于欧美，遵循英美传统，强调实证。对应于史前史概念的是“原始社会”的概念。这个概念源于苏联，学风上遵循历史唯物主义传统，在考证基础上重视讨论社会制度与规律。[99] 本书视这两个概念为同义词，不加区别，交替使用。

现代人想尽了办法，千方百计重新认识和重构原始社会漫长且没有任何文字记载的历史。这些方法可以分为三大类。

第一大类是科学方法，以寻找科学证据为主，考古、解剖学、化学测年、基因测试属于这一大类。

第二大类是社会学方法，实地考察现存原始社会属于这一大类。

第三大类是哲学探讨，由一些哲学家和思想家对人类进化过程和原始社会的状况进行猜想。前文分享的弗洛伊德想象就属于这一大类。由于第三种方法的思想性很强，前文两大类的研究经常会围绕第三类方法提出的思想展开，回答其提出的问题。

虽然我们在概念上为了方便将不同方法做了分类，但是在实际研究中，这些方法经常都在综合使用，从不同角度帮助我们重构人之初的

---

97 恩格斯（2018）。

98 Clark（1961）；费根（2017），第8页、第34页。

99《剑桥古代史》（2020），“译者序”，第11—12页。

历史。

下文对再现原始人生活的种种方法，稍做进一步介绍。

**挖掘考古**。考古学对史前史研究的重要性不言而喻。达尔文就清楚地知道，他的进化论是否成立取决于石头，即考古学家能发现什么样的化石。

可惜，考古学曾经长期停留在少数个人层面，直至1950年，有此专业研究生的大学都寥寥无几。但20世纪60年代和70年代以来，这门年轻的学科快速兴起，蓬勃发展，培养了更多专业人士。在随后几十年间，考古学家的辛勤发掘和认真考证，为我们带来了丰硕的成果，为人们认识原始人的生活和进化，提供了不可或缺的宝贵证据。[100]

考古学与其他学科相结合，尤能产生丰硕的研究成果。考古学为自然科学手段的运用提供了素材，自然科学手段为考古学提供了确定年代和遗物内容的不可或缺的可靠方法。

**化学测年**。考古学与化学的结合使远古历史遗物获得“年龄”。芝加哥大学化学教授利比和阿诺德（Willard Libby and J. R. Arnold）1949年发明了对考古发现进行放射性碳定年法。碳定年法有年限上限，后来人们又发明了钾氩定年法（potassium-argon dating），以测量更加久远的古物，为确定最早的人类化石提供了可靠的方法。另外还有其他不同定年法，依赖这些科学的定年方法，人们得以对散落在世界各地的考古遗物进行年代比较，了解其时间顺序，探索其在人类远古历史上的相互关系。[101]

**解剖学**。考古学与解剖学相结合可以确定不同物种，包括属于不同物种的人类的存在。对不同物种进行比较，使现代人得以了解他们之间的关系和进化过程。比如，南方古猿的概念就是1925年以解剖学为依据首次确

100 Morris（2014），第61页。

101 费根（2017），第8页、第23页、第46页。

认的概念。[102] 运用解剖学，研究人员还可以从遗体中获得关于年龄、身高、体重、疾病以及死亡原因等很多宝贵信息。比如，人们谈论不同物种的人类，谈论解剖学意义上“第一个”人类，即在生理结构上和我们没有差别的人类，都是考古学与解剖学结合的成果。

1974年，考古学家在埃塞俄比亚发现了一个完整的人体头骨。解剖研究告诉我们，这个头骨属于一位女性，人们为她取名露西。露西身高1.2米，年龄20来岁，直立行走，脑容量属于南方古猿的水平。化学定年法告诉我们她生活在距今320万年前。对露西的解剖分析告诉我们，人类直立行走先于大脑的进化。[103]

露西做梦也不会想到，她在320万年后居然会成为世界级名人，会有人把她研究得这么清楚透彻。当然我们不能确定露西能否做梦，她很可能不具备做梦的能力。

**基因测试**。前文提到，碳元素测试、解剖学，还有其他自然科学都为人类学研究做出了重要贡献，已成为人类学研究不可或缺的基本工具。近30年来，对人类学贡献最大的是基因科学的发展。考古学与现代基因学相结合，可以从纵向解释不同时期人与人的关系，包括原始人和现代人的关系，也可以在横向解释各个地区人群和人种之间的关系，从基因的角度为这些纵横关系提供更加令人信服的证据。理清这些纵横关系，我们就能更好地了解人类迁移的历史过程和人类身体进化的脉络。这种研究方法目前还在快速发展阶段，方兴未艾，可期可待。

奠定基因测试基础的有四人：克里克（Francis Crick）、富兰克林（Rosalind Franklin）、沃森（James Watson）和威尔金斯（Maurice

---

102 费根（2017），第47页。

103 费根（2017），第50页。赖克（2019），第22页。

Wilkins）。1953年，他们向大家展示，人类基因组是由两条长链上的30亿个（总计60亿个）化学单元组成的，每个单元都可以编码成一个字母，比如A=腺嘌呤、C=胞嘧啶……我们说的基因，就是这些链条上的微小片段，每个片段通常含1 000个字母。通过使用某种仪器，可以引起DNA序列上的化学反应，这种化学反应会依次发出特定的光，不同颜色的光正好和A、C……的序列相对应，将这些序列扫描进计算机，即可获得DNA序列的信息。DNA序列通常都是很规则的，但有时会发生随机的“错误”或曰差异，这意味着DNA发生了变异或曰突变。[104]

这些基因信息代代相传，为我们追溯自己的来龙去脉提供了可靠的依据。它们的组合也为不同人群之间的混血关系提供了准确信息。

根据基因的变化，我们可以追溯人群迁移的路线。比如，如果我们在西亚地区发现一个高密度的基因群体，即这里绝大多数人都有类似的基因组合，就可以从这个地区往外推，观察这个基因组合朝哪个方向以什么速度逐渐稀释，稀释得最慢的（外推很长距离才被稀释到一定程度的），即是该地区居民迁移的主要方向。考察该基因组合被什么基因稀释，则会告诉我们该地区居民在迁徙过程中与谁相遇，发生了混血。

还有，基因发生突变的时间，即大概多长时间发生一次突变，是有规律的。根据这个规律，科学家通过比较两个人群的基因组有多少差别，大体就能知道他们成为不同分支的时间有多久。通过比较人类与黑猩猩的基因，我们得以判断他们分裂成不同物种的时间；通过比较智人与其他物种人类的基因，我们可以知道他们分裂成不同物种的时间。

终于，通过基因测试，化石开口说话了！人类的前世今生，人类四处

104 赖克（2019），第23—24页。

游荡，生育繁衍的所有信息，都隐藏在人类的基因组合中。[105]

当然，基因方法也会遇到“黑洞”，需要与其他方法相结合才能帮助我们更好地还原原始人的生活状态和进化过程，对此我们后面再进一步解释。

**实地观察。**除了考古，人们还对原始人的生活进行了实地观察。

当今世界上，仍有一些人生活在原始状态。在与世隔绝的美洲原始森林、大山腹地、非洲腹地和汪洋大海中的一些海岛上，还有很多部落社会仍然生活在原始状态，他们的今天就是人类的昨天，他们是人类原始社会的活化石。通过观察仍然存留的原始社会，观察他们的生活方式和个人状态，人类学家和社会学家得到了关于远古人类社会的重要启发。

19世纪美国的人类学家和民族学家摩尔根是实地考察传统社会部落，记载他们生活的鼻祖。摩尔根生长在美国纽约州，他从小对家乡附近的印第安人部落有浓厚的兴趣和同情心，还加入易洛魁部落，成为他们的正式一员，对他们的生活和文化进行了长期系统的考察。他的著作《古代社会》于1877年出版后，引发学界和社会的热烈反响，也得到了马克思和恩格斯的高度评价。[106] 马克思和恩格斯将此书与达尔文的《物种起源》相提并论，视之为历史唯物主义的实证基础。[107] 阅读摩尔根的《古代社会》，马克思写下了详细的读书笔记，似有写作的计划，可惜未能实现便已逝世。但恩格斯在马克思逝世后写下了著名的《家庭、私有制和国家的起源》，该书于1884年出版，是马克思历史唯物主义的经典著作之一。

米德（Margaret Mead）在深入太平洋萨摩亚地区考察后，于1928年出版了《萨摩亚人的成年》一书。虽然后来人们对米德的研究多有质疑，

---

105 赖克（2019），第xii页。

106 Morgan（1877）.

107 Darwin（1859）.

但这本书当时还是使她声名鹊起，成为部落社会研究的重要人物。她随后又深入太平洋新几内亚岛和巴厘岛实地考察，也有著作出版。[108]

查格农（Napoleon Chagnon）从1964年开始，30年间25次前往巴西和委内瑞拉边境地区，深入考察那里一个叫亚诺玛米的原始部落。

戴蒙德从20世纪60年代开始，历时数十年，数十次前往坐落于南太平洋群岛的巴布亚新几内亚，住在原始部落，有时甚至深入人迹罕至相当危险的深山老林和海中孤岛，获得一手信息，了解当地原始部落的日常生活和风俗习惯。他的著作《昨日之前的世界》，为研究原始社会提供了宝贵信息和深刻见解。

耶伦（John Yellen）曾经在非洲南部和昆桑族人（Kung San）同住同吃，记录他们的生活，收集当地古迹遗物，了解他们的家庭和公众生活，比如舞蹈和分肉仪式。[109]

这种考察方式，不失为获得详尽可靠信息的一个有效方法。

**哲学探讨**。除了挖掘考古和实地观察，人们还运用自己的思维和逻辑能力，由此及彼，推理原始人的生活状态。人们相信，认知革命发生后的原始人和现代人在生理结构上和思维习惯上是一样的，二者可以互为镜子。“对历史的困惑，可以从现实生活中找到答案。对现实的困惑，可以从历史中找到答案。”

太阳底下无新事。现代人既然继承了原始人的基因，所作所为也必然与原始人有相当大的共性，无怪乎《吕氏春秋》说：“察己则可以知人，察今则可以知古。”[110] 这也是本书为何要通过认识原始人来认识人，奠定

---

108 Margaret Mead（1928）；德瓦尔（2015），第111页。

109 费根（2017），第21—22页。

110 “故察己则可以知人，察今则可以知古。古今一也，人与我同耳。有道之士，贵以近知远，以今知古，以所见知所不见。”《吕氏春秋·察今》。

3×3结构模型回答“人为何物”这一问题的基础。

现代政治哲学的开山鼻祖霍布斯（Thomas Hobbes）就是这样认识遥远的过去的。1642—1648年，随着王权衰落，英国陷入内战，导致10多万人死亡。基于这一惨痛经历，霍布斯在《利维坦》一书中问道，政府短期失效，社会便如此混乱和暴力，在不知政府为何物的原始社会，暴力会不会是常态？不会是人人暴力，个个都随时可能死于暴力吗？[111]

这就是后来被称为“霍布斯式战争”（Hobbesian War）的社会状态，意指没有政府的社会，必然处于无政府的混乱状态，人人与人人的战争状态，人皆为敌，以死相搏。霍布斯因此认为，无政府的社会才是最令人恐怖、最坏的社会；只要有政府，无论是什么政府，总好过无政府。

《利维坦》一书对后世产生了巨大影响，也对原始社会的研究产生了很大影响。自那以后的370年中，原始社会是否如霍布斯所言充满战争与暴力，一直是一个争论不休的重要问题。卢梭率先发表了反对意见。他认为，原始人富有同情心和同理心，他们的自然状态是友善和平而不是暴力好战，他们生活的社会一定是安详的“伊甸园”，而不是战争与混乱。

直至2017年，王一江才在一篇论文中解释了霍布斯和卢梭在方法论上存在的问题，说明他们各执一端，都有失偏颇。这篇文章通过模型证明，在无政府状态下，战争与和平都可以是社会秩序的均衡，可以交替存在。文章还解释了战争与和平各自成为均衡的条件。[112]

王一江文章得出的结论明显优于霍布斯和卢梭的结论，更加符合迄今已知的原始人生活的真实情况。原始社会既有战争，也有和平。霍布斯解释不了和平，卢梭解释不了战争。只有战争与和平都是均衡、都可以在合

111 霍布斯（1651）。

112 王一江（2017）。

适的条件下存在、也会在合适的条件下互相转化的结论，才符合已知原始社会的真实情况。

王一江的文章告诉我们，如果没有新理念、新方法，霍布斯和卢梭这样的辩论只能是各说各话，别说370年，就是再辩论1万年，也不会有结果。

弗洛伊德也试图应用他的性心理学理论，通过推理去理解原始人。本节开始时讲的故事，即出自他的想象。霍布斯的推测是基于英国革命的经验，弗洛伊德的推测也不是毫无根据。他作为心理学家和精神病医生的从业经验，希腊神话中宙斯和他父亲的故事，还有诸多宫廷剧中子弑父的故事，都可以给他提供灵感，去想象原始人的生活状况。

弗洛伊德对原始社会的推测看似随意，却包含了一个真理：强大的男性基因会优先遗传，产生大量的后代。假以时日，世界上几乎所有人都会成为强大暴力基因的携带者，世界也因此变得非常暴力。这就是为什么在3×3结构模型中，暴力占有中心地位的原图。

现代基因测试证明，人类历史上曾有一位男性，他的基因深入欧洲王室，也遍布全世界。他的男性后代达1 600万人之多，占现代亚洲男性的8%。研究推测，这位“播种大王”的基因大约在1 000年前开始急剧扩张，他很可能就是成吉思汗。[113]

古来后宫皆寂寞，在人类有记载的历史上，类似成吉思汗这样的“播种大王”不止一位——多数暴力征服者的后代数量，都会超过普通人。如果要将这些“播种大王”按成果排序，是否可以猜测，谁征服的地方越多越广，最终的后代就越多？

由此类推原始社会，弗洛伊德的猜想虽非事实，却也有几分道理。

---

113 德瓦尔（2015），第111页。

# 第二章

# _天有经，地有纬_

# 人类空间

人和自然是什么关系？其应对生存竞争的独特之处为何？这些问题与我们关心的哲学三大终极问题密切相关。

我们接下来讨论人在大自然和整个动物界找到人的位置。

## 1_迟到的嘉宾：宇宙、地球与人

前文说到，250万年前，天地之间诞生了人。人生活在地球上，是动物界的一个物种。动物是生命的一种形式。

生命是哪里来的？生命于38亿年前诞生于地球。

地球是哪里来的？地球是宇宙的一部分，诞生于45亿年前。[1]

宇宙是哪里来的？宇宙始于奇点，开始于138亿年前的宇宙大爆炸。

关于人与自然的渊源，问到这里已经到尽头。

大爆炸之前有什么？关于这个问题，物理学家的一种回答是：这个问题不能成立，大爆炸没有“之前”，因为大爆炸才产生了宇宙、物质和时间。

关于宇宙和地球的起源，是人类一直以来都非常热衷于思考，特别喜欢问的问题。这样的问题在中华文明中是关于“开天辟地”的问题，在西方文明中是关于“创世记”的问题。

宇宙与地球诞生的时间提醒我们，人类250万年的进化历史虽然漫长，却不过是宇宙历史中的一瞬间，只相当于地球历史的几千分之一。

如果谁想直观感受一下地球历史和人类历史的关系，可以画一条直线表示地球的历史。在这条直线上，先以“亿年”为单位将这条直线分为46等份，再以百万年为单位将最后一格分为100等份。在最后一格的100个小格子中，最右边2个半小格子代表人类历史的长度。如果这张纸不够大，

1《剑桥古代史》(2020)，第1页。

要画出这条直线，再等比例画出这些格子来表达人类历史的长度，并不是一件容易的事。

人在自然面前必须谦卑。

138亿年前的大爆炸产生了宇宙，研究宇宙的科学是物理学。大爆炸后的一瞬间，即30万年后，能量聚集，产生了原子与分子。研究原子、分子及其相互关系的科学是化学。

对时间敏锐的读者也许注意到，对宇宙来说，30万年就是一瞬间，百年人生连昙花一现都算不上，足见人生之短暂与渺小。

原子与分子形成了不同的天体。46亿年前，星云的坍塌造就了太阳系，也造就了地球。从地球诞生的那一刻开始，历史就进入了“地质时代”。[2]

大约38亿年前，地球上产生了一些特殊的分子，叫作有机体，创造了生命诞生最重要的一个条件。研究生命的科学是生物学。

中国道家有“道法自然”和“三生万物”的说法。大爆炸、原子分子、有机体，用这三个概念解释自然造物的过程与“三生万物”不谋而合。当然，这纯粹是数字上的巧合。要将道家理论体系中对自然的解释，将道家的“三”和大爆炸、原子分子及有机体这三个概念联系在一起，还是很勉强的。

地球上最初的有机体是哪里来的？一种说法是来自暴烈地球的巨大能量。大家知道，地球上有很多剧烈的运动。火山爆发、电闪雷鸣、赤日炎炎……这些强大的自然力量为地球提供了分子变化的能量和温度，也提供了有催化作用的矿物质。

早期地球分子碰撞产生有机物的设想是20世纪20年代产生的。1953

2 赫拉利（2014），第1页。《剑桥古代史》认为地球始于大约45亿年前，该书第一册第一章以“地质时代”为标题。

年，芝加哥大学化学教授米勒（Stanley Miller）决定模拟地球环境，用实验验证这一说法。他将水注入烧瓶，模拟海洋。将瓶中的空气抽干，注入甲烷、氨和氢等混合气体，模拟原始大气。再将瓶内的水煮沸产生水蒸气，使水蒸气和混合气体在瓶内不断碰撞。让混合气体通过密封管道，进入另外一个密封大瓶，其间受到模拟电闪雷鸣的冲击。一周后，冷却的烧瓶内产生了20种有机物。实验证明，地球的初始环境可以将无机物转化为有机物，产生氨基酸和蛋白质。

在自然力量的作用下，化学分子剧烈碰撞，重新组合，形成了氨基酸、碳水化合物、蛋白质等有机大分子，后又诞生了一种叫复合蛋白体的有机聚合体。这种聚合体能复制自己的部分形态，还能重新组合成新的形态。产生生命的条件已经就这样初步具备了。

随着地球上这种有机聚合体越来越多，不断随机组合，终于有一天，有机大分子的随机聚合给地球带来了生命。科学家在中国、澳大利亚和格陵兰岛的岩石中，都找到了早期生命的证据。同位素测试表明，早期生命存在的历史和它们周边岩石存在的历史基本相当。

必须指出，前面一段话中“终于有一天……”的说法，含糊其词，问题很多，留下了很大的争论空间。但我们的知识到此为止，谁也没有更好的说法，只能暂且如此。这为后来的人们用不同理论解释生命的起源留下了空间。

在这38亿年的绝大部分时间里，生命都仅以单细胞形式存在。细胞具有与外界分隔的生物膜，可以独立生存、自我复制。单细胞生命顾名思义是由一个细胞核组成的单个细胞生命体。单细胞生命体独占了生命史最初30多亿年的时间，它们对地球的一大贡献是，它们毕竟是生命，有光合作用，并通过光合作用给地球提供了氧气。单细胞生物长年累月的工作，使大气中的氧气含量缓慢增加。

6亿年前，地球上诞生了多细胞植物。在5.7亿年至5.5亿年前，地球上出现了多细胞动物。

多细胞生物的细胞之间有分工，细胞连接成生命体内部的不同结构，分工合作维持生命的机能。

多细胞生物的出现，带来了地球生命的巨大进步。多细胞生物内部结构的不断变化，人们习惯上称之为进化，给地球带来了丰富多彩、琳琅满目的生物世界，为世界展现了一幅波澜壮阔的动植物画卷，使地球成为所知宇宙间的唯一。

这一节我们介绍了宇宙、地球与生命的关系，下一节将专注生物学，描绘和研究琳琅满目的动物世界，以及人类在其中的位置。

## 2_普通一员：人在动物界的位置

1925年，毛泽东32岁。他独立寒秋，站在长沙橘子洲头，填词《沁园春·长沙》，生动描述了他眼前的世界："看万山红遍，层林尽染；漫江碧透，百舸争流。鹰击长空，鱼翔浅底，万类霜天竞自由。"

生命的世界，五彩缤纷，万紫千红，让人目不暇接。人们来到这个世间，首先看到的是花草树木菌苔，飞禽走兽游鱼……

常人与文学家眼中丰富多彩无比浪漫的万类霜天，在生物学中是一个分门别类、各有其位、井井有条的体系。这个体系用"界、门、纲、目、科、属、种"七个层次将动物分类，依次递降，逐步细化，最终将生命世界的每一个物种都定位在一个准确的位置上。

在介绍这个体系之前，我们先快速感受一下这个体系如何帮助我们找到人在自然界的位置。

首先，人和狮子、大象、猩猩、鱼、鸟、苍蝇、蚊子一样，在动物界，不在植物界或微生物界。

其次，人和狮子、大象、猩猩、鱼、鸟一样，有脊椎骨，因此在脊索动物门，不在软体动物和昆虫门。

再次，人和狮子、大象、猩猩一样，生下来靠母乳喂养，在哺乳纲，不在鸟纲鱼纲，鸟和鱼小时候不吃奶。

人和猩猩、猴子一样，在灵长目，不在奇蹄目、偶蹄目、肉食目。

人在人科，不在猴科、猩猩科。

人还分为不同物种的人（不是不同肤色的人）。

在不同物种的人中，有一个物种叫智人，就是我们，通常就叫人。

用这种逐级下降、越来越精准的方法，生物学可以找到每一个生命体在自然界的位置。表2.1总结了这个方法。

**表2.1 人在动物界的位置**

| 界（kingdom） | 门（phylum） | 纲（class） | 目（order） | 科（families） | 属（genus/genera） | 种（species） |
|---|---|---|---|---|---|---|
| **动物界**<br>植物界<br>病毒界<br>…… | **脊索动物门**<br>软体动物门<br>原生动物门<br>…… | **哺乳纲**<br>爬行纲<br>鸟纲<br>…… | **灵长目**<br>食肉目<br>偶蹄目<br>奇蹄目<br>…… | **人科**<br>猩猩科<br>猴科<br>…… | **人属**<br>黑猩猩属<br>……<br>*古猿属* | **智人**<br>*匠人*<br>*直立人*<br>*尼安德特人*<br>…… |

表2.1列举了一些门类，说明生物学如何按“界、门、纲、目、科、属、种”七个层次（步骤），将整个生物世界的“万类霜天”纳入一个完整的系统之中。在表中，每一级的第一项都以黑体字标出，所有下一级列举的生物都是这一项的细化。比如，表中“门”这一栏列举的三项：脊索动物门、软体动物门、原生动物门，都属于前一栏黑体字标出的“动物界”；“纲”这一栏列举各项：哺乳纲、爬行纲、鸟纲，都属于前一栏用黑体字标出的“脊索动物门”，如此类推。最后两级中斜体字代表已经消失

的物种。

按照这个归类方法，人归入动物界，脊椎动物门，哺乳动物纲，因为人有脊椎，有哺乳期。

牛属于哺乳动物纲中的偶蹄目（蹄为双数），马和驴属于哺乳动物中的奇蹄目（蹄为单数），牛和马、驴用蹄子的形状区分它们的目。

马是马科马属，驴是马科驴属。马和驴属下面各有多个种。

马属里有些原始的种，比如蒙古马、阿拉伯马和汗血马。同属不同种之间没有生殖隔离，这三种马既可以同种交配生出纯种蒙古马、阿拉伯马和汗血马，也可以杂交培育出新的杂交马种。新马种还可继续杂交，培育出更新的马种。通过长期培育，世界上马的品种已经有300多个。马和驴子虽是同一个科，但不是同一个属，不同属之间存在生殖隔离，虽能勉强生下骡子，骡子却不能再有后代。

马被杂交出这么多种，是因为它们对人类太有用了，尤其与暴力有关。在古代，马是最重要的战略物资，战之胜败，国之兴亡，很多时候看马便可知大概。位于边远落后地区，只有区区数十万人的金国，靠拐子马和铁浮屠，几年内就灭了大辽和大宋。铁浮屠是那时的重甲部队，将马和人一起裹上层层盔甲，刀枪不入。金人靠身高力大的黑龙江马，才能组建超级重甲部队。辽兵使用的蒙古马和宋兵使用的南方马，体形和力量依次递减一个档次，根本不是金兵的对手。蒙古人打遍天下无敌手，1260年却在巴勒斯坦地区大败于埃及马穆鲁克（Mamluk）骑兵，结束了其西征壮举。在决定这场战斗的诸因素中，阿拉伯马对蒙古马的优势不可忽视。当然，这些都是后话。[3]

智人和猩猩、猴子一起，归入灵长目。又和古猿人一起，归入灵长目

---

3 笔名为罗马主义的网络作家，对马在战争中的作用有深入系统和细致的研究。

中的人科。

智人归于人属，人属的拉丁语为homo。智人是人属中的一个种（species），拉丁语的学名全称为homo sapiens。

生物分类经常出现让生物学家头疼的情况，比如在灵长目中，人与大猿（猩猩）应该属于一个科还是两个科，就存在争议，因为二者直至几百万年前才结束他们的共同进化史，分道扬镳走上不同的发展道路，因此基因非常接近。如果将猩猩并入人科，则人科下面的属会增加几个猩猩家族的成员，在表2.1中用下划线突出，以示存疑。在人属内部，对尼安德特人和丹尼索瓦人属于智人还是属于不同物种的人类，也存在争议。

需要特别强调，生物分类中的“种”与我们平时说白人、黑人、黄种人的“种”绝对不可混淆。生物分类的“种”是“物种”的意思，不同物种的人之间生理结构上存在明显差异。现在人们口头说的“种”则是“种族”的意思，描述的是在生理结构相同的同一物种内部存在的表面差异。对早期智人遗骨的检测表明，他们在遗传上的差异主要表现在肤色上。[4]

打个比喻，智人与其他物种的人类之间的差别，相当于蒙古马、阿拉伯马和汗血马的差别。而智人中白人、黑人、黄种人之间的差别，则相当于蒙古马这一个马种中不同颜色的马，有白色、黑色、花色和枣红色，还有大个、中个和小个。

智人在“人科”中，没有同伴，是唯一的“属”，唯一的“种”，他在这两个级别的同伴都已灭绝。和人不同，猴科下面有20多个属，100多个种，猫科动物也有狮、虎、豹、猫等数十个属，每个属下面最多有数十个种。

从表2.1中可以看到，智人并非一直没有同伴，并非一开始就是人属中的唯一和人种中的唯一。在人类几百万年历史的绝大部分时间里，世界

---

4《剑桥古代史》（2020），第169页。

上都有其他物种的人类和我们分享着这个世界。直至几万年前，其他物种的人类才逐一消失，关于他们消失的过程和原因，第四章还会详细介绍。在其他物种的人类未消失前，使用“人”或“人类”这个词时需要小心，不可将智人与其他人类混为一谈。现在其他物种的人类都已全部绝迹，不复存在，智人早已成为人类的唯一，我们可以随意交替使用人、智人和人类这三个概念。

科学家曾经相信，不同物种的人之间有进化关系，比如匠人进化成直立人，直立人进化成智人。随着考古学和生物学特别是DNA技术的发展，科学家更倾向于认为不同物种的人曾经长期共存，各自进化，直至某日他们互相见面，发生碰撞。

人既然是动物界的一员，我们当然可以而且应该将人类和其他动物进行比较，以此认识生存竞争。我们知道，在动物世界，豺狼豹虎狮鹰鹫河马鳄鱼蟒蛇等靠杀戮为生，大象野牛靠力量自卫，马羊鹿麂靠跑得快。还有，无论什么动物，老幼弱病残总是最先被淘汰的对象，猛兽喜欢优先攻击幼小和软弱的猎物，老弱鲁莽的狮豹也更容易死于野牛利角，兔子急了也会反咬一口。原来，整个动物界的生存博弈，都是以暴力为中心，围绕暴力而展开的，无论是残酷的暴力，还是无情的淘汰机制，都是动物界生存博弈之常态。

近几十年来，很多学者更是超越常人，对动物行为进行了长期系统的研究。猿类动物专家德瓦尔对猿类的生活、组织和行为进行了卓有成效的研究，出版了很多著作，其中《猿形毕露》一书第四章专门描写了黑猩猩社会的战争，这一章的标题是《暴力：从战争到和平》，描写时使用了“决战猩球”和“杀敌务尽”之类的概念。[5] 我们在后文会看到，使用同样

5 德瓦尔（2015）。

的词描述原始人的战争，也恰如其分。毕竟，黑猩猩是和人类血缘最接近的动物。

大自然安排了一个暴力的世界，让生物界万类霜天的生存竞争都围绕暴力展开。原始人和其他动物一样，有如何运用暴力获取食物的问题，有如何免受暴力危害不成为食物的问题，归根结底，就是有“谁吃谁”这个最尖锐的问题。

## 3_物种起源：命也？运也？灵也？

前文两节解释了宇宙进化与物种类型，貌似已经回到了人类起源的问题，实则不然。细究起来，还有两大问题仍未回答：首先，生命究竟如何诞生？其次，生命究竟如何进化？

几千年来，哲学家、神学家、生物学家对生命和物种起源问题各执一端，莫衷一是。达尔文的《物种起源》一书于1859年出版后，对这个问题的讨论更是高潮迭起，如火如荼。讨论中新理论层出不穷，一个理论下面还会产生更多的细分次级理论。近年来新一波的讨论更是产生了浩如烟海的文字和众多的思想。不幸的是，所有这些努力对缩小分歧，达成共识，并没有产生多少效果。

如前所述，米勒曾经通过实验证明，早期地球环境可以将无机物转化成有机物。但在实验完成40年后，米勒在一次谈话中强调，生命起源的奥秘，比我们想象的更难解开。解释生命的起源，既要合成蛋白质，还要合成核酸分子，并要找到一种方法，让它们结合起来同时发挥作用。科学家在这方面的努力无比艰难，无一成功，且没有人看到成功的希望在哪儿。

和生命起源一样，物种起源问题也同样具有挑战性。人人都知道，“种瓜得瓜，种豆得豆”，什么时候会种瓜得豆，种豆得瓜呢？即使需要适应环境，改变的不是外形吗？瓜的颜色和形状可以变，人的肤色、个头、器官的形状可以改变，但都不会成为新的物种。难道环境变化和生存压力会让猴子某日变得和人一样聪明吗？无法适应环境变化的物种不是应该走向灭绝吗？

这些问题意味着关于生命和物种起源的问题，仍无定论，仍是对人类想象力和科学的最大挑战之一。

对生命和物种起源问题的讨论，各种意见归纳起来，可以分为三大学派，即灵说、命说和运说，或曰神灵说、天命说和时运说三大派系。下面我们对这些学派逐一介绍，以下分享的内容只是整个讨论的沧海一粟，目的是让大家对三大派系的观点有一些基本了解，感受它们的差别和分歧。

**神灵说**。讲到“我从哪里来”这个话题，离不开“神”与“灵”的概念。顾名思义，神灵理论的核心是，神创造了人。按照《圣经》的说法，神先造出了人形，再将自己的灵输入人身，有形的人就有了灵，有了意识。

神灵造人这个古老的说法，存在于许多文化之中。在中华文明中，传说是盘古造人，或女娲造人。在古希腊文明中，传说是宙斯造人，或普罗米修斯和雅典娜造人。犹太教及其派生的一神教中，人只能由唯一的神耶和华缔造，不能有不同说法。在一神教历史中，关于人的故事都从伊甸园的亚当和夏娃开始。

泥土是地球上处处都有的常见物质，使用起来也非常方便，神灵造人经常用泥土做材料。

山川各异，日月同辉。故事有别，心灵相通。神灵造人的传说在各个文化中广泛存在，虽然细节有别，精髓却高度一致，即神将自己的灵和魂输入人体，人便具备了灵魂，成为天地之间最智慧的动物。

在古老传说的基础上，基督教和伊斯兰教继承了犹太教一神论的传统，继承了耶和华造人的信仰。基督教和伊斯兰教是世界上最大的两个宗教，教徒人数均超过20亿人，总计占世界人口的50%左右。再加上犹太教和其他有类似信仰的人，可以说，神灵造人是世界上知者和信者最多的学说。

还有一种说法，赋予了神灵造人理论少许科学的内涵。该说法认为，宇宙中存在着人类无法理解无法认识的超级智慧。超级智慧来到地球，将人作为实验品创造出来，地球上就出现了人。人类无法理解的超级智慧，本质上就是神。

神将自己的灵与魂输入人体，这意味着人类精神在本质上与神无异。在神灵学说的权威书籍《圣经》中，有通天塔的传说。根据这个传说，人准备造一座塔直通天空，这一举动惊动了神。神想，如果人能建成这样一座通天之塔，还有什么事情干不成呢？他们会不会哪一天挑战神的权威？神于是让人说不同的语言，互相争斗，停止建造通天塔。看来，人的智慧不断提高，最终达到与神平起平坐的水平，还是一个源远流长的想法。也不能否认，与神平起平坐，是人类自古以来的野心。

**天命说**。"天命"可以理解为自然规律。天命说本质上是试图科学解释生命和物种起源，它的核心思想，用齐国稷下学社重要人物、后来成为秦始皇重臣的荀子在《荀子·天论》中的话来说，就是"天行有常，不为尧存，不为桀亡"。用俗话说，就是"命中注定"，或曰"冥冥之中，自有定数"。

天命说认为自然演进的法则，在宇宙中早已存在，虽然我们不能完全理解，但自然规律决定了万事万物的生生息息。要解释物种起源，要知道"我从哪里来"，就需要科学地认识自然规律。没有科学依据，编造神灵造人的说法，有很高的文学价值，却与真实的物种起源无关。

用天命解释物种起源，可以追溯到古希腊早期哲学家。古希腊哲学家阿那克西曼德（Anaximander，公元前610—公元前545年）认为，生命始于水中泥土，水生生物再蜕变为陆地生物。百科学者亚里士多德（Aristotle，公元前384—公元前322年）著有《动物志》一书，他认为自然演进遵循“非生命—植物—动物”的规则，即从非生命物质中产生植物，从植物产生动物的过程。他还认为，进化是连续的，积微渐进，一刻不停，创造出动植物的各个物种。

有意思的是，已出土最古老的《圣经》文字也是在公元前600年写成，《圣经》文本在那时趋于定型。[6]古希腊哲学家试图用天命说解释物种起源的时间，与神灵说成熟的时间，可谓不谋而合。看来，神灵说和天命说，从一开始就在互相竞争。

“天命”理论最大的功臣是19世纪的英国学者达尔文，他将这一理论推向高峰，同时也将物种起源的争议推向高潮。达尔文曾随大英帝国军舰周游列国，长时间实地考察各地动植物，在观察思考的基础上，写成了《物种起源》一书，于1859年出版。

《物种起源》提出了进化论（evolution），认为大千世界各个物种都是进化而来。具体来说，世界上本来只有少数低级物种，品种有限的低级物种为了更好地适应环境，不断进化，演变成了大自然丰富多彩的物种。物竞天择，优胜劣汰，是自然选择造就了世界上千千万万的物种，创造了人。

达尔文的进化论颠覆上帝造人的信仰，对宗教的冲击可想而知。他生前受到了各种各样的侮辱和攻击。有人将猴子带到他的演讲现场，要他回答猴子是不是他的祖宗。所幸，他生活在宗教改革后的英国，没有像哥白尼和他的追随者那样受到教会的审判和迫害。随着时间的推移，达尔文的进化论被更多人接受，对后世科研的影响力也是巨大的。

达尔文进化论虽然产生了巨大影响，但神灵说没有消失，在可预见的未来也不会消失。相反，神灵说很可能还会长时间继续存在，并继续拥有众多信徒。之所以如此，除了信仰的固有力量，还因为进化论自身存在的

---

6 古德曼（2019），第160页。

缺陷，达尔文本人清楚地知道，他的理论只是一种假说，需要化石证据验证，但化石并未对进化论提供强有力的支持。相反，重要化石一直严重缺失，无法建立起有效的进化论证据链。已经找到的化石证据，更多是在否认他的理论。人们找到了大量亿万年前各种植物的化石，却始终无法找到从无花到有花植物中间状态的化石，以此验证从无花到有花植物的进化。同样，人们确信人类和黑猩猩有共同的祖先，二者大约在700万年前至500万年前之间分道扬镳，开始独立进化，但这个共同祖先本身至今仍然"未知"，人们无法确认，也没有找到这个共同祖先留下的化石。[7] 还有，人们找到了大量黑猩猩、南方古猿、直立人和原始人的化石，却无法找到处于他们中间状态的化石，以此验证从猿到人的进化过程。尽管人与猩猩基因的相似度超过98%，但那1%多的差距，永远不可逾越。猩猩的后代永远是猩猩，人的后代才是人。在人和猩猩之间不存在中间状态，看不到一个逐步进化的过程。尤其是考古证据的缺失，使进化论无法建立起物种从低级到高级，以及人从动物进化而来的完整证据链。

这些化石似乎在确认，物种本质上不能进化，种瓜永远只能得瓜，无论瓜的大小外形如何随环境变化，瓜还是瓜。如此一来，人的产生，还有其他物种的产生，都更像是一夜之间，从无到有突然发生的事。

考古还发现，在2 000万年前，地球生物种类经历了一个爆炸性增长的阶段。在这个阶段，产生了我们后来所知的大部分物种。在这个时期，非洲产生了很多种类的猿。在800万年前至500万年前之间，某个猿不知怎么又产生了包括人在内的几个猿的分支。这类现象让人们难以相信生物循序渐进、逐步演化的说法，更容易相信物种莫名其妙突然就产生了。[8]

---

7 费根（2017），第67页。

8 费根（2017），第41页。

基因学虽然可以追踪基因变异的过程，但是要在一定时间范围内才能做到。之所以如此，是因为每个人身上基因组的数量有限，和代代相传时基因可能发生的组合数量相比实在太小，祖先的基因，绝大多数在后代身上都不存在。当基因无法继续认祖追宗时，基因测试就会出现“黑洞”，无法继续。目前，基因测试发现的黑洞频繁发生于500万年前至100万年前，使人们难以找到更早的人类与现代人类的基因连接。[9]

生命、物种和人类怎么可能从无到有？只有神灵说才有最现成、最完美的答案，因为信仰是不需要证明的。

**时运说**。除了“灵”和“命”，关于物种起源的第三种学派是“运”，或曰“时运”。这一学派的核心思想是宇宙中不可预测的突发事件创造了生物世界，创造了人。生命和人的诞生，都是“时来运转”的随机事件。

时运说认为，生命源本存在于宇宙之中，某一天偶然降临在地球上，地球上就有了生命。可以设想，几十亿年后，太阳熄灭，地球上所有的水都会结冰，地球上的生命也会被冷冻保存，跟随地球或地球碎片，漂浮在茫茫太空中。当这些生命随机降落在另外某个合适的星球上时，又会在那个星球上获得重生，再次开始。

见过被完全冻住、硬邦邦的鱼吗？鱼貌似已被冻死，但在合适的水温中会逐渐解冻复活，重新开始游动。生命在宇宙中随着冰块到处漂流，碰到合适的环境再重新复活，也是这个意思。比鱼更加低级的生命，比如微生物，被冻结起来更容易长期存活，作为生命随着冰块在宇宙中漂流更有可能。

第二次世界大战期间，纳粹分子曾经按照这个思路拿苏联战俘做实验，先将战俘冻僵，再试图将他们解冻复活。纳粹分子进行这种实验的主要目的，是为了在苏联严酷的寒冬中更好地保护德国士兵，帮助他们冻坏

9 赖克（2019），第33页。

后恢复健康。也许是因为人作为高级动物，其生命比鱼脆弱得多，这些实验全部以失败告终。

用时运解释人类起源的另外一个说法，认为人是基因突变的产物。

按照这种说法，猴子的后代永远是猴子，猩猩的后代永远是猩猩，他们都不会如达尔文所说在进化过程中变成人。但是，不知何故，一些南方古猿的基因发生了突变，改变了大脑功能，于是这些古猿变成了一个特别智慧的新物种。就这样，作为万物之灵的人，突然出现在世间。

无数证据表明，人类大脑的功能，确实特殊，确实强大，确实很难用进化解释。但若用这种无法解释的突变来解释人类的出现，无异于没有解释，相当于承认人类起源是无法解释的。

无法解释的基因突变理论，也为神灵说留下了继续存在的空间。

命也？运也？灵也？唯一能确定的是，对生命和物种起源的三个派别，仍将各执己见，长期共处。2012年的一次盖洛普世界民意调查（Gallup）表明，只有15%的美国民众相信人是完全由自然进化而成，将近80%的人相信人是神的创造，或在进化过程中因为神的干预而获得灵性。[10]

这些关于生命起源的学说，同时也是关于暴力的理论。

先来看天命说，该理论与暴力是融为一体的。进化论对弱肉强食、适者生存没有任何反感，认为这是进化中的必然，因此也毫不避讳地承认原始社会弥漫着暴力。在后文中我们将会看到，关于在原始社会的人之初是性本善还是性本恶，西方哲学家几百年来一直在辩论。在这场大辩论中，达尔文和他的进化论追随者都站在了性本恶一方。

再来看神灵说，该理论有一个实际功效，就是为暴力打开了道义之门。表面上看，神灵说未直接谈论物种与暴力的关系，专注于歌颂神之伟

---

10 Harari（2015），第119页。

大，仰慕神之强大，宣扬神的风格。但若深究，神之风格为何？答案是：顺我者昌，逆我者亡。

《战国策》言，“天子之怒，浮尸百万，流血千里”。《圣经》言，神灵一怒，洪水滔天，众生覆灭。读到这些地方，不能不惊叹其画面的相似度。神依自己的面貌创造了人，也给予了人同样的能力和性格，人和神一样，无比强大，顺我者昌，逆我者亡。

看来，要建立一个关于人类起源的理论，也离不开对暴力的认识。

## 4_猩猩故事：食婴、夺权、性

清早被人发现时，路维特躺在血泊中，已是奄奄一息。它浑身是伤，睾丸被挤出来扔在一边，整个场面惨不忍睹。

制造这场凶杀案的，是部落中年轻气盛的尼奇和老奸巨猾的叶伦。尼奇和叶伦本来靠结盟关系一起统治这个部落，对于那些漂亮的异性，尼奇绝对不允许其他雄性猩猩触碰，但叶伦例外，可以和它们自由往来。

联合执政4年后，二人断交了，原因是尼奇自我感觉太好，忘记了叶伦的重要性，开始阻止它与漂亮的异性交往。

路维特身材健壮优美，是所有雌猩猩的公共情人。它敏锐地察觉到尼奇与叶伦的分裂，果断出手，打败尼奇，成为这个部落新的统治者。

失去权力的尼奇痛定思痛，再次认识到叶伦对它的重要性，处处讨好叶伦，二者重归于好，策划了重新夺权。在一个月黑风高的晚上，它们抓住一个和路维特独处的机会，二对一向他复仇，用酷刑将它折磨致死。[11]

性、暴力、复仇、阴谋、结盟、月黑风高时的谋杀……虽然有这些熟悉的元素，这里讲的却不是人类的故事。黑猩猩是不是太像人了？

---

11 德瓦尔（2015），第41—45页。

在生物界万类霜天中，人与猿的关系尤其密切。猴与人分道扬镳，在灵长目中进化成不同科，发生在2 000万年前。猿与人分道扬镳晚得多，可以算作同一个科，进化成不同的属是几百万年前的事。人与猿的基因最为接近，情感与行为最为接近，智力也最为接近。虽然还是相差万里，猿已经是动物界除人之外最智慧的生物了。很多动物学家和人类学家相信，猩猩应该列入人科，以前将人科和猩猩科分开，是人类妄自尊大，不愿猩猩与自己为伍的结果，是不合理的。他们普遍相信，通过对猩猩的研究，人类可以更好地认识自己。

猿又分为小猿和大猿。长臂猿属于小猿。大猿是人科和猩猩科的总和，有5个属，分别是人、黑猩猩、巴诺布猿（俗称倭黑猩猩）、大猩猩和红毛猩猩。这5种不同的大猿在1 400万年前是一家。

1 400万年前，红毛猩猩首先分家，进化成一个单独的属。750万年前，大猩猩分家，进化成一个单独的属。550万年前，人类和黑猩猩分道扬镳。250万年前，巴诺布猿和黑猩猩分家，发展成不同的种。因为黑猩猩和巴诺布猿走上不同发展道路的历史最短，二者之间的差别最小。巴诺布猿是1970年才被确认是与黑猩猩不同的一个物种，此前学界一直误以为巴诺布猿是一种小个子黑猩猩，故称其为倭黑猩猩。[12]

我们怎么知道两个物种同宗同源，何时又分道扬镳，成为不同物种的呢？比如，我们怎么知道黑猩猩和巴诺布猿分支发展的时间，比它们和人类分支的时间要晚得多呢？

前文我们已经解释过，这主要是现代基因测试的功劳。DNA按一定的时间速率发生变异，比较不同物种DNA的差异大小，物种形成的历史进程即呈献在我们面前，无声胜有声。

12 德瓦尔（2015），第15页。

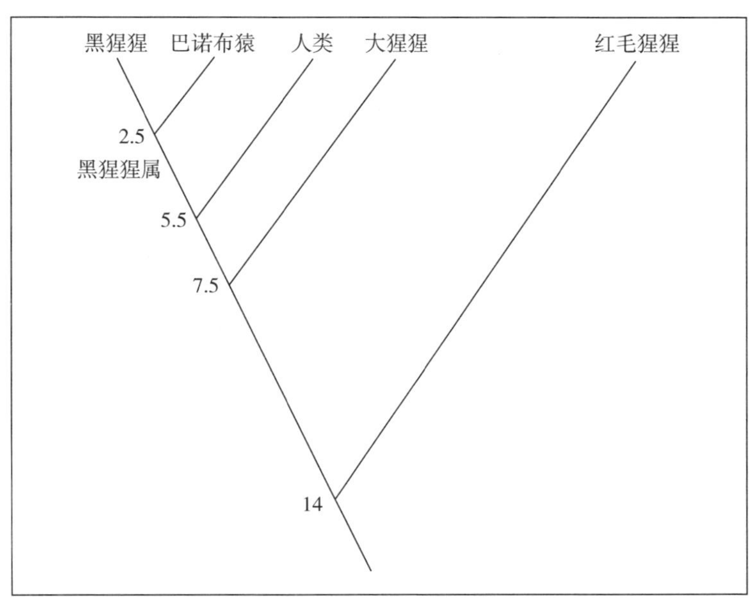


图2.1　根据DNA比对画出的人类及四种大猿的起源树状图

注: 图中数字单位为百万年，代表每个物种在距今多久以前的时间走上了演化的不同路径。黑猩猩与巴诺布猿同归黑猩猩属，人类则在550万年前与黑猩猩属的祖先分家。有些科学家认为人类、黑猩猩、巴诺布猿三者极为近似，足以共同构成人属。由于巴诺布猿与黑猩猩是在和人类分家之后，才于250万年前再次分家，因此它们和人类的亲近程度相同。大猩猩和人类分家的时间较早，因此和人类的亲属关系较远。红毛猩猩这种唯一的亚洲大猿也是如此。

资料来源：德瓦尔（2015），第15页。

在所有动物中，人类和黑猩猩、巴诺布猿分手的时间最晚，三者之间基因的相似度超过98%，因此可以说他们是近亲。黑猩猩和巴诺布猿的大脑相当于人类的1/3，雌雄体型大小比例也差不多，即雌性体重大体相当于雄性体重的80%。除了身体，三者的心理和行为也非常类似，研究黑猩猩和巴诺布猿对理解人类心理和行为有很好的参考价值。[13]

下面这些例子都让研究人员感到惊讶，原来一些被认为是人类独有的

13　德瓦尔（2015），第5页。

行为，其实并非如此。

比如，过去我们一直认为只有人类才具有同理心，即我们可以理解和感受到他人的幸福和痛苦。猿类专家发现，黑猩猩和巴诺布猿也明显具有同理心。它们会在鸟受伤时关照它，帮助它重新起飞，这说明它们知道鸟在什么时候感觉正常，什么时候遇到了困难，需要什么帮助。它们会在小孩从高处掉下时冲向前去接住他，随后抚摸和安慰他，说明它们理解从高处掉下去非常危险，被接住的小孩可能受到惊吓，需要安慰，也知道怎样安慰他。[14]

黑猩猩为了寻欢作乐也会恶作剧。它们会拿食物诱惑鸡群，等鸡过来后再用棍子或其他物件偷袭它们。在这样恶作剧找开心时，它们也有分工，有的负责诱惑，有的负责偷袭。

黑猩猩也和人类一样暴躁和暴力，有“杀人猿”的恶名。它们也有地盘的概念，会围攻和杀害入侵者。它们吃猴肉，甚至杀害同类，吃同类的肉。[15]

巴诺布猿比黑猩猩和平得多，但有男怕女的特点，不知道是巴诺布猿身上哪个基因导致了这一结果，也不知道文明人惧内是不是同一基因在起作用。

若要单打独斗，雌性巴诺布猿肯定打不过雄性，但它们有优秀的社交能力，借此制服和统治雄性。雌性巴诺布猿非常善于沟通，能建立起亲密无间的友谊，也不羞于同性恋关系。它们结成同盟，再一起和雄性打斗。每每雄性都被打得落荒而逃甚至负伤而逃，从此在雌性面前服服帖帖。[16]看来，巴诺布猿并非真是德瓦尔宣传的和平爱好者，而是有向内使用暴力、窝里斗的倾向。

---

14 德瓦尔（2015），第2—3页。

15 德瓦尔（2015），第4页、第25页。

16 德瓦尔（2015），第17页。

莫里斯（2014）在谈及原始人部落对内和对外暴力程度的平衡时说，如果一个部落对内过分压制暴力，则部落对外战斗力会被削弱。如果过于允许放任内部暴力，则太难管理。[17] 也许是雄性在部落内部被过多压制，斗志被消磨，巴诺布猿对外显得比黑猩猩和人类和平得多。

巴诺布猿相对于黑猩猩和人类不那么暴力，对它们的生存博弈来说不是那么严重的问题。如前所述，人类的进化和进入草原后更加严峻的生存挑战有关，很大程度上是为了适应草原上更加暴力的生存环境。在大猿中，唯有巴诺布猿始终未离开森林，环境没有对它们的进化提出更加暴力的要求。

雌性巴诺布猿通过熟练的社交技巧，结成联盟，战胜雄性，取得群内统治权。这种统治权的标志之一就是，只有当雌性允许时，雄性才能接触食物。[18] 但总体来说，雌性巴诺布猿对雄性很好，从小到大关照有加，前提当然是服从听话。打怕了，就听话了。

## 5_意识之光：人比宇宙更伟大？

五月花号（May Flower）长年停泊在美国马萨诸塞州普利茅斯港中，迎接络绎不绝的人们到访参观。400年前的1620年9月16日，这艘排水量180吨的三桅大船，载着102名乘客，从英国普利茅斯港出发，前往弗吉尼亚，却因天气原因偏离航道，阴差阳错，于11月21日到达了新英格兰。

这批英国人登陆后，对美国历史做出了两大贡献：一是开辟了一个新的北美社区；二是签署了《五月花号公约》，开始了美国基层自治的传统。新英格兰地区后来蓬勃发展，成为美国教育、美国精神、美国经济和美国

---

17 Morris（2014）.

18 德瓦尔（2015），第62页。

政治的大本营，人们在这里创建了美国第一所大学哈佛大学，打响了独立战争第一枪。

旅游参观者纷至沓来，络绎不绝。问题是，他们真的看到了五月花号吗？当年那艘五月花号，其实早已不知所终，连怎么消失的都无人知晓。

所有船的存在都有同样的问题。假设有条船叫六月花号，随着时间推移，船上所有零部件都更换过了，这艘船还是六月花号吗？

人也有这个问题。随着医学越来越发达，器官移植越来越普遍。如果张三的所有器官，从肢体到心肝肺都更换过了，他还是张三吗？如果连他的脑袋也是移植的呢？

真正的问题是，五月花、六月花、张三，或其他任何人和物，到底是现实中的存在，还是人们意识中的存在？

前文我们讨论了人在宇宙中的位置和人在生物界的位置，从中可以看出，人存在于大自然中，是生物界万类霜天中的一员，和其他动物一样围绕暴力展开生存竞争。

但人毕竟是人，动物界的暴力，也因之不同。

人之为人，万尊之躯，究竟贵在哪里？人之为人，贵在他是我们所知的宇宙间唯一会思考、有意识的生物。会思考、有意识，使人成为万物之灵。

什么是意识？意识是人对自我和外部世界的认知，是认知的总和。动物都能通过饥饿、冷热等，直观感受到自我的存在，但不能超越感受，超越直观，超越自我，去观察自我，不能识别镜中的自我。

要构建对自我和外部世界的认识，需要运用逻辑能力和想象力去思考和探索。猩猩比其他动物聪明，能在镜中识别自我，却不会刨根问底，追究镜子为什么能反射自我，更不会问在镜中、水中和光滑的镜面上看到自我有什么共同原理，不能对光反射和看见自我二者之间的关系建立起一种认识。从这里可以看出，几岁的孩子刨根问底，问外婆的外婆是谁，已经展示出和猩猩截然不同的自我意识。

人类意识与自然世界的关系，是一个极具挑战性的哲学问题。这个关系的特殊性，在一个古老的哲学问题中体现得淋漓尽致：存在决定意识，还是意识决定存在？或曰，物质世界是独立于意识之外的客观存在吗？

对这些问题，相信很多人的第一反应是，那还用说？宇宙在我出生之前肯定存在，在我消失以后也肯定存在，我的意识怎么能决定宇宙的存在呢？常言道，离开了谁，地球都照样转。

这么回答，不愧为人！能想到出生之前，出生之后。这种超越现实但具有逻辑性的想象力，正是人类努力认识自我和认识外部世界时标准的思维过程。

但你注意到了吗，提问和回答这个问题的，都是活着的人。提出和回答这个问题，都证明了意识的存在。

假设宇宙中根本就没有人，从来就没有过人，这些问题要由谁来问，谁来答？

若无人问，无人答，那么宇宙是否存在的问题，就像分数中用0做分母，会让一个数无法定义，失去意义。

这就是说，若无人的存在，若无人的意识，宇宙是否存在便无从知晓，宇宙存在等于不存在，不存在等于存在。只有人才会问，才能回答宇宙是否存在。宇宙是否存在是人类意识中的一个问题。在这个意义上，我们可以说，宇宙存在于人的意识之中。

宇宙不是明明在我之前和我之后都存在吗？宇宙的存在跟我的意识有什么关系？

这么说，这么想，是因为你存在，你有意识。若你不存在或丧失意识，宇宙存在与否对你来说有差别吗？陆游临终前感叹“死去元知万事空”，说的不就是这个道理吗？如果整个人类都不存在，整个宇宙不也是“万事空”吗？

王阳明先生格物40年，幡然醒悟，以“心即天”“心即理”强调天人合一，强调人类意识与自然世界之不可分。[19]文艺复兴时期的法国哲学家笛卡尔（Rene Descartes）以“我思故我在”表达他的二元观点。[20]毛主席在湖南第一师范学院读书时写下《心之力》雄文，在延安窑洞里写下的《论持久战》雄文中引用宋人“运用之妙，存乎一心”，在中共八届二中全会上说“人是要有一点精神的”，几十年如一日强调了从心、精神亦即意识的角度认识人、认识世界。

可以说，正是意识的存在和精神的力量，使人有别于其他动物，确立了人类在自然界独一无二的地位。

人类意识始于何时？在原始社会早期，人类大脑已经比其他动物发达，已开始使用工具，但从他们人兽大同的生活方式和他们在自然界的弱小地位看，这时人类意识应该还相当模糊和薄弱，比猩猩的自我意识水平也许没高多少，摩尔根将这个时期定义为蒙昧时期的早期，认为这个时期的人类连语言的音节也是有限的。如前所述，有充分理由相信，人类语言体系在7万多年前经历认知革命后才充分发展起来。[21]

到原始社会中期，火的使用已经普及，人类开始主动掌握自身命运，可以认为人类意识在不断增强。但还是很难说究竟有多少意识。

可以肯定，到原始社会晚期，人类意识已经非常强大。经历了认知革命后，人类的想象力和思维能力跳跃式提升，可以跳出现实反思自我，构思未来，建立期望和追求。

19 冯友兰（2009），第339页。

20 Descartes（1644）.

21《剑桥古代史》(2020)，第132页。

如前所述，最能体现原始社会晚期人类意识成熟和强大的，莫过于“两大多小”的创举。“两大”指艺术和征服，“多小”指人类的诸多日常小发明，比如弓箭、油灯、渔网、船只、缝衣针等。哪怕是原始人的一个小发明，对其他动物来说都过于复杂，无法理解。原始人的两大创举，更是如此，至今也只有智人的后代才能理解。经历认知革命后的人类，和今日之人已是心灵相通。

让我们来欣赏一下晚期原始人的艺术，感受一下人之为人。

人类最古老的艺术品之一，是在德国施泰德（Stadel）洞穴中发现的猛犸象牙制品。这是一尊人身狮头雕像，制作于3.2万年前，雕像的外形和意境与如今法国标致汽车的商标非常相似。这前后相隔3.2万年的两件艺术品的相似，也并非完全偶然，最起码，这两个地方一个在德国，一个在法国，两国相邻，两地相距不过300千米。

在俄罗斯的松希尔（Sunghir）发现了一个墓址，建于3万年前，里面有3千多颗长毛象象牙珠串，还有25只象牙手镯。在另外一个墓穴里，则发现了上万颗象牙珠子，还有狐狸牙齿装饰的帽子和皮带，用到了250颗狐狸牙齿，大概需要从60只狐狸身上获得。

20世纪40年代，一群玩耍的孩子在法国西南部拉斯科洞穴（Lascaux Cave）发现了一组1.5万年至2万年前的壁画。画中有马和牛等不同动物，有些动物身长达5米，有些列队行进，好像在游行，其中一幅画中有一人是鸟头，躺倒在地上，一头野牛好像正在攻击他，他的身旁还有一只小鸟。画都着色，有红色、黄色和棕色。不知何故，这些画都在洞穴深处，好像当时的人想故意将这些画隐藏起来（见图2.2）。

在法国南部的雪维洞穴（Chauvet-Pont-d’Arc Cave），发现了2万年至3万年前的人类手印。在阿根廷的手洞（Hands Cave）中，也发现了大批大约9 000年前的人类手印。这些手印栩栩如生，让现代到访者感觉原始人在和自己打招呼（见图2.3）。

图2.2　拉斯科洞穴壁画

图2.3　阿根廷手洞中的人类手印

2019年，在印度尼西亚苏拉威西岛（Sulawesi Island）洞穴中发现了一幅壁画，画中有8个半人半兽的怪物，拿着长矛和绳子，在追杀2只疣猪和4只倭野牛。苏拉威西岛洞穴壁画制作于4.4万年前，是到目前为止发现的最早的超现实艺术品。从苏拉威西壁画可以看出，印度尼西亚原始人对自我和外部世界的关系，对人与动物的关系，已有相当的思考和探索，已经具备了强烈的意识。在发现这件艺术品之前，人们曾在法国和西班牙的洞穴中发现过原始人捕猎壁画，误以为欧洲是全人类宗教和艺术的起源地，世界其他地方的艺术都是由欧洲传播过去的。这幅壁画的发现，重新回答了艺术和宗教思想是一元起源还是多元起源的问题。

这些绘画，哪怕以今天的眼光看，也无比精湛，美轮美奂，让人赞叹。[22]

这些看似与生活无关，却带有神秘宗教色彩的艺术品，与原始人生存博弈有着非常密切的关系，这点第七章还会详细解释。

晚期原始人的第二大壮举，是踏上征服世界的旅程，并取得完全的成功。这一行为不仅对智人，而且对不同物种的人类，不仅对人类，而且对整个地球的生态系统，都产生了强烈的影响。智人的如此壮举，让我们感到犹豫：我们是应该说“人之为人”，还是说“人之为神”呢？

前文提到，地球上曾经生活着属于不同物种的人，他们各有各的地盘，各自生活在自己的地盘上，井水不犯河水，相安无事。10万年前，智人打破传统，改变游戏规则，第一次尝试走出他们在东非的传统居住地，开始其征服世界的旅程。这次他们没走多远，即以失败告终，没产生太大的效果，也没留下多少痕迹。

有了第一次，就有第二次。7万年前，智人再次尝试走出非洲，终于

22 赖克（2019），第26页。

成功走向世界。经过数万年持续不断的努力，当人类在1万年前进入文明时代时，智人已经成功征服了整个世界，将世界都变成了自己的居住地。随着智人的足迹踏遍天涯海角，人类和整个世界的面貌，都彻底被改观了。

下一章将详细分享智人征服世界的详细过程，其重要性不言而喻。

意识对人类在原始社会的生存博弈为什么那么重要？因为意识意味着人类会主动思考，策划自己的未来，也即先构思一个理想的未来，再努力实现它。是意识的力量，弥补了人类在速度、力量和其他方面的不足，使人类在残酷的生存博弈中不仅没有灭绝，反而脱颖而出，成为最大的赢家。关于意识对原始人生存博弈的重要性，本书后面又会不断提到，并在第七章详细解释。

人类的生存博弈永远不会结束，意识对生存博弈的重要性，在原始社会、古代社会、现代社会和未来社会，都会反复得到验证。当今世界的人在问，如果地球毁灭，人类会跟着一起毁灭吗？

宇宙那么浩瀚，人类那么具有想象力，人类怎么会甘心与地球一起毁灭呢？人类一定会想方设法，继续自己的存在。

如果那一天真的到来，人类在地球毁灭前成功移居他乡，在另外的星球上，历史书中会写着这样的话：“曾经有个星球叫地球，是人类诞生和早期生活的地方……”就像今日之历史书讲非洲的猿类。

那时的人回顾人类历史，必然得出和我们同样的结论：凭借人类意识，人类能及早想到，积极策划，并最终成功逃离地球，免于毁灭，在生存博弈中再次胜出，跨过一个新的门槛。

除了人，我们所知的宇宙中还有其他动物会想到地球毁灭的可能性，并思考和准备应对之策吗？没有。动物的命运只能由自然决定，也由人类决定。它们在地球毁灭时能否继续存在，取决于人类是否带它们去星际旅行，犹如诺亚是否决定将它们带上他的方舟。

如果人类想到，策划，但失败了，未能成功逃离，和地球同归于尽了呢？

杜兰特夫妇曾引用数学家和哲学家帕斯卡（Blaise Pascal）的话，评论这种情景："即使宇宙将人类粉碎，人类仍然比粉碎者更加高贵，因为人类能意识到自己的灭绝，而宇宙却对自己的胜利毫无意识。"[23]

这段话的意思是，即使失败了，人类仍然因意识而伟大。而且，既能争取胜利大逃亡，也能想到失败的可能性，对此有心理准备，人类的逻辑能力和心理素质之强大，世上无双。

帕斯卡的判断在柯洁与阿尔法狗（AlphaGo）的对弈中得到了印证。柯洁输了，他感到伤心。阿尔法狗赢了，但没有喜悦，它还是一个冷冰冰的程序。

"人是要有一点精神的。"人类因意识而独特，因意识而伟大。

围绕意识和存在谈了半天哲学，这与暴力和生存博弈有关系吗？意识对人类暴力的能力和水平有决定性意义，是人类成为战神的关键。

意识从两个方面彻底改变了关于暴力的游戏规则，使关于暴力的游戏不再简单遵循大自然的安排和简单基于动物的本能。

首先，意识使原始人更擅长暴力，它不仅能弥补人类力量与速度的不足，更能将暴力充分放大，使原始人获得其他动物无法比拟的战斗力。

其次，意识也使原始人更擅长和平，形成更加丰富和互惠的人际关系。当智人遇到智人，双方都意识到对方力量之强大，意识到暴力的成本和代价，意识到互相诉诸暴力是赔本买卖时，他们会有意识地构建和平互惠的人际关系，在互惠基础上使和平能持久延续。

---

23 Durant（1968），第14页。

意识使人成为暴力世界的主宰。意识也使和平成为可能，使人能免于暴力的过度损害。意识将人类与地球上其他所有动物区别开来，使人独尊于我们所知的，对人的理解，不可能离开对意识的理解。这就是为何我们在3×3结构模型中将人类精神世界作为其中的一环，作为决定“人之终”的一环。

本书第七章、第八章还将专门讨论人类意识。

# 第三章

## _天下清，四海平_

## 原始大征服

经历了认知革命的原始人，用超强的思维能力和意识，将自己上升到世界主宰的地位。如前所述，他们的成就，主要体现在“两大多小”上。他们的两大成就是：发展了艺术，征服了世界。同时，他们也在日常生活中不断发明和创新，取得了不计其数的众多成就。

如今，我们作为智人的后代，遍布地球的每一个角落。我们好奇，智人如何征服世界，将整个地球留给他们的后代。

## 1_征服的动力：原始人的财富观

智人为什么要征服世界？他们征服世界的动机是什么？

他们是漫无目的地散向世界，还是出于好奇心，想到世界各地走走看看，还是另有动机？

我们先简单分析为何漫无目的或因好奇心而走向世界的说法不可取，然后阐释如何以现代人追求财富的疯狂解释原始人的世界大征服。

**好奇心**。用人天生好动和充满好奇心、想去陌生地方看看，解释原始人对世界的征服，需要解释人天生的惰性和规避风险的本能。

人难道不喜欢安心安全地生活在自己熟悉的地方，而愿意前往陌生的地方，冒各种未知的风险吗？世世代代生活在一个地方的人，一定对当地的气候和自然环境最熟悉和适应，感到最舒适和踏实，而到了新的地方，容易水土不服，需要重新适应。正因为如此，人对故土总是充满深厚的情感，月是故乡圆，水是故乡甜。

如果是好奇心驱动，如何解释原始人曾经在东非生活了数百万年，不曾踏出非洲一步？难道他们在近几万年变得更加好奇好动了吗？

从现代基因研究和实地考察的结果看，即使在7万年前踏出非洲后，也有很多部落，到达某地，感觉条件合适，便定居下来，安居乐业，几万年间再也不动。这些部落世世代代生活在一个地方，最多在一定范围内按季节迁移。印度尼西亚海边的一些渔村，其历史可以追溯到4.5万年前。[1] 印度洋中的北森蒂纳尔岛（North Sentinel Island），6万年来都未与外界有过接触，至今保留着古老的生活方式，岛上的人说着无人能懂的语言，也不具备对外来病毒的免疫能力。从这些长期定居部落及其东非祖先的行为看，原始人不是好动好奇，而是充满惰性，传统守旧，安于一地，传宗接代。

**食物驱动**。与好奇心相比，用食物解释原始人不懈地四处迁徙，最终走遍天涯海角，征服整个世界，显得更加合理，更能得到理论和实证的支持。

如前所述，东非一部分原始人在7万年前经历了认知革命，这部分原始人成为战斗力无比强大的智人。无论是对其他人类，还是其他动物，强大的智人都能战必胜之。

强大的战斗力意味着能够获得更多的食物，意味着对当地食物更多、更有效地索取。然后，马尔萨斯（Thomas R. Malthus）的人口原理开始发挥作用。马尔萨斯是历史上第一位人口学家，也是第一位经济学教授，他的《人口原理》在1798年出版后产生了巨大影响，为原始社会为何充斥暴力，人类为何不断征服提供了理论基础。[2]

马尔萨斯认为，现代社会存在着一条工资铁律，即无论经济怎么发展，生产力怎么提高，工资水平的提高最终会被人口的增加抵消。人口过度增加导致工资下降，甚至跌到让很多人难以生存的水平。这时，真正严重的问题发生了：人类需要通过战争和瘟疫等手段，非自然地淘汰一部分人口，工资才能回到最初的水平。

---

1 赫拉利（2014），第49页。

2 Malthus（1798）.

不难想象，对应于现代社会的工资铁律，在原始社会也存在一条食物铁律，即无论一个群体的食物多么充足，最终都会被人口的增长抵消，走向食物不足，面临非自然地淘汰一部分人口的压力。

在认知革命前，人类在毒蛇猛兽前显得过于弱小，食物来源有限，人口总数始终保持在很低水平，食物铁律未曾明确显现。

认知革命后，人类变得无比强大，食物铁律开始发挥作用：人口随食物的增加而增加，食物随人口的增加而稀有。

可以想象，认知革命使人强大，这种强大在短暂缓和了食物短缺的压力后，导致东非的人口压力增加，再导致新的食物短缺，迫使一部分智人走出非洲。

智人走出非洲后首先到达中东地区，很多地方物产丰富，非常宜居，但智人在这里很快又走完了新的一轮循环，再次面临人口压力的问题，唯有继续迁徙，扩大地盘，才能供养更多人口。于是一部分智人继续前进。

就这样，原始人一路前行，一直走到天涯海角。马尔萨斯描述的人口原理，驱动原始人征服了整个地球。

根据一些地方的考古发现，赫拉利认为原始人的食物是充足的，健康状况和平均寿命比农业社会的人类还要好。[3] 在有些地方的某一段时间里，原始人过着食物充足的生活，这很有可能。但自然灾害和人口膨胀最终必然带来新一轮食物短缺。只要一段时间的食物缺乏，就会产生迁徙的需要，就如在文明社会，一旦发生战乱或饥荒，马上就会产生大量难民，哪怕当地此前曾经和平与富足。

此处应该提醒大家，生物学家一直认为，所有物种的数量都有周期性

3 赫拉利（2014），第51页。

波动，引起波动的原因就是食物的充足或匮乏。[4] 在经济学、社会学和人口学中颇具影响力的马尔萨斯人口论，在生物学家眼中，不过是普遍规律的一个具体表现。

**决策问题**。水是故乡甜，但故乡现在面临人口过剩和食物稀缺问题，原始人这时面临着何去何从的重要决策，他们有几种选择。

一是在当地耗下去，听天由命。

二是大打出手，不仅虎口夺食，而且同类夺食，甚至以同类为食。

三是远走他乡，另谋高就，此处不养爷，自有养爷处。

每一种选择都充满风险，都非常艰难。动物的能力有限，基本都是第一种选择，很多在这条路上走向了灭绝。

在原地坚持，与同类争食，需要打得赢，至少相信有打得赢的可能性，愿意拼死一搏。

远走他乡，就要准备适应一个陌生的环境，冒着风险找到新的生存之地。

根据挑战的严峻性，对自身实力的评估，以及对迁移前景的评估，不同原始人群体显然做了不同的选择。现代人几万年后回头看，原始人的一动一静，都有成功者，其兴旺的后代群体，见证着祖先当年的正确选择。

在马尔萨斯人口铁律面前，要避免非自然淘汰，尤其避免成为暴力的牺牲品，总有一部分人，对他们来说，走是正确的选择。走为上计，不断迁徙，寻找新的生存空间，获得新的食物来源，才最有可能让族群繁荣壮大。

**原始财富**。无论原始人还是现代人，凡理性者，所作所为，均有目的性，即必然是出于某种所求。

认知革命后的原始人，其思维能力和方法本质上已与文明人无异，行

4 Carroll（2016）.

为已有明确的目标与意义。[5]我们不妨用现代人对财富的执着与追求，通过比较去理解原始人对食物的追求。

现代社会中人对财富的向往和追求，无须赘述。对现代人来说，追求财富是非常理性的行为。有了财富，就有了柴米油盐酱醋茶（或咖啡），就有了生存权。有了更多财富，就有了更多的生活选择，从养家糊口，到丰衣足食，旅游观光，欣赏艺术。充足的财富，可以让人享受奢侈豪华，甚至应有尽有的生活。

在现代社会中，金钱代表财富、衡量财富。人们用金钱购买自己希望得到的林林总总，满足自己的需要。

财富带来的现金流，在文明社会非常重要。无论是个人、企业还是政府机构，断了现金流，就会面临死亡的威胁。因此，文明社会有帮助个人和机构获得现金流的种种制度安排，比如银行、慈善、政府和民间福利制度。

原始人也有财富概念，也有现金流问题吗？有的。原始社会不是没有金钱，没有私有财产，实行“原始共产主义”制度吗？原始社会何来财富？何谈对财富的追求？

说原始人追求财富，需要我们重新理解财富，从生存博弈的角度理解财富。换言之，我们需要超越金钱的形式，把握财富的实质，重新认识财富。

不妨把财富定义为人类提高生存概率，提高生活质量的工具。

还需要看到，所谓原始共产主义，描述的是原始部落的内部关系。说原始人追求财富，强调的是原始部落的对外关系。换言之，现代人以个人和家庭为单位追求财富，原始人以部落为单位追求财富。而部落，则是有

---

5 Nisbett（2003），第xiv页。

亲缘关系家庭的联合体，是大家庭或家族的概念。在传统社会和在乡村生活过的人都熟悉这种大家庭或大家族的概念。

我们知道，在蛮荒时代，食物是原始人生存博弈中的最大挑战，是原始人的第一追求。毕竟，食物是所有动物最重要的生存必需品，是所有动物最基本的刚性需求。

诚然，空气和水也是必不可少的生活必需品。但空气是自然界无限供给的公共物品。在人口总量有限的时代，择水而居，水的供给也是无穷的。

与空气和水的无限供应相比，食物则永远是稀缺的，哪怕是自然禀赋最好的地方，也会随着人口的增加和动植物资源的枯竭，很快出现食物不足，无法充分满足人的需求。这就是为何马尔萨斯断言，人类会周期性陷入大规模天灾人祸，导致人口大幅度减少，以重新平衡食物的供求关系。为了生存，人和所有动物都有一个共同本能：不断追逐和获得食物，以供应新的保障。

我们可以将食物视为原始社会的现金流。这个认识不但符合逻辑，符合人们对财富的总体理解，也符合人类学家对原始部落的观察。

人类学家在新几内亚考察时发现，猪在新几内亚人的生活中占有非常重要的地位，甚至可以和女人相提并论。对他们来说，猪是最主要的蛋白质来源，也是财富和地位的象征，可以作为娶妻的聘礼。麻烦的是，猪长了脚，会四处行走。猪也很容易被人偷走和私自屠宰。正因为如此，猪引起的纠纷争执，经常成为战争的导火索。而一旦发生战争，猪也会成为重要的掠夺对象。在当地人的生活中，偷猪相当于现代社会偷钱，抢猪相当于抢钱。[6]

---

6 戴蒙德（2014），第125页。

在非洲努尔人社会里，牛的地位和作用相当于新几内亚社会中的猪，是最重要的食物来源，也是财富和地位的象征，可以用作聘礼。牛引发的冲突，经常演变成部落之间的战争。同样，几乎任何矛盾和冲突都可以用赔偿多少头牛的方法解决，说到底，就是价钱问题。

食物对原始人来说，相当于现代社会的现金流。在原始社会，断了食物，就相当于现代社会没了钱，人的生存立刻受到威胁。

何止是人类!

早在20世纪初，埃尔顿（Robert Elton）便将食物视为整个生物界的现金流。通过研究食物如何连接不同生物群体，特别是不同物种数量变化之间的关系，埃尔顿建立了生态（ecology）的概念。[7] 凯罗尔（Sean Carroll）用一句掷地有声的短句总结了埃尔顿的生态理念：生命是一场关于食物的游戏。[8]

确认食物为现金流，财富就容易理解了。财富是能产生现金流的资产。

食物是现金流，要获得食物，必须拥有一定的地理空间，即“地盘”。提供食物的地盘，就是原始人的财富，它对原始人的意义，相当于现代社会的资本或资产。把对人类生存繁衍有价值的资源统称为财富，在以狩猎和采集为生的社会里，动植物禀赋丰富的地域，就是人类最重要最宝贵的财富。

埃尔顿和凯罗尔将食物视为生物界的“现金流”，将他们关于“现金流”的概念与“财富”的概念挂钩，是理解人类行为的一个关键，也是本书对他们的一个补充和超越。

我们在第二章看到，人类是动物界的一员，因此人类行为与动物行为

7 Elton（1927）.

8 Carroll（2016），第43—46页。

有很多可比之处。我们知道，人类不是唯一喜欢划定地盘的动物。狮子、老虎和其他动物也会划定地盘，与入侵者殊死搏斗。

前文提到，巴斯和其他进化心理学家认为，原始人心理世界的形成是为了适应狩猎和采集社会的需要。[9]人类对专属地盘的需要和很多肉食性动物无异。

地盘是人类最宝贵的财富。占地盘是原始人追求财富最重要的行为，是原始人征服世界的最大动机。第五章会详细介绍原始人对地盘的态度，如何严守地盘，不容他人侵犯。

有一个考古学发现很能说明地盘对原始人生存的重要性。4万年前，一批智人与尼安德特人曾经长期混居在法国和西班牙一带，他们之间想必存在着激烈的竞争关系。后来，尼安德特人在这一地区彻底消失。在随后一个时期，当地智人经历了人口的快速增长。虽然没有直接证据告诉我们，尼安德特人的消失如何引起了当地智人人口的快速增长，但这种巧合不由人们不去猜想，灭绝对手，独占更大地盘，获得更多资源，促进了智人人口的增长。[10]

现代人显然继承了原始人的占地盘心理，也有强烈的地盘概念和抢占地盘的冲动，有捍卫地盘的决心。不同的是，对现代人来说，“地盘”的内涵更加广泛，不限于物理空间，也包括机构、组织、权力、财富、名誉和地位等。

现代人由金钱驱动，为获得财富，打拼奋斗，春蚕到死丝方尽。原始人由食物驱动，为抢占地盘，排除万难，蜡炬成灰泪始干。形式有别，内容不变。正如俗话说，都是生活所迫。

---

9　巴斯（2007）。

10　费根（2017），第109页。

## 2_征服五大洲：无远弗届

智人在10万年前第一次走出非洲，尝试生活在更多地方，但是以失败告终。没有人知道他们为何会失败，消失得干干净净。有一个比较合理的猜想是，他们是火山大爆发的牺牲品。如前所述，7.35万年前，印度尼西亚苏门答腊岛上多巴火山大爆发，导致非洲人口大批死亡，多数不同物种的人类都死亡殆尽，幸存物种人类的数量，也下降到适龄妇女不过区区数千人。能在非洲造成如此大规模死亡的气候变化，当然也能在紧邻非洲的中东地区给人带来极大的杀伤力。

7万年前，智人再次走出非洲。这一次，他们一发不可收拾，走到了天涯海角，踏遍了整个地球。

原始人征服世界所用的时间，若不包括美洲大陆和众多偏远岛屿，大约2万多年之久，若包括美洲，大约5万多年之久。

地盘是财富的象征。以地盘来衡量，原始人在致富动机的驱动下，到底获得了多少财富？

**全球**。地球的总面积为5.1亿平方千米，陆地面积占其中不到30%，略少于1.5亿平方千米。走出东非一隅后的智人，将地球上除南极洲之外所有的陆地，包括大陆和海岛，都变成了自己的地盘。到1万多年前，原始人已经富甲天下，世界的大陆，除了四季冰封的南极洲，已经全部是智人的天下。

若以地盘大小衡量财富的多寡，智人对财富的追求无疑是极其成功的。他们始于东非一隅，在那片狭小地区生活了250万年，却在走出非洲后快速扩张，也可以说是疯狂扩张，在短短几万年间便占领了整个世界，将自己的财富增加了成千上万倍。

下面具体看一看原始人征服世界不同地区的过程。

**欧亚大陆**。欧亚大陆是世界上最大的陆块，面积将近5 500万平方千米，超过世界陆地面积的三分之一。

这片大陆是智人走出非洲后首先占有的土地。后来成为世界上文明最为悠久、生产力和技术水平最高、影响力最大的大陆。

如前所说，智人于7万年前跨过红海，走出非洲，首先来到毗邻的西亚地区地中海东岸和阿拉伯半岛一带，再从那里出发，走向世界。智人首先在西亚出现，他们扎下根来的一个有力证据是，在黎巴嫩的一处遗址发现了旧石器时代各种石器的完整系列。[11]

对于智人从西亚出发走向世界的路线，有两种观点。

第一种观点是，他们沿阿拉伯半岛前进，跨过波斯湾，来到印度，再从印度向东前往亚洲，向西前往波斯、中亚，最终遍布亚洲和欧洲。持这一说法的主要根据是，相对于世界其他地区，南亚地区有最丰富的人类基因库，在这里可以找到世界各种基因线体的原本。以此推测，具有不同遗传特征的人，都是从这里出发，扩散到世界各地的。

第二种观点是，智人从西亚直接开始了向西、向北和向东三个方向的扩张。[12]

向西，他们经过小亚细亚（今土耳其）进入欧洲。进入欧洲的智人继续前进，直至大西洋。麦克尼尔认为，智人在到达西亚后，有两路人马分别沿地中海南北两岸往西行进，最终抵达西欧。[13]

向北，他们经过两河流域（今伊拉克境内幼发拉底河和底格里斯河），进入毗邻的高加索地区。再越过高加索山脉，进入中亚。

向东，他们进入波斯湾地区和北部伊朗高原，再从那里出发前往南亚、东南亚，最后遍布整个东亚。这一说法的依据是考古发现的人类化石

11 《剑桥古代史》（2002），第83页。

12 赫拉利（2014），第14页。

13 McNeill（1991），第5页。

的年份。

无论路线如何，结果是清楚的，即整个亚欧大陆首先被智人征服。从亚欧大陆出发，原始人继续着他们征服世界的历程。

**澳大利亚**。智人到达澳大利亚的时间，大约在4.7万年前。智人到达澳大利亚与他们到达欧洲的时间大体相当。[14]

看来，几万年前的澳大利亚和欧洲，都属于世界的边缘，前往澳大利亚并不比前往欧洲更加遥远和困难太多。

还可以推测，欧亚大陆南边温暖的海岸线，食物丰富，为智人提供了最方便、最安全和最舒适的前进路线，是智人走出非洲后的首选路线。

智人抵达澳大利亚后，因气候变化，海平面上升，与欧亚大陆隔离，没有和欧亚大陆的人更多互动，一起参与社会进化，反而在隔绝状态下独立生活了几万年。这些人后来为此付出了高昂的代价。

登上澳大利亚的智人来自何方？他们是如何来到澳大利亚的？对此有几种不同说法。

其中一种说法是，非洲人的船，被海风和洋流带到了澳大利亚。1839年，英国爵士、皇家海军中将罗伯特·菲茨罗伊（Robert Fitzroy）在一次宴会上，酒足饭饱后，向来宾郑重宣布了他的重大发现：澳大利亚原住民来自非洲。他的理由是，无论肤色还是体型，二者都高度相似。至于非洲人是怎么来到澳大利亚的这个问题，爵士无法回答，只能即兴猜想，是随风漂流至此。

言者无心，听者有意，菲茨罗伊爵士的发言在英国掀起了一阵研究热，人们普遍认为靠海风将非洲人的船吹到澳大利亚无法想象。后来进一步的研究表明，澳大利亚原住民和非洲黑人的脸型与毛发存在明显差别，

---

14 赖克（2019），第216—217页。赫拉利（2014），第14页。

仅凭外貌不能判断他们的血缘关系。

不知当时反驳菲茨罗伊爵士的人是否注意到，靠近非洲的世界第四大岛马达加斯加，岛上居民来自更加遥远的马来群岛，也就是南洋群岛，而不是非洲，由此可见原始人的远距离航海能力。换言之，距离不是菲茨罗伊爵士观点不能成立的理由。

另一种说法是，4万年前海平面下降，澳大利亚和东南亚陆地相连，智人从东南亚一路走到澳大利亚。这个说法与智人如何登上美洲类似，与地球4万年前正处于最近的一次冰期吻合，得到了地质史科学的支持。

还有一个说法是，不同地方的智人，并非同时来到澳大利亚，而是在几万年中分批来到这片大陆。

也许这些说法都成立。和美洲印第安人、大洋洲波利尼西亚人不同，澳大利亚原住民的身体特征差异很大，有的更像非洲人，有的更像爪哇人，有的更像菲律宾人，有的更像中国和日本的一些古老少数民族。

外形和基因测试可以解释澳大利亚原住民与非洲黑人的关系，但不能回答非洲人当初如何来到澳大利亚。还有一个有趣的问题是，基因测试证明世界各地的智人都源于东非，为何其他地方的人后来会演进得面目全非，而澳大利亚原住民却保留了非洲黑人的主要特征呢？难道他们的祖先属于另外一支智人，在另外一个时间，在融入非洲南部另外一个人种的基因后，才离开非洲吗？

智人最初登陆澳大利亚时，那片辽阔的大陆并非无人之地。在西伯利亚发现的丹尼索瓦人，早已生活在东亚、东南亚、澳大利亚和太平洋岛屿上。基因测试表明，澳大利亚原住民和太平洋美拉尼西亚群岛上的原住民，身上携带有6%的丹尼索瓦人基因。[15]

---

15　赫拉利（2014），第17页。

人们普遍认为，包括丹尼索瓦人在内，其他物种的人类的智商都无法与智人相提并论。低智商的丹尼索瓦人居然能在智人之前到达澳大利亚，这从另外一个侧面说明，历史上曾经不止一次出现过窗口期，使人类能比较方便地从欧亚大陆到达澳大利亚。

**美洲**。在近代欧洲人发现美洲之前，已有人居住在美洲。这些美洲原住民在人种上和东亚人类似，所以人们从最开始就相信他们是从东亚迁移过去的。这个认识后来通过基因测试得到遗传学的证明。

比较公认的是，智人最初跨越白令海峡到达美洲的时间是1.6万年前。[16] 还有一种说法，智人不是一次，而是分批到达美洲的。遗传学通过基因测试为这一说法提供了支持。基因测试同时也表明，智人分不同批次来到美洲，其出发地都是亚洲。语言学家发现，印第安人的三个主要语系中，有一个语系的源头是西伯利亚叶尼塞河畔，是当地人讲的叶尼塞语。[17]

印第安人的源头比较单纯，这使整个南部美洲印第安人的基因呈叉状结构，有共同的源头，不断分支，而不像亚欧非大陆人的基因，呈网状结构，既有本群体祖先的基因，也有早就独立发展的群体横向嵌入的基因。基因横向嵌入，往往发生在人群大规模流动或一个地区群体替代时。祖先留下的基因不断产生分支，其他群体的基因也不断嵌入，最终形成了亚非欧大陆人多源头、网络状的基因结构。[18]

基因测试在回答老问题的同时，也在不断发现新问题。对印第安人的基因测试表明，他们的基因中有一部分属于一个既找不到源头也不知去向的“幽灵群体”，这个神秘的古人群体在1.6万年前第一批智人到达前就在

16 赖克（2019），第180页；赫拉利（2014），第14页。

17 赖克（2019），第14页、第210页、第208页、第209页。

18 赖克（2019），第109页。

美洲存在。[19]

但无论是1.6万年前，还是估算的这个幽灵群体存在的时间，智人到达美洲的时间都比到达澳大利亚的时间晚很多。这是有原因的。

几万年前的原始人，并不知道美洲的存在，他们一定要先到达并居住在辽阔严寒的西伯利亚，才会知道和前往美洲。很显然，在到达美洲前，智人先用了几万年才进入西伯利亚，适应那里的环境，在那里扎下根来。征服西伯利亚，进入美洲才成为可能。

智人祖先生活在非洲，更加适应和喜欢温暖的气候。他们走出非洲后，从西亚扩散到世界各地，最方便的路线便是沿着亚欧大陆南部的海岸线，往温暖的地方走。正因为如此，在欧洲、南北地中海沿岸首先繁荣起来。在亚洲，智人很自然首先到达了南亚和东南亚，再从这里抵达澳大利亚。

更加适应温暖气候的智人，怎么会违反自己的自然倾向，走向西伯利亚那么寒冷的地区呢？向西伯利亚迁徙，肯定是万不得已，勉为其难的一件事。

被迫北去，有几种可能的原因。也许，南边物产丰富的好地方，被先到者占据，早已人满为患，后来者无法进入，只好向北移动寻找新的机会。

也许，自己先到，但后来者更加强大，先到者守不住地盘，抗争无望，只好向北方逃避。

也许，南方物产丰富，食物充足，导致人口过度增加。随着人口增加，即使同祖同宗的群体，多少代以后已无血缘的认同，反而为争夺地盘和食物发生冲突，大打出手。对新几内亚部落的考察表明，同文同种的部落之间，针锋相对，争夺地盘，其激烈程度比异族之间有过之而无不及。在这种情况下，一部分人若不退出去另谋出路，则饥荒和战乱难以避免，

---

19 赖克（2019），第204—205页。

必然导致大规模死亡。

无论哪种原因，当舒适的南方被充分开发后，向北出发，探索新的食物来源地成为合理的选择。

强大给智人造成了食物的压力和迁徙的动力，因为强大，任何一个地方能够提供的食物很快就会被索取殆尽。

强大也给智人提供了迁徙的能力。几万年前的智人社会，已充分进化，不仅会使用火，还会用兽皮制作温暖的衣服。在西伯利亚严冬的漫漫长夜中，住在洞穴中，身披真材实料的兽皮衣，点起一把火，虽不能奢谈浪漫，却足以维持生命。

苦寒之地也并非一无是处。西伯利亚的长毛象、驯鹿、熊等众多大型动物，肉多脂厚味美，就在那里，比比皆是，可供人享用。如前所述，人类虽然杂食，多肉的大型动物却是最理想的食物。

西伯利亚的大型动物何止是供人享用，简直是等人享用、请人享用。这些智人后期到达的地方，动物都显得特别傻大笨。它们完全不知道人类的厉害，傻傻地坐等人类猎杀。

动物会傻到等人猎杀和享用它们，在北美、澳大利亚和新西兰生活过的朋友对此应该会有体会，知道原因。简单地说，就是这些动物没见识，不知道人类有能力随时要它们的命。第六章对此会进一步解释。

40年前中国开始改革开放后，数以亿计的农民工离开家乡，在960万平方千米的大地上流动谋生。每当找到了好赚钱的地方，他们必招呼家乡的亲朋好友快快过来一起发财。那时电话很不方便，大家习惯去邮局用电报传递消息。电报按字收费，于是产生了“钱多，人傻，快来”的标准电文，既简短，又准确。几万年前的智人，在西伯利亚见到众多肉多行缓的大型动物，想必是同样的心情，可惜他们没有电报，不能呼唤远方的亲友一起来享用。

严寒并非只带来问题，也带来好处。好处之一是，寒冷干燥的气候，使食物更容易储存，这能帮助原始人避免食物供应的大起大落。稳定的食物供应，有利于过冬，有利于原始人的生存。

就这样，智人跟随着长毛象、驯鹿和熊等美食，走向寒冷的北方，又跨过白令海峡，再跟着当地的动物一路南下，最终遍布整个美洲大陆。

前往西伯利亚，前程固然艰险，但那是跟自然对赌，比跟南方其他智人群体对赌的胜算还是稍大，这道理和"苛政猛于虎"有些类似。对已经非常智慧的智人来说，世上最大的恐惧，还是同类的暴力，因为只有同类才同样聪明，知道怎样放大暴力。

花了上万年时间，智人终于在西伯利亚站稳脚跟，适应了那里特殊的地理和气候条件，学会了怎样度过严酷漫长的寒冬。从这里出发，他们要前往美洲了。

关于原始人是如何到达美洲的，有陆路和水路两种说法，都有可能。

陆路说认为，原始人通过亚洲与美洲间的陆桥，踏上了美洲大陆。要知道，白令海峡现在的宽度也仅为几十千米，最深处仅有50多米，多数地方水深不超过30米。当海平面下降超过几十米时，白令海峡就会成为连接西伯利亚和阿拉斯加的陆桥。

从3.3万年前开始，地球进入最近一次冰期的盛冰期，即地球表面被冰原覆盖的最高峰期。这个过程一直延续至1.9万年前，高峰时整个地球的三分之一，包括整个加拿大、西伯利亚和欧洲阿尔卑斯山（横穿法国东南部、瑞士、奥地利和意大利北部）以北地区都被冰原覆盖。海水大量结冰导致海平面下降，盛冰期的海平面比现在低数百米以上。[20]

到1.6万年前原始人前往美洲时，盛冰期已过，冰原面积已开始缩小，

20 费根（2017），第71页。

但海平面恢复到和现在相当的水平尚需时日。实际上，至1.6万年前，地球上海平面比现在仍低100多米，白令海峡的海床继续裸露，成为陆桥，使原始人可以从亚洲步行至美洲，成为最初的美洲居民。[21]

这告诉我们，原始人到达美洲比到达澳大利亚晚3万年，寒冷是主要原因，而不是交通条件。

2005年，卡特里娜飓风肆虐墨西哥湾，历史名城新奥尔良因海水倒灌，遭受巨大损失。飓风将大量海洋沉积物翻腾浮上海面。通过漂浮物提供的线索，科学家在墨西哥湾海底发现了一片保存完好的森林。森林面积约1.3平方千米，已经在无氧环境中保存了逾5万年。这片森林的所在地目前水深18米。这告诉我们，那时的海平面，比现在至少低18米，如果森林当时所在位置是海拔N米，则当时的海平面比现在低18+N米。

除了陆路说，还有近年来兴起的水路说。这个说法认为，原始人从日本北海道出发，乘船沿北太平洋海岸航行，最终抵达了北美阿拉斯加海岸。持这一说法的人号称在美加西部找到了和北海道相似的文物，获得了一些考古证据。

到达美洲后的智人，大概有3 000年之久，都滞留在阿拉斯加沿海地带，并未南下深入美洲各地。导致他们止步不前的原因，和他们迟迟才来到美洲的原因一样，除了寒冷，还是寒冷。那时，整个加拿大都被一层上千米厚、无法逾越的冰盖覆盖，成为人类无法逾越的自然屏障。冰原屏障对人类造成的挑战超过高山、河流、海洋，这也是为何人类最终未能登上南极洲，并在那儿定居的主要原因。[22]

加拿大的冰盖比西伯利亚的冰雪更难逾越吗？首批登上北美的智人，

---

21 赖克（2019），第182页、第186页。

22 赖克（2019），第182页。

可是来自西伯利亚！

对这个问题，暂时还没有人给出答案。不过，如果打开地图，查看加拿大和美国北部的地貌，很容易看到，这个地区遍地都是冰川湖泊，不仅多，而且大。世界著名的北美五大湖也在此地区，其中的苏必利尔湖是世界上面积最大的淡水湖。得益于这些优美的冰川湖泊，加拿大的班夫如今成为世界知名旅游区。仅美国明尼苏达一个州，就有超过1万个冰川湖泊，被称为万湖之州，而中国湖泊最多的湖北省，地处长江两岸，曾经的云梦泽所在地，也只是千湖之省。

西伯利亚最有名的湖泊贝加尔湖，由地层断裂而非冰川形成，所以水深居世界湖泊之首。西伯利亚也有冰川湖，但无论数量和规模都不能和北美相比。这些冰川留下的痕迹足以证明，虽然西伯利亚也极其寒冷，但它的冰川和当年北美的冰川相比，还不是一个量级。

可以在极其寒冷的西伯利亚生活，却无法通过北美冰原，这提示我们，冰原之所以难以逾越，最可怕的并不是寒冷和交通条件。冰原最可怕的是将一切都覆盖在厚厚的冰层下，冰面上一无所有，原始人无论是生活在冰上还是穿过冰原借道南下，都无法获得食物，会被活活饿死。

冰封大地使智人无法穿越冰盖南下美洲大陆，却可以在阿拉斯加和西伯利亚沿海地区方便地往来。一直生活在阿拉斯加的原始人，成为今日之因纽特人（爱斯基摩人）。还有一个群体，来去自由，从阿拉斯加又回流到亚洲，他们的后代如今生活在西伯利亚的楚科奇河一带。[23]

后来，先期到达阿拉斯加的智人，终于开始了他们南下的旅程。有意思的是，这个旅程开始于加拿大冰盖充分融化之前。从美洲多地获得的考古学证据表明，在加拿大冰盖尚未出现任何可能的通道之前，智人就出现

23 赖克（2019），第211页。

在了美洲各地。他们从1.2万年前起开始南下，只用了1 000年时间，就以难以想象的速度，抵达了美洲最南端的火地岛。

刚才说了，冰原是不可逾越的。原始人怎么能在不可逾越的加拿大冰盖融化之前抵达美洲各地呢?

一定是乘船从海上绕行的。

既然可以海上绕行，为什么到达阿拉斯加后没有马上行动，要等3 000年后才开始顺海岸线绕行南下呢?

因为海路的通行条件改变了。在最寒冷的时候，冰盖一直延伸到大海深处。随着盛冰期的终结，气候逐渐变暖，世界各地的冰川都开始融化，海水中的冰川则率先融化，给原始人打开了一条沿海南下的通道。

这个解释听起来非常合理。但有一个问题是，在北美太平洋沿岸地区一直没有找到考古证据，证明早期印第安人在南下过程中在这些地区生活过。

这是个问题，但智人确实在北美冰盖融化、陆路通道开通前到达了美洲各地。沿海南下是唯一合理的解释。

这个问题也许并不是问题。如果我们注意到，自首批原始人南下后，海平面已经升高了100多米，这意味着，如果当年印第安人在沿海留下了遗址，这些遗址如今都在百米以下的海水中。[24]

跨过白令海峡抵达美洲的原始人，1.3万年前到达了中美洲，1.2万年前到达了美洲大陆最南端，遍布整个美洲，隔海与南极洲相望。

同期和此后，到达美洲的智人还开始涌向周边岛屿。但总体感觉是，印第安人的航海技术比太平洋诸岛屿原始人差了很多，向周边海岛扩张的速度很慢，直至最近几千年这个过程还在继续，一些重要的岛屿直到大航海时代才被发现，这些岛屿上留下的原生态痕迹，为人们研究人类进化和

24 赖克（2019），第186页。

环境变化提供了宝贵素材。

在1492—1502年这10年间，哥伦布四次横跨大西洋远航美洲。他误以为自己到达的是印度，以为见到的当地人是印度人，便以印度人称呼当地人。意大利人阿美利加（Américo）后来发现，哥伦布到达的并非印度，而是一片不为人知的新大陆。后来，人们以阿美利加的名字命名这片新大陆，称之为America，让阿美利加捡占了个大便宜。但人们对美洲原住民的称呼仍然沿用了哥伦布的叫法，称为美洲印第安人（American Indian），与南亚印度人相区别。

## 3_征服四大洋：无波不平

地球表面70%的面积是海洋。地球上所有大陆都被海洋包围，严格来说都是岛屿。为了以示区别，人们习惯上将澳大利亚算作面积最小的大陆，将面积小于澳大利亚的陆地都算作岛屿。

按此人为规定，在四大洋上散布着的岛屿总计有5万多个，其总面积将近1 000万平方千米，稍大于加拿大或中国的国土面积。

世界上最大的群岛是位于东南亚的马来群岛，中国人习惯上称之为南洋群岛，有2万个以上岛屿，总面积达200万平方千米，占世界岛屿总面积的五分之一。

在地球上5万多个岛屿中，面积最大的五个依次是：格陵兰岛，面积216万多平方千米，超过世界上绝大多数国家；新几内亚岛，面积78.6万多平方千米；加里曼丹岛，面积74.3万多平方千米；马达加斯加岛，面积将近58.7万平方千米；巴芬岛，面积50.7万多平方千米。这五个岛屿的总面积超过482万平方千米，接近世界岛屿总面积的一半。

对原始人来说，地盘就是财富，海洋中的岛屿也是巨大的财富。大陆已被征服，海洋也不能放过。不仅不能放过，而且只要能生产食物供人生存的岛屿，大大小小都不能放过。用现代语言来说，是贪心到底，每分钱都要赚到。

麻烦的是，很多岛屿都远离大陆。从原始人到达一些遥远岛屿的时间可以非常清楚地看到，在原始时代，要跨越浩瀚海洋到达遥远的岛屿，难度远远超过穿越寒冷的西伯利亚，再跨越狭窄的白令海峡到达美洲。原始人在4.5万年前就遍布了整个非洲、亚洲、欧洲和澳大利亚，1.6万年前就到达了美洲，而他们征服海岛的行动，直至大航海时代还在如火如荼地进行中，一些重要岛屿比如新西兰直到几百年前才有人登陆，勉强赶在大航海时代之前，个别重要岛屿甚至要等到大航海时代才由欧洲人首先登陆，比如达尔文曾经考察并获得进化论灵感的东太平洋加拉帕戈斯群岛。

令人感叹的是，无论挑战多大，无论过程多么艰苦和缓慢，原始人总能创造奇迹，跨越重洋，成功到达那些孤悬海外的岛屿，踏上那些没有竞争，只有大量美食等待他们的土地，为自己赢得更多财富。

其中比较大的一次跨越发生在1 200年前，原始人不知从哪里出发，登上了孤独大岛马达加斯加。如前所述，马达加斯加是仅次于格陵兰岛、新几内亚岛和加里曼丹岛的世界第四大岛，面积58.7万平方千米，接近法国（55万平方千米）和瑞士（4万平方千米）两国面积的总和。马达加斯加距离非洲大陆400千米，这次跨越发生时，亚欧大陆大部分地区早已进入成熟文明时代。

一次更有挑战的跨越发生在800年前，毛利人驾驶独木舟从澳大利亚出发，跨越重洋登上了新西兰。新西兰面积近27万平方千米，比英国（24.4万平方千米）还大。在新西兰诸岛与澳大利亚之间，横亘着波涛汹涌的太平洋塔斯曼海，两地之间最近直线距离有2 250千米，相当于北京到海口的距离。这个距离对只有独木舟这样简单航海工具的原始人来说，不可谓不是个巨大挑战。原始人在4.5万年前就征服了澳大利亚，他们在到达澳大利亚后，很快就登上了附近的一些岛屿，包括其中一些距离在200千米以上的岛屿，但过了4.4万年才登上新西兰，可见这一段航程之艰苦。

19世纪初英国人到达新西兰前，毛利人总人口有20多万人，分为不同部落和部落联盟，每一部落有共同的祖先，并效忠于酋长。

原始人最了不起的跨海行动，当属穿越赤道太平洋，抵达完全孤悬海外的夏威夷群岛。

太平洋是世界最大的洋，面积超过世界陆地面积的总和。太平洋中有三大群岛，西边是密克罗尼西亚和美拉尼西亚群岛，东边是波利尼西亚群岛。美拉尼西亚群岛总面积98万平方千米，从西北向东南方向延绵5 000多千米。密克罗尼西亚群岛基本都是袖珍小岛，2 500多个岛屿，总面积不到4 000平方千米，只有100个岛上有人居住。波利尼西亚群岛总面积31万平方千米。夏威夷群岛在波利尼西亚群岛最北端，属于北半球，由8个大岛和124个小岛组成，总面积1.67万平方千米，东距美国加利福尼亚州3 800千米，西距日本6 000千米，南距菲律宾8 000千米。

最早来到夏威夷的是波利尼西亚人，于4世纪来自马克萨斯群岛（Marquises，今法属波利尼西亚）。第二批到达者于9—10世纪来自塔希提岛（今法属波利尼西亚），也是波利尼西亚人。虽然三地同属波利尼西亚群岛，马克萨斯群岛和塔希提岛在南半球，与夏威夷岛隔赤道相望，距离分别有2 500千米和3 000千米，超过从澳大利亚到新西兰的距离。

而且，马克萨斯和塔希提两地也是在太平洋深处，几乎是在澳大利亚和南美洲正中间。人类当初又是如何到达马克萨斯岛和塔希提岛的呢？

事情要从中国台湾说起。原始人到达东亚后，又漂洋过海，于3.5万年前到达日本，3万年前到达台湾。从中国大陆跨越台湾海峡前往台湾，最狭窄之处距离为130千米。到达台湾的原始人，沿着星罗棋布的众多小岛继续向太平洋深处前进，最终散步在密克罗尼西亚、美拉尼西亚和波利尼西亚众多岛屿，也包括马克萨斯群岛和塔希提岛，再从这里出发，通过无依托、无停靠、超长距和超难航行，抵达了夏威夷岛。

支持这一说法的一个证据是语言。太平洋三大群岛尽管相距万里，少有往来，但他们的语言关系密切，属于同一语种。这一点和美洲印第安人非常相似。而紧挨三大群岛西边的新几内亚岛上却有属于不同语系的上千种语言，证明这个岛上的居民来自四面八方。

语言学家将马来语和波利尼西亚语归为一个语系，称之为马来—波利尼西亚语系。颇为神奇的是，这个亚欧大陆的小语系，却在太平洋和印度洋大行其道，发扬光大，从非洲东岸外的马达加斯加岛，到东太平洋的波利尼西亚诸岛，说的都是这一类语言。[25]这似乎表明，早在原始时代，就有一个群体相当熟练地掌握了航海技术，他们从东亚、东南亚出发，向东向西，分别跨越了太平洋和印度洋。

支持这一说法的另一个证据是基因测试。波利尼西亚人因身材偏高，肤色较浅，曾被误认为是高加索人种。后来的DNA测试证明，波利尼西亚人属于太平洋蒙古人种，源于中国东部，和高加索人种没有遗传关系。新西兰毛利人也是波利尼西亚人的一支。波利尼西亚人的祖先从东亚大陆到达中国台湾，再经马来群岛、密克罗尼西亚和美拉尼西亚群岛前进，经过3万多年的努力，大约在4 000年前抵达波利尼西亚群岛。

基因测试和人体形态分析、解剖学得出不同结论，这并不是唯一一次。总体来说，为了适应环境，或受到偶然因素刺激，人体的形态比较容易发生显著变化。这意味着，若以外表和骨骼判断人种，很容易被误导。基因则不同，无论外表怎么变化，都是非常稳定和有规律的，因此以基因判断人种关系可靠得多。[26]

---

25《剑桥古代史》（2020），第132页。

26 赖克（2019），第193页。

从新西兰毛利人和夏威夷人的成就看，波利尼西亚人是一个特别善于航海的人群。后来欧洲人到达新西兰后，惊奇地发现毛利人居然驾驶着巨大的独木舟，航行几百公里去与敌人战斗。如此事迹，与古希腊雅典人驾驶着当时最先进的帆船远征西西里，虽然技术上不在一个层次，情节却十分相似。

也有人认为波利尼西亚人来自美洲，根据是这些岛上的居民种植美洲植物比如番薯作为粮食。但这类说法缺乏说服力，一是如前所述，DNA检验结果显示波利尼西亚人源于亚洲。还有，在波利尼西亚和美洲之间没有其他岛屿作为跳板，跨越的难度显然要大很多。东太平洋南美洲海外科隆群岛的例子很能说明这种难度。

科隆群岛由13个火山岛和19个岩礁组成，总面积7 500平方千米，现属于南美洲国家厄瓜多尔，离厄瓜多尔本土1 000千米。该群岛直至19世纪前仍无人居住，因而保留了大量原生态动植物种群，是动植物的天堂，最有名的是岛上的大龟（体重能达到250千克），还有海狮、海豹、海獭、信天翁、火烈鸟、鹈鹕等。当年达尔文随英国军舰周游世界，于1835年登上科隆群岛，看到这么丰富的动植物资源，如获至宝，喜出望外，在这里停留考察了一个月。岛上的生态环境，让达尔文对进化论充满信心。

从厄瓜多尔科隆，比从澳大利亚、新西兰，或者从马克萨斯群岛和塔希提岛到夏威夷都近很多。这么一片物产丰富的群岛，印第安人却没有到达，可见印第安人的航海技术还不足以应对这一段航程的挑战。其实，就算跟中美洲近在咫尺的加勒比海诸岛，很多也是很晚才有人居住，这进一步说明印第安人的航海技术远不如波利尼西亚人，也说明原始人从美洲航海到波利尼西亚的说法不足为信。

波利尼西亚人种植来自美洲的粮食作物，证明他们和美洲人之间有过交流。最大的可能是，他们中有人去美洲将这些植物带了回来。既然波利尼西亚人的航海技术能让他们到达夏威夷，前往美洲对他们来说应该也不是问题。

从非洲到亚欧大陆两端，从亚洲东端到遍布太平洋各岛屿，从太平洋岛屿再到美洲，原始人几乎就要完成环球航行，所差只有从欧洲跨大西洋到美洲这一环。如果我们相信原始人已经从欧洲西端经格陵兰岛和冰岛到达过美洲，则可以相信原始人已经完成了环球旅行。

要实现远洋航行，除了船的质量和载重量很重要，还有两个关键的技术问题。

一是怎么知道海外岛屿的存在，知道应该朝哪个方向前进，才能最终抵达一座岛屿？

二是如何在茫茫大海中定位，保持正确的前进方向？

要发现数百数千公里之外，视野不能及，深藏在无边海洋浩瀚烟波中的那些孤岛，大概有三种方法，其中有些需要丰富的想象力和逻辑能力。

一是运气。出海的人遇到风暴，即有可能被吹到另外一个从未有人涉足的岛屿。古代人、现代人都有过这样的经历，原始人也一定碰到过。如果风向和洋流都合适，船只甚至可能被吹送到非常遥远的地方。前文提到，菲茨罗伊爵士就认为澳大利亚原住民即是顺着洋流被风从非洲吹过去的，这个说法虽然有些离谱，但被吹到相当距离之外还是很有可能发生的。

二是烟火。视野之外的岛上如果有火山，火山爆发喷射的烟灰会引起人们的注意。岛上的草木丛林，也可能因雷电引发自然火灾，白天浓烟高升，晚上火光照亮天空，都会引起人们的注意。原始人和现代人具有同样的想象力和逻辑能力，见到火山喷射物，即火光或浓烟，他们自然会推测，视野之外海的那边还有陆地，然后会带着清晰的目标前去寻找。

三是飞鸟。跟随天上的飞鸟前进，是发现超远距离岛屿的主要方法。

有些岛屿距离非常遥远，面积也不大，很难偶然到达，因为太远，上升的烟火也不可能被人看到。在浩瀚的太平洋、大西洋和印度洋，都有这样的岛屿，比如刚才说到的孤悬太平洋中的夏威夷岛。

但是，原始人看到，年复一年，候鸟都朝同一个方向飞去，消失在同样的远方。他们会想：那个方向某处有陆地吗?

于是，原始人会扎上巨大的木排，或者使用巨大的独木舟，带上充足的食物和淡水，朝着飞鸟消失的远方航行。如果需要，他们还可以在航行中捕鱼和收集雨水进行补给，完成长距离航行，最终抵达非常遥远的岛屿。

几只简陋的木排，在无边大海中航行，迷失方向应该是常有的事。白天的太阳，晚上的星星，都可以给这些孤独的船队导航。

如果不能确定目的地的方向，这些波利尼西亚人也会漂在海上，原地不动，等待头顶的飞鸟经过，再追随这些飞鸟前进的方向继续航行。如果当年不会再有鸟飞过，他们会返航回到出发地，下一年提前出发，先到上年抵达的地方，等候飞鸟，再跟随飞鸟继续前进。

无论是观看烟火，还是跟踪飞鸟，从看到，到想到，再到做到，对目力所及之外存在的岛屿进行正确的推理，都需要优秀的大脑，需要强大的想象力和逻辑能力。其他陆地动物也许能追踪食物顺着陆地冰面或裸露出来的海床，自然走到陌生之地，但要跨越重洋，登上千万里之外的岛屿寻找新的食物来源，却是怎么也想不到，绝对做不到的事。

靠这些方法，原始人无远弗届，登上了地球上几乎所有宜居的海岛，从海洋获得了无穷无尽的食物。

文明时代的航海记录，能帮助我们了解原始人踏平四海、登上世界众多岛屿时面临的挑战。古代的航海记录告诉我们，从公元607年至849年，日本曾22次派遣唐使前往中国，其中仅8次成功。从日本渡海到中国，经朝鲜海峡的距离是200千米，经黄海的距离是900千米。李白的好友阿倍仲麻吕（晁衡）从扬州出发返日，路上失事，李白误以为他去世，作诗

《哭晁卿衡》纪念他。[27] 在文明社会进行这么一段不算太远的航行，尚且如此高风险，我们可以合理地推测，原始人从事远洋航行，一定有过多次失败，牺牲了很多性命。

但最终的结果是，他们取得了胜利，征服了散布在四大洋远近有别、成千上万的岛屿。这些胜利反映了他们的航海知识和技术水平，也体现了他们的追求和执着。

智人在短短几万年时间里征服了世界的陆地和海洋，功业昭彰，蔚为壮观。

有人尝试将原始人征服五大洲和四大洋的历程绘制成图，标明路线和年份，直观地再现原始人这段辉煌的历程。作为参考，我们也在此借用费根著作中的一张图（图3.1），再现这段历史。需再次提醒大家的是，在史前史研究中，时间概念只能保持宽泛，无法做到精确，图中的时间只能作为参考。

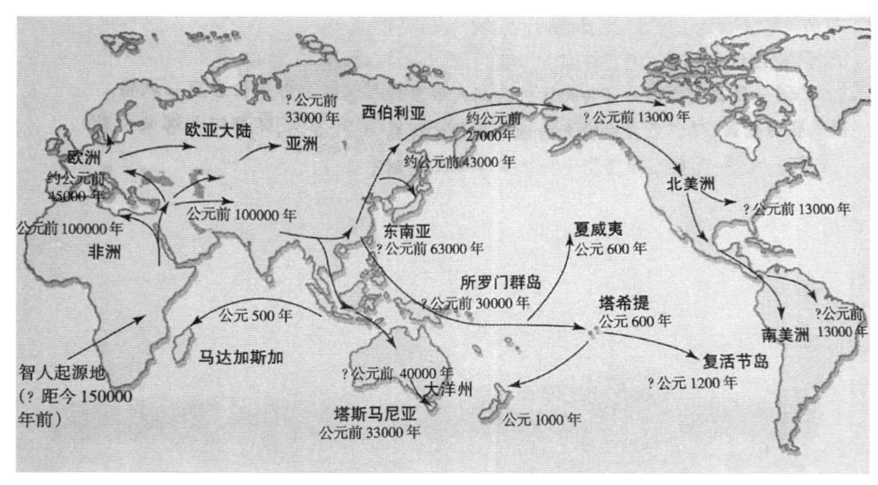


图3.1　原始人走向世界[28]

27　姜建强（2014），第273页。

28　费根（2017），第104页，图4–1。

## 4_永远的遗产：后世文明世界分布

我们今天生活的世界，就是当年我们智人祖先征服的世界。智人征服世界对人类历史产生了长远的影响，对人类文明的发展具有难以估量的深远意义。虽然对后世文明的介绍不在本书范围之内，但我们还是忍不住，在此要对后世主要文明略提一笔，通过对后世文明的基本认识，更好地理解原始人征服世界的意义。

我们对后世文明简洁勾画如下。[29]

**亚欧大陆东端**。这里发育了历史悠久、内容丰富、独具一格的中华文明，将农耕文明推向顶峰和极致。

中华文明是世界上唯一一个在同一地区连绵不断发展的人类文明。中华文明的地理基础是，东亚既属于亚欧大陆的一部分，又与亚欧大陆其他地区相对隔绝，地区周边有自然阻隔，内部土地辽阔肥沃适于耕种。

中华文明后来传播到周边地区，包括朝鲜、日本和越南等，是整个东亚地区文明的源头。

**亚欧大陆西端**。在亚欧大陆的另一端即欧洲，文明的地理基础是航海的便利，利用这一地理条件，欧洲发育了强大的海洋文明。继希腊、罗马、迦太基、威尼斯、阿拉伯等优秀的地中海文明之后，欧洲人于1492年横跨大西洋，开启了大航海时代，将海洋文明推向顶峰，将世界带入现代社会。从此以后，地中海孕育的海洋文明在大西洋成长壮大，在四大洋先声夺人。

**亚欧大陆中部**。亚欧大陆的中心地带，紧邻非洲，是智人离开非洲后最先进入的地区。这个地区与亚欧非三洲连接，又被里海、黑海、地中

---

29 McNeill（1963）；Pavlac（2011）；Furtado（2017）.

海、红海、阿拉伯海包围，故又被称为五海三洲之地。细分起来，属于这个地理区域的地方包括巴勒斯坦、小亚细亚、两河流域、波斯，以及黑海和里海周边地区。这个现代被称为中东的地区，更是成为对后世影响深远的文明发源地，其早期文明之丰富，各种文明之灿烂，在世界上独一无二。

从地中海东岸到两河流域的弧形地带，被后世称为肥沃新月带，是农业的发祥地，文明的发源地之一。正是在这个地区，考古学家发现了最早期和最完整的农业，驯化的动物包括绵羊、山羊、猪和牛，当然还有狗。种植的植物包括小麦、大麦、豌豆、扁豆等等。还有完整的新石器时代的农业工具，比如镰刀、磨和杵，历史可以追溯到1.1万年前。[30]

基因测试表明，1万年前，掌握了农业技术的移民从这个地区出发向欧洲和印度两个方向移动，将这两个地区带入文明时代。

继农业人口之后，来自这一地区北部的草原民族，又对欧洲和印度进行了第二次征服。如今，人们在欧洲人口的基因结构中看到，欧洲北部民族以草原民族的后裔为主，南部则以农业人口的后裔为主。[31]

正是在这个地区，产生了最早的城市、国家和文字。几千年来，这个地区的文明“风水轮流转”的特点也最为突出，每隔一段时间就面目全非。最早在该地区兴起的，是属于闪含语系（Semito-Hamitic）的各个群体。古埃及人、犹太人和阿拉伯人都属于该群体，他们之间有类似于中国人和缅甸人之间的“胞波”关系。后来，属于印欧语系（Indo-European）的波斯人、希腊人和罗马人也在这里相继登台，大显身手。其后，信奉伊斯兰教的阿拉伯人兴起，闪含语系回到了舞台中央。但随后同样信奉伊斯

---

30《剑桥古代史》(2020)，第253页、第258页。

31 赖克（2019），第5页、第14页。

兰教但来自遥远的中亚和东北亚、讲突厥语的群体如塞尔柱人和奥斯曼人相继在此登台，占据了主导地位。成吉思汗子孙率领的蒙古大军也远征至此，建立了伊尔汗国。最终，成吉思汗的子孙在巴勒斯坦地区被埃及骑兵阻挡，未能成功入侵非洲。

东地中海沿岸地区的埃及、犹太和希腊文明，成为欧洲文明的先河。公元前20世纪，古老的犹太教在此地萌芽，到公元前6世纪已发展成熟。[32]公元1年，基督教在这里诞生。公元7世纪，伊斯兰教在这里诞生。后来，这个地区的文明经罗马到西欧，再被欧洲人带去美洲，成为西方文明的主线。

**高加索人**。在黑海和里海之间，耸立着一条山脉叫作高加索山脉，该地区因山而得名高加索地区。这个地区是两河流域的北方近邻，是智人进入西亚后抬腿即可到达的地区，当地人因地得名，后世被称为高加索人（Caucasian）。现在，高加索人是白种人或白人的同义语，是世界上人口最多、地域分布最广的人种，是欧洲、西亚、北非、中亚、印度高等级阶层，美洲、大洋洲和欧洲的主体人群。

因地理而得名的，并非只有高加索人。中国56个民族中最大的民族汉人族，得名于汉水。汉水源于秦岭，流经陕西和湖北，在武汉注入长江。“汉人”这个概念演变的路径是：汉水→汉王→汉朝→汉人。中国历史上的鲜卑人，“国有大鲜卑山，因以为号”。大鲜卑山即是今大兴安岭。

有理由相信，高加索南部的亚美尼亚和伊朗地区，是印欧语系的发源地。6 000年前，这个人群中的一支先向北，再转去欧亚大草原，另外一支先向南，再转去亚洲各地，从而使西至欧洲，东至中亚南亚，千里万里之隔的地方，都有讲印欧语的群体。经过6 000年前大规模的人口流动，

32　古德曼（2019）。

印欧语成为从欧洲到印度广阔地区使用的一种语言。

发生在6 000年前的这次人口大流动并非偶然，当时正是马车技术大发展的时候，这个群体可能率先掌握了这种先进技术，乘车流向了四面八方。相隔千里万里不同地区的印欧语，除了语法相似，还共享很多关于马和车的词汇，比如wagon（车）、axle（轴）、wheel（轮）等等。[33]

**雅利安人。**高加索人中的一支叫雅利安人。公元前18世纪或者更早，部分雅利安人从高加索南下，征服南亚，成为那里的统治者。还有一支雅利安人进入伊朗，后来有人称他们为伊朗雅利安人。[34]

南下印度的雅利安人为了便于统治，创立了婆罗门教（Brahmanism），用种姓制度（caste system）固定所有人的社会地位。婆罗门教中的两个高种姓婆罗门和刹帝利，还有属于第三种姓的吠舍，都是雅利安人。婆罗门教演变成印度教后，继承了这种种姓制度。佛陀则在对婆罗门教进行改造的基础上创建了佛教。

后来，希特勒为了进行种族清洗，将雅利安人变成一个种族主义的概念。他继承戈宾诺（Joseph Authur de Gobineau）的理论，将金发碧眼的北欧人定义为雅利安人，宣扬雅利安人至上，视其为世界上唯一高尚、理当统治世界的民族。[35] 在希特勒眼中，印度和伊朗的雅利安人大概都算不上正宗雅利安人，就算其祖先是，其血统也早已被污染。

希特勒不知道，现代欧洲人、印度人和其他很多地方的人群一样，都是不同智人在不同时期反复混血的后代。在现代欧洲人身上，既有几万年前原始智人的基因，也有更古老的尼安德特人基因，还有文明时期两次移民潮带来的新基因，一次是1万年前西亚农业人口向欧洲扩散，另一次是

---

33 赖克（2019），第143—144页。

34《剑桥古代史》（2020），第141页。

35 Durant（1968），第25页。

最近5 000年来游牧民族向欧洲扩张。而这些农业和草原民族本身，又是更早之前混血的后代。新兴的基因科学告诉我们，世界上早已不存在什么纯种人了。[36]

**里海周边**。这个地区包括其西边的高加索地区和东边的中亚地区，是后世众多强大帝国的发源地。这其中包括三个波斯帝国和更早前游牧民族斯基泰人（Scythians）建立的草原帝国。斯基泰人和波斯人同属印欧语系，是称雄南欧的第一代草原霸主。斯基泰人后来被他们的近亲，同样来自里海周边的萨尔马提亚人（Sarmatians）打败，让出了南欧草原的霸主地位。

后来，南匈奴归汉后，北匈奴西迁，“上帝之鞭”阿提拉使欧洲震动。但随着阿提拉突然去世，匈奴衰落。

**斯拉夫人**。斯拉夫人作为雅利安人的一支，在7 000年至3 000年前之间从东方进入欧洲，最初生活在东欧草原北方的森林里，6世纪初开始在拜占庭（东罗马）帝国边境地区活跃起来，引起关注，8世纪后开始建立国家，接受基督教，进入文明社会。斯拉夫人建立的诸多罗斯公国，都曾受制于蒙古帝国的金帐汗国。俄罗斯公国于15世纪摆脱蒙古人统治，建立了俄罗斯帝国。[37]

**突厥人**。后世多个著名的突厥帝国，比如帖木儿帝国、贵霜帝国、塞尔柱帝国、莫卧儿帝国、奥斯曼帝国，其先人也来自里海东部的中亚地区。

14世纪，来自中亚的蒙古贵族帖木儿建立了庞大的帖木儿帝国。16世纪，帖木儿帝国崩溃后，皇室后裔巴布尔率军入侵印度，建立了莫卧儿帝国，以德里为中心，统治南亚次大陆大部分地区达3个多世纪，直至1858

---

36 赖克（2019），第13页、第14页。

37 普洛基（2019），第19页、第51页。布罗代尔（2016），第555页、第564页。

年英国维多利亚女王被授予印度女皇的称号才告终结。

源于中亚的突厥人奥斯曼部落，从13世纪开始，在西亚建立了统治欧亚非三洲辽阔地区的奥斯曼帝国。奥斯曼帝国1453年攻占君士坦丁堡，终结了东罗马帝国。奥斯曼帝国还深入中欧，兵锋直达维也纳城下。他们沿北非扩张，抵达直布罗陀海峡。第一次世界大战时奥斯曼帝国站错了队，属于战败方，被西方列强瓦解，在奥斯曼帝国的废墟上，兴起了现在大家熟悉的大大小小一众阿拉伯国家，比如沙特阿拉伯、阿联酋、约旦等。

1919年，凯末尔发起革命，1922年废除苏丹制，终结了奥斯曼帝国，建立了土耳其共和国。

曾经很长一个时期，人们认为突厥地区是文明边缘的落后地区，是近东文化大家族中一个“贫穷的孤儿”。实际上，里海周边直至与兴都库什山脉接壤的一些地区，土地肥沃，非常适合农业，也是早期从原始社会向文明社会过渡的地区之一。考古学家在这个地区发现了狩猎、捕鱼和大麦小麦采集共存的经济形态，发现了多种多样的石器，包括打火刀、将骨头削尖的刮刀，还有专门为农业需要制作的镰刀。[38]

除了亚欧大陆，智人在征服的其他地方也发展出灿烂的文明。

**美洲**。智人到美洲后，独立发展了自己的文明。当哥伦布到达美洲时，美洲印第安人已经发展了相当高水平的农业，他们对人类的最大贡献之一，是输出了诸多易生的高产农作物，包括土豆、红薯和玉米。这些农作物传到世界各地，大大缓解了很多地方的食物压力，直接推动了人口大幅增长。印第安人还为人类提供了深受人们喜爱的很多美味农产品，包括辣椒、茄子和西红柿，让人类的食物更加丰富多彩。美洲文明的这一贡献，早已有了浓墨重彩的历史记载。

---

38《剑桥古代史》（2020），第297—298页。

在社会治理方面，美洲文明的代表有三大帝国，即位于中美洲的玛雅帝国和阿兹特克帝国，以及位于南美洲的印加帝国，其中玛雅帝国尤其发达。[39]

*玛雅帝国。*玛雅文明形成于公元前2500年，公元前400年左右发展成奴隶制国家，因居民多是玛雅印第安人，被称为玛雅帝国。

玛雅帝国有社会等级，分贵族和平民，实行分权治理，酋长管辖几个中心，农村居民组成公社，保存氏族制度的许多残余。盛行自然崇拜，尤其崇拜“太阳神”和“雨神”，以守护神“伊察姆纳”为最高神灵。从事刀耕火种，创造了象形文字和历法，发明了20进位制。

帝国在公元3世纪至公元9世纪达到鼎盛，有石碑、庙宇等。玛雅人制陶、雕塑、绘画造诣极深，采用拱形建筑，建有梯形金字塔、宫殿、拱门等。极盛时期包括40多个城市，每一城市有5 000～50 000人。15世纪后玛雅帝国走向衰落。1519年西班牙人征服了尤卡坦和危地马拉，玛雅文明随后消失。

*阿兹特克帝国。*阿兹特克人是墨西哥人数最多的一支印第安人。公元1200年前后，他们进入墨西哥河谷和邻近地区，14世纪初，在特斯科科湖西部岛上建造了特诺奇蒂特兰城，建立了阿兹特克王国。1426年，阿兹特克与特斯科科城邦和特拉科潘城邦结成三国同盟，由阿兹特克国王任首领，势力日盛，在谷地建立了霸主地位，帝国诞生。其后国家不断用兵，开疆拓土，至16世纪初，其疆域东西两面已抵墨西哥湾和太平洋沿岸，人口约300万，进入极盛时期。

阿兹特克人的社会组织以氏族为基础，土地被分成王田、祭司田、军田，由公社成员集体耕种，以供国王、贵族、祭司和武士所需。社会组织以被称作“卡尔普里”的氏族公社为基础，土地为氏族公有，分配给各家

39　麟剑（2017、2018、2019）。

庭耕种。

阿兹特克帝国由贵族、祭司、武士和商人构成社会的统治阶级。贵族拥有土地和自己的姓氏，子女可受到特殊教育。平民接受农、工和战技等专业教育，是军队的主体。最下层是奴隶，主要来自阿兹特克内部，少数来自外族的战俘。

1519年，西班牙人科特斯（Hernán Cortés）率队进攻阿兹特克帝国。1521年，科特斯再次进攻，占领特诺奇蒂特兰，在城中大肆屠杀，并将该城彻底毁坏，后在其废墟上建立墨西哥城。

*印加帝国。*印加人的祖先生活在秘鲁高原，11世纪迁徙到库斯科，建立了库斯科王国。王国在1438年发展为印加帝国，15世纪进行了大量领土扩张，运用了从武力征服到和平同化等各种方法，使印加帝国的版图几乎涵盖了整个南美洲西部，国力在1493年至1527年间达到顶峰，统治区域包括今厄瓜多尔、秘鲁、玻利维亚以及智利和阿根廷部分地区。在美洲印第安人的历史上，印加人创建了最严密的国家结构，贵族由王室氏族成员组成，此外还有僧侣、平民和奴隶等级。社会底层人民必须提供农产品，服劳役和兵役。部落联盟是一般社会组织，由代表部落的议事会治理。

经历了14任印加王和400年以上的繁荣后，印加帝国于1532年在西班牙人的打击下灭亡，最后一任国王阿达瓦尔帕（Atahualpa），被西班牙人处以死刑。

**夏威夷。**波利尼西亚岛民10世纪起分批来到夏威夷后，过着与世隔绝的生活。到19世纪，他们已经发展起了成熟的多神教宗教，有烦琐的宗教仪式和稳定的内部管理秩序。1810年，卡美哈梅哈大帝武力统一群岛各个酋邦，建立夏威夷王国，当地居民进入了有统一国家的文明社会。[40]

40 王华（2017）。

1894年，美国支持的力量推翻了卡美哈梅哈家族的统治，建立了夏威夷共和国。1898年，夏威夷成为美国领土。1959年，夏威夷成为美国第50个州。

以上回顾虽然非常简洁，但还是清晰地表明了原始征服与后世文明的关系，表明了后世文明和原始社会一脉相承，仍然是征服与战争不断。英国军事战略家和历史学家里德尔·哈特（Liddell Hart）说，人类历史就是战争史。[41] 对此高度赞同的历史学家大有人在，莫里斯的战争史专著，讨论了从原始社会到现代社会战争如何推动了人类历史的发展。[42]

历史告诉我们，需要讨论的只是暴力如何随社会发展而变化，包括如何通过暴力抑制暴力，而不是暴力是否存在。

41 Hart（1972）.

42 Morris（2014）.

# 第四章

## _天不应，地不灵_

## 原始大灭绝

原始人对世界的征服，不仅是对山川、平原、河流、海洋和岛屿的征服，还包括对其他人类和动物的征服。智人征服的地盘，很多是从其他物种人类手中抢来的。在智人征服世界的过程中，很多动物断子绝孙，走向灭绝。

## 1_孤单物种：人类从大观园到伊甸园

人类不是始于伊甸园，而是始于大观园。犹太教及其衍生宗教讲人类起源，都依据《圣经》，从伊甸园开始，从亚当和夏娃开始。

现在，我们从生物学、人类学、解剖学和考古学确切地知道，在伊甸园之前，还存在过一个人类的大观园。在大观园中，生活着不同的人类，即在“人属”内部存在过不同的人类物种。

**大观园**。直至最近10万年前，从猿到人的过程一直是个多元化的过程。400万年前的南方古猿就产生过自己的大观园，200万年前的人类也产生过自己的大观园。

世界各地不同的南方古猿和早期人类进化成不同物种，是一个非常自然的过程：当一个物种中的一个群体迁移到一个新的环境，这个群体就会局部调整自己的生理特征，适应当地环境。当这种调整积累到某个程度，一个新的物种便产生了。生物学上称这个过程为“适应辐射”（adaptive radiation），适应辐射是适者生存竞争机制的必然结果。[1]

考古学家曾经在埃塞俄比亚发现过生活在410万年前的始祖猿，这种始祖猿可以在地面有限行走。到300万年前，这种始祖猿已经分裂为湖畔南方古猿（Australopithecus anamensis）和阿法南方古猿（Australopithecus afarensis）。著名的年轻女士露西就是阿法南方古猿的一员。再往后，阿法

1 费根（2017），第57页。

南方古猿继续细分成纤细型、粗壮型和惊奇型几个不同物种。[2]

不太清楚的是后来不同物种的人类是来自不同的南方古猿，或来自其中一支，还是来自不同南方古猿的杂交。但南方古猿惊奇种的几个特点，使人们对它们与人类的关系特别感兴趣。250万年前的南方古猿惊奇种化石告诉我们，他们的腿很长，很像人腿，身高接近1.5米。他们食肉，食谱开始向高热量、高脂肪食物转化。他们使用工具，在他们食用后的动物骨头上有石器切割的痕迹。[3]

人们曾希望用制造工具为标志来定义人类的诞生，将考古注意力集中在“谁最先制造了工具”这个问题上，但很快就发现，在工具出现的时候，活跃着很多猿类动物。这意味着试图找到“第一个”或最早的人类不太现实，这个想法也只好到此为止。[4]

无论不同物种的人类和不同物种的南方古猿是什么关系，250万年前人类诞生后，仍继续着多元化的发展进程，在南方古猿的大观园之后，又产生了一个人类大观园。

从190万年前开始，古老的原始人散向世界各地，进化成不同物种的人类，独立生活在世界各地，形成了多元的人类物种结构。[5]到180万年前以后，直立人已经生活在东亚，在印度尼西亚爪哇岛上出土的直立人化石，经年代测定出现在180万年前至60万年前。中国北京和其他地方也出土过直立人化石。[6]

有人不相信直立人200万年前在非洲出现后，能在10万年间快速移动

---

2 费根（2017），第49页、第52页。

3 费根（2017），第52—53页。

4 费根（2017），第56页。

5 赖克（2019），第71页。

6 费根（2017），第78页。

到遥远的东南亚和东亚，以此质疑人类的非洲起源说，认为可能是在世界各地多中心同时产生了古老的原始人。这一质疑不无道理，问题是，人们无法在亚洲或世界其他地方找到更早的人类及其祖先的化石。

人类在原始阶段早期走向世界的过程中，至少发生过四次大的分化。

第一次发生在180万年前，直立人走出了非洲，后来又在亚欧大陆演化成不同物种，比如170万年前在东亚大行其道的直立人。

第二次发生在140万年至90万年前，这次分化产生了智人的祖先，还产生了一支超级古老型人类。这支超级古老型人类的基因在丹尼索瓦人身上可以找到。

第三次发生在77万年至55万年前，这一次智人的祖先与尼安德特人和丹尼索瓦人分化。

第四次发生在47万年至38万年前，这一次，尼安德特人和丹尼索瓦人分化成为不同物种。[7]

如前所述，200万年前的人，无论属于哪个物种，脑容量都已经数倍于体重相当的哺乳动物。在考古学家发现的古老人类化石中，并未发现不同人类物种的大脑存在明显的差异，足以造成他们之间明显的强弱高低之分。

直至30万年前，甚至到10万年前，各个人类物种之间都没有出现明显的差异。他们的脑容量和身体结构差别有限，都会使用工具，都会使用火，都过着群居的生活，靠狩猎采摘为生。那时的人类，万面千佛，是个物种的大观园，犹如今日之猴类，生活在世界各地，身体特征基本相似，人们见到就会称之为猴，细分却有金丝猴、猕猴、红面猴等多个物种。

考古学家发现不同人类物种都是最近的事。随着考古学和生物科学

7 赖克（2019），第87—88页、第215页。

日新月异的发展，未来可能还会找到更多不同的人类物种。

地球上不同人类物种相互之间的基因传承关系，是一个长期有争议的问题。曾经流行的说法是，他们之间在进化中是线性递进关系，直立人是尼安德特人的祖先，尼安德特人是智人的祖先。麦克尼尔和其他人则相信，这些人种虽然有远古共同的祖先，但从200万年前开始陆续离开非洲，沿着各自的进化路线独立发展成为不同的人种。现代基因测试支持这一早期分离、独立进化的观点。对43万年前欧洲出土的化石测试表明，尼安德特人从43万年前已经开始独立进化。据推测，他们和智人的祖先在77万年至55万年前之间形成了不同分支，走上了独立发展的道路。[8]

在人属大观园中，曾经和智人一起分享着这个地球的其他人类，已经被考古学、解剖学和现代基因学确认的有以下几类。[9]

**鲁道夫人**（Homo Rudolfensis）。鲁道夫人生活在东非地区，1972年最初被发现，一些最古老的鲁道夫人化石年代确认为250万年前。有学者认为，以鲁道夫人的脑容量判断，他们也应该和智人同源。

鲁道夫人和智人祖先脑容量的比较再次告诉我们，认知革命前的智人确实没什么特别的。

**匠人**（Homo Ergaster）。匠人生活在非洲东部和南部。匠人最古老的遗骨测定为160万年前，完整的匠人骨骼是1984年在肯尼亚图尔卡纳湖发现的。从这些遗骨可以看出，匠人的身高可达190厘米，身体比例与现代人相似。

之所以将他们命名为匠人，是因为在匠人生活的遗址发现了先进的工具，有石刀石斧。在他们的遗址还发现了烧焦的动物骨头，说明他们已经

---

8　赖克（2019），第44页。

9　赫拉利（2014），第6—7页。

会使用火，知道熟食。

**尼安德特人**（Homo Neanderthalensis）。尼安德特人生活在亚非欧广大地区，尤其是西亚和欧洲，最东到中亚的阿尔泰地区都有他们的遗迹。[10] 尼安德特人曾经是群体最大、分布最广、发展水平最高的人类物种之一，是智人走出非洲后的第一个最大挑战。

尼安德特人因1856年被发现于德国尼安德特山谷的化石而得名。此前在比利时也发现过他们的化石，但人们一直误以为这些化石属于一些畸形发育的智人。直至2010年生物学家才通过DNA测试确定了尼安德特人是一个独立物种，正式将这种人类命名为尼安德特人。

尼安德特人的脑容量，男人达1 500毫升以上，女人达1 300毫升以上，比智人的脑容量还略大。[11] 因此，很多考古学家和人类学家认为他们是智人的一支，或者说是智人的一个亚种。

遗传学基因估计，尼安德特人出现在77万年至55万年前之间，4万年前从其最后的居住地西欧消失，正好是智人到来后。按照人类迁徙的说法，4万年前在欧洲发生了人群的替换。废弃的遗址和石器类型及风格短时间内的急剧改变告诉我们，同样的现象也发生在亚非欧大陆其他地区。[12]

**直立人**（Homo Erectus）。直立人广泛生活在亚洲，在非洲和欧洲也曾经发现过他们的遗骨化石。前文提到，直立人的脑容量为800～1 200毫升，大大超过了任何猩猩类动物，也明显高于南方古猿，相当于现代人脑容量的三分之二。[13]

人们曾经相信，直立人是南方古猿和智人之间的过渡状态，是现代人

---

10　赖克（2019），第49页。

11《剑桥古代史》（2020），第165页。

12　赖克（2019），第22页、第27页。

13《剑桥古代史》（2020），第158页、第161页。

的祖先。它们在200万年前即生活在世界各地，并在世界各地独立发展成为现代人。如果这个说法成立，那么早就开始独立发展的现代人，DNA也应该在200万年前就出现差异。但是，基因测试告诉我们，目前生活在世界各地的现代人，DNA差异有限，他们进化成不同分支的时间，不过十几万年，比直立人开始扩散的时间晚。这说明，现代人不是直立人进化而来的，现代人的祖先一直共同生活在一起，直到很晚时才四散开花，进入不同地区各自发展。[14]

**梭罗人**（Solo man）。梭罗人属于晚期直立人，是直立人中脑容量最大的一种。他们孤独地生活在印度尼西亚爪哇岛，是一种独特的小众人类。

**弗洛里斯人**（Homo Floresiensis）。弗洛里斯人又称霍比特人，他们从5万年前开始孤独地生活在印度尼西亚弗洛里斯岛，进化成一种独特的小众和小个子人类。弗洛里斯人身高只有1米，是已知各种人类中体型最小的。他们的脑袋只相当于现代人脑的四分之一，有人戏称像个柚子。好在，弗洛里斯岛上各种动物（比如大象）也比其他地方的小一号，没有给弗洛里斯人狩猎增加额外的困难。[15]

弗洛里斯人与其他人类联系非常遥远，和其他人类都没有互动和混血，这在不同人类物种之间是绝无仅有的。很有可能，他们是直立人的后代，偶然机会到达弗洛里斯岛后，就与其他物种的人类不再往来，孤独地存在，孤独地演进。

**丹尼索瓦人**（Homo Denisovans）。2008年，俄罗斯考古学家在西伯利亚南部阿尔泰山脉的丹尼索瓦洞穴发现了一小块骨头，明显来自一个未成年小孩。2012年，一个基因测试团队确认，这块骨头的DNA和智人祖先、

---

14 赖克（2019），第25页。

15 赫拉利（2014），第7页。赖克（2019），第216页。

和尼安德特人的差异都足够多，应该属于一个不同的物种。他们将这个物种命名为丹尼索瓦人。一个新的人类物种被发现了！[16]

丹尼索瓦人与尼安德特人有亲缘关系，基因分析推测，他们是47万年至38万年前才分化的。而智人与尼安德特人是77万年至55万年前分化的。[17]

后来的考古发现，丹尼索瓦人曾广泛分布在东亚、东南亚、西伯利亚、澳大利亚和太平洋诸岛，在今日之中国遍地开花。有人相信，中国28万年前的金牛山文化，20万年前的大荔文化，13万年前的马坝文化，10万年前的许家窑文化，都是丹尼索瓦人的佳作。2019年，在青藏高原东北部也发现了距今16万年的丹尼索瓦人的下颚，再次证明了丹尼索瓦人曾经生活在非常广泛的地区。

丹尼索瓦人的大脑体积与智人相当，有人因此认为他们应该算作智人的一支。但DNA证据告诉我们，丹尼索瓦人和智人还是有明显差别的，应该属于另外一个物种。

介绍完这些已经确定且在远古时期曾经存在过的一些不同人类，我们可以看到，至少有一些远古的人类，比如尼安德特人和丹尼索瓦人，其进化水平和智人非常接近，脑容量和智人相差无几。后来的发展证明，物竞天择、优胜劣汰的过程无比残酷，毫不留情。其他人类和智人之间的细小差别，造成了他们截然不同的命运，真可谓差之毫厘，失之千里。

我们还要注意，在衡量物种的智力水平时，脑容量虽然是一个很重要的指标，但这个指标不反映大脑的结构，所以不能将脑容量大小等同于智慧高低。智人大脑的结构有两个突出的特征，对智人获得超级智慧发挥了关键作用。

16 赖克（2019），第73—74页。

17 赖克（2019），第72页、第75页。

一是大脑皮层有沟有回，都特别发达，形成深陷的褶皱，使大脑看起来像颗核桃。这意味着同样体积同样重量的大脑有面积更大的表面皮层。大脑皮层神经元密布，面积越大能容纳的神经元越多，越能提升人类的认知能力，指挥协调好人类从思维到感官的各种活动。

二是人类大脑的前额叶特别发达，占整个大脑半球面积的25% ~ 30%，远远高于其他动物。脑前额叶负责感知、记忆、分析和判断，是决定情感、性格、认知和行为的关键部位，也是决定人类创造力的关键部位。

脑科学是一门相当有挑战性且正在突飞猛进的学科，让我们还是回到人类如何从大观园走向伊甸园的话题。

**伊甸园**。从10万年前到1万多年前是人类物种走向一元化的阶段。在这一阶段，不同物种的人类逐一消失，最后只剩下智人这一个物种。如前所述，10万年前的认知革命使智人异军突起，变得无比强大。智人走出非洲，走向世界，兵锋所至，其他物种的人类一一消失。

人类物种走向一元化的过程漫长复杂，为了简单理解这个过程的逻辑，让我们构想一个虚拟故事。

假设这个世界上没有人，最聪明的动物就是猴子。假设某日众多猴种中的某一种变得特别强大，其中个个水平都达到灵明石猴或六耳猕猴的水平。这群神通广大的神猴横扫天下，剿灭其他猴种，独步天下，灵明石猴便成为世界上唯一的猴种。

智人在人类大观园中的所作所为，正是如此。智人创造了孙悟空，其神通广大岂止孙悟空的十倍百倍！其他人类遇见了智人，没有选择，只能以死见证一种全新的暴力。

虽然不同人类物种之间的基因继承关系还不清楚，但可以肯定的是，直到10万年前，地球上还是人烟稀少，地域辽阔，智人和其他人类都井水不犯河水，各自生活在自己的地盘上，相安无事。那时的智人，生活在东非高原（今埃塞俄比亚）一带，在自己的地盘上生存繁衍。10万年前的东非智人已经很聪明，很强大，但尚未形成对其他人类物种的压倒性优势。

10万年前，智人打破游戏规则，开始了从之一走向唯一的旅程，最终从分享变成独享。

从这时开始，人类历史从多元进入到一元，即智人一家独大的发展阶段，改变了人类物种的结构。智人的崛起开启了地球上其他人类物种的厄运，开始了他们走向灭绝的时代。在随后短短几万年中，世界上不同地区生活了几十上百万年的其他人类物种，无一例外，全部走向了灭绝。

## 2_人种灭绝：一山不容二虎

智人第二次进入西亚地区，再走向欧洲，再次遇到尼安德特人。尼安德特人在智人到来前已在非洲、亚洲和欧洲广大地区生活了几十万年，考古学家在这些地区发现了尼安德特人的大量遗址和遗骨化石。[18]

尼安德特人这时的进化水平已经很高，他们的脑容量发达，男性约为1 525～1 640毫升，女性少大约200 毫升。他们体格高大，肌肉发达，皮肤白皙，头发柔软。尼安德特人的这些身体特征与现代白种人的一些身体特征有相似之处。[19]

尼安德特人各方面都和智人不相上下。他们的脑容量比智人还大，幸好大得不多。他们会使用火。从制作的工具看，他们已经具有相当高的智力，甚至具有一定的想象力，能够对石器的生产先有巧妙的构思，再按严格的步骤生产实现最初的构思。在他们遗址找到的艺术品，可以追溯到13

18《剑桥古代史》(2020)，第165页。

19《剑桥古代史》(2020)，第165页。赫拉利（2014），第6页、第8页、第15页。

万年前，比智人最早的艺术品还要早得多。[20]

从社会发展水平看，尼安德特人有很好的社会组织，能照顾老弱病残。他们居住地留下的遗骸表明，他们中即使身体有严重残疾者，也可能活到相当大的岁数，说明他们内部有密切的社会关系，可以互相照顾。[21]

身有残疾却能继续生存，现代人对这个说法会觉得自然而然，再正常不过。现代社会对残疾人备加关照，提供了各种方便。现代人非常难以理解这个现象在原始社会的惊天意义。

人类学家米德曾经担任美国自然历史博物馆馆长，获得总统自由勋章，被誉为人类学之母。曾有学生问她：文明开始的标志是什么？学生期望的回答是某一重要发明，比如火的使用、渔网弓箭之类。出乎学生意料，米德的回答是，受伤康复的腿骨。米德解释说，这是因为对动物来说，腿骨受伤意味着不能奔跑和捕食，意味着必死无疑，所以在动物界从未发现过受伤后康复的腿骨。如果在哪个原始部落遗址上发现这样的遗骨，说明部落成员之间已经知道怎么互相关照，部落已经强大到能让伤者度过伤痛期的死亡威胁，获得康复。米德认为，这代表了社会组织的成熟和生产力的强大，因而代表了文明的起始。以米德的这个标准衡量，当尼安德特人与智人的祖先相遇时，前者的社会发展水平绝对不低于后者。

10万年前，智人第一次大胆尝试走出非洲，进入西亚地区，进入尼安德特人的地盘。这时，尼安德特人已在西亚和欧洲居住了几十万年。

智人的首次尝试以失败告终。他们未能在西亚站住脚。首次进入西亚地区的智人，后来消失得干干净净，不见踪影。[22]

这次失败说明，直至10万年前，相对于尼安德特人，智人的战斗力仍

---

20 赖克（2019），第46页、第47页。

21 赖克（2019），第47页。

22 赫拉利（2014），第21页。

无明显优势。当然，智人的这次失败，未必是因为在战斗中输给了尼安德特人，也可能是因为运气不佳，碰到某种自然灾害或其他偶然原因，比如前文说到的火山爆发。但结果是清楚的：智人消失了，尼安德特人继续生活在这一地区。

时间来到7万年前，智人再次尝试走出非洲。虽然这次他们已经今非昔比，非常强大，但尼安德特人也非善类，还是劲敌。如前所述，尼安德特人这时也进化到了相当水平，无论是在智力、力量、社会组织、工具使用上，对智人都不居下风。在欧洲西南部尼安德特人的遗址，还发现了典型的智人工具，给人留下的印象是尼安德特人曾经模仿智人制作工具，或者是双方交换过工具。[23]

尼安德特人的强大还体现在，他们和智人一样，既充满扩张的欲望，也具备扩张的能力。智人走出非洲时，尼安德特人也在扩张。7万年前，他们走出欧洲，向东移动，深入中亚，最远到达阿尔泰山脉一带，即中国、俄罗斯、哈萨克斯坦和蒙古四国交界的地方。在此过程中，他们也南下到达了西亚。[24] 最终，两股扩张的力量在亚欧广阔的土地上迎头相撞，展开了一场生死较量。

有明显证据表明，即使在这第二次碰撞中，智人也经历了一个缓慢的过程，才获得明显的优势。离开非洲后的智人，长期保持在很小规模，随时都有可能像第一次那样彻底消失。经过上万年的努力，智人才逐渐取得优势，让尼安德特人从一个接一个的地区消失。[25]

如今，人们在欧洲旅行，还能在不同地方见到尼安德特人生活过的遗址。其中一个遗址，位于如今德国南部巴登–符滕堡州布伦茨河畔的海登

---

23 赖克（2019），第47–48页。

24 赖克（2019），第48页。

25 赖克（2019），第48页。

海姆县。大家也许不熟悉这个地名，但一定知道此地出生的一位名人。这个地区的乌尔姆市，正是物理学家爱因斯坦的故乡，如今在市中心立有爱因斯坦雕像。雕像附近坐落着乌尔姆敏斯特教堂，是世界上最高的教堂（见图4.1）。教堂是哥特式建筑风格，建于9—15世纪，历时600年。高耸入云的教堂，时时提醒着人们此地的文化底蕴，提示着人们这里能出爱因斯坦并非偶然。除了爱因斯坦，该地区还出生过另外一位名人，即二战时被人称为“沙漠之狐”的德国坦克战专家隆美尔。

我们在此提到两位名人，不是为了怀古，也不是为了消费名人品牌，而是用爱因斯坦和隆美尔的名字提示大家，当智人来到此地时，尼安德特人遇到了什么样的对手。

从海登海姆登山前往山顶城堡，走到大约一半的地方，山坡上有个不大的洞穴，洞口视野开阔，从那儿可以俯瞰布伦茨河。

海登海姆遗址是20世纪30年代发掘的。在这里，考古学家发现了尼安德特人使用过的石斧等工具和大量动物遗骨遗发。从这些遗物判断，尼安德特人曾经在12万年至5万年前生活在这个地方。他们使用过的工具不但精致，而且体现了很好的力学原理。当然，我们得相信，他们根本不懂力学，是凭经验和直观将工具做得这么精美的。

尼安德特人制作的精美工具，在欧洲各地都有发现。麦克尼尔向我们展示了一把在英格兰泰晤士河边发现的石制手斧，并对其精湛的技术、对称性和美感赞叹不已。石斧长5.5英寸，底部有指形槽窝，形状和大小正好适合手握，制作的时间是50万年前。

1908年，考古学家在法国圣沙拜尔村附近一个山洞里发现了一副基本完整的男人骨骼化石，其头骨与已经发现的尼安德特人的头骨相似。于是人们将这副骨架当作尼安德特人的典型代表，试图复原尼安德特人的身体结构。从还原重构的体貌看，尼安德特人身体结实强壮，手臂短而有力，

图4.1　乌尔姆敏斯特教堂

若与智人单打独斗，不会处于下风，或许还占有一定的优势。[26]

但是，无论尼安德特人的社会发展水平多么高，身体多么结实强壮，不争的事实是，他们在智人到来后，从欧洲的土地上彻底消失了。[27]

有两个理论解释尼安德特人在智人到来后的灭绝：一个是基因融合理论，另一个是种族灭绝理论。[28]

先来看看基因融合理论。如前所述，在生物学中，两个动物是否同“属”（genus），最重要的判别方法是看它们之间有无生殖隔离，即是否能产生后代，且后代也能再生育后代。如前文所述，在马这个属里面，有三个原始的马种，即蒙古马、阿拉伯马和汗血马。用这三种马杂交产生新的马种没有任何问题，它们的后代之间还可以继续杂交产生更新的马种。现在世界上有几百个马种，有的善跑，有的力大，有的耐劳，能满足人类的不同需要。而马和驴不是同一个属，将它们杂交，可以生出骡子，但骡子生不出后代。

基因融合理论认为，因为智人和尼安德特人在生物分类上在同一个属，他们之间具有繁殖后代的能力。二者长期相处，杂交混血，最终尼安德特人被智人融合，不再独立存在。

考古学家曾经在西亚地区发现了一个原始人遗址，从身体结构看，这些人既有智人也有尼安德特人的一些特征。这使人怀疑他们是不是智人和尼安德特人的混血后代。可惜，在这一地区附近，从来没有发现智人生活过的迹象，也没有发现尼安德特人生活过的迹象。这些半智人半尼安德特人是什么人种？他们从哪里来，到哪里去了？学者们又多了一个需要解答

---

26 McNeill（1991），第7页。赫拉利（2014），第15页。

27 赖克（2019），第44页，第47—49页。

28 赫拉利（2014），第15—17页。

的谜。[29]

种族灭绝理论则认为，因为争夺生存空间和食物，也可能就是因为仇恨，智人和尼安德特人根本无法共处。双方持续打斗杀戮，最终，智人取得完胜，尼安德特人被彻底灭绝。这个故事的现代版，是欧洲人对美洲和澳大利亚的征服以及当地原住民的灭绝，虽然美洲人与澳大利亚的原住民和欧洲人属于同一物种。

前文我们讲到法国和西班牙一带人口变化的考古发现，这个发现与种族灭绝理论是非常吻合的。

在法国南部发现的一块尼安德特人化石上，存在明显的切口，与人类猎杀食用其他动物时留在骨头上的切口类似。有人以此推论，智人曾经将尼安德特人作为食物猎杀。这样的证据支持种族灭绝理论。当然还有一种可能，就是尼安德特人不同群体互相将对方视为食物，互相打斗杀戮造成了器物伤害。

除了这两个理论，麦克尼尔还提到了第三种可能，即智人带来的新病毒对尼安德特人的毁灭性打击。[30] 这让人想起了戴蒙德用枪炮、病菌和钢铁解释社会发展尤其是欧洲人对美洲的征服。[31] 这第三种可能的说法后来未有进一步证实。

基因融合和种族灭绝这两种理论，孰是孰非？现代基因检测手段对这两个理论做出了评判：两个理论都不能完全否认，但第二个理论，即种族灭绝理论，更具说服力。

2010年，基因学家终于从遗骨中搜集到了足够多的基因，对尼安德特

---

29 《剑桥古代史》(2020)，第82页。此书英文版1970年出版时，还不能用基因测试回答人种问题，不知这个问题后来是否通过基因测试找到了答案。

30 McNeill (1991)，第5页。

31 戴蒙德 (2016)。

人进行了全基因测试。将他们的基因与现代人比对后证实，现代欧洲、中东、东亚和新几内亚人身上，都带有尼安德特人基因，比例大概在1.5%至2.1%。[32]

智人身上的尼安德特人基因纵然不多，但价值不低。进一步研究表明，这些基因有利于人体对蛋白质的吸收，而蛋白质的吸收有利于人体抵御寒冷。尼安德特人长期在欧洲进化，比来自非洲的智人更加适应寒冷的气候，智人在欧洲和中亚与尼安德特人混血后，在选择保留和抛弃哪些基因时，更多保留了适合寒冷气候的基因。[33]

令人意想不到的是，含尼安德特人基因最多的是东亚人，而不是尼安德特人故乡的欧洲人。造成这一差异的原因可能是，早期智人进入东亚后，人群相对稳定，早年获得的尼安德特人基因也一直较好地保存了下来，而欧洲在农业革命开始后，经历了1万年前农民的移民潮和最近几千年来游牧群体的移民潮，稀释了早年欧洲智人的基因组合。[34]

基因测试的结果说明，智人和尼安德特人之间有混血，但程度很低，不足以证明全面融合论。从基因角度来说，尼安德特人基本已被灭绝，他们少量的基因搭上智人的车保留了下来。[35]

智人携带的少量尼安德特人基因也未必是“融合”的证据。更有可能的是，智人在暴力入侵时，夺人土地的同时也抢走他们的妇女，从而留下了这些基因证据。也就是说，即使残存的尼安德特人基因也可能是暴力而非融合的证据。与融合论相比，暴力论更符合逻辑，更符合尼安德特人被智人灭绝的大背景，更能让人信服。

32 赖克（2019），第60页。
33 赖克（2019），第86页。
34 赖克（2019），第61页。
35 赫拉利（2014），第17页。

我们总要提醒自己，很多事情，即使科学也很难提供完全可靠的结论。现代智人身上尼安德特人的基因很少，这虽然让人对融合理论持怀疑态度，但还不能完全否认这一理论。还有一种可能是，基因差异影响出生率，不育的概率是基因差距的平方。智人和尼安德特人之间的基因差异虽然没有大到产生生殖隔离，但也足以导致他们的混血后代不育或低生育率的可能性增加。这样，出生率的差异在一个漫长的时间过程中，导致尼安德特人基因的稀释。而在现代不同种族的人种之间，根本就不存在跨种族通婚导致生育率下降的问题，这说明智人内部的不同种族之间虽然有明显的外表差异，基因结构却十分接近。[36]

智人与尼安德特人的混血最早可能发生在8.6万年前，这可是在智人第二次走出非洲之前。来自西伯利亚的遗骨表明，智人与尼安德特人的混血在当地发生的时间在4.5万年至3.9万年前之间。来自罗马尼亚的遗骨表明，4万年前，智人携带的尼安德特人基因比重达6%～9%，远远高于现代人的2%。[37]

智人对阵尼安德特人，为什么能取得完胜呢？赫拉利对智人和尼安德特人狩猎的特点做了比较，以回答这个问题。[38]

对尼安德特人来说，狩猎是个人或少数人的行为，超过50人的集体行动，一定会毫无章法，乱成一团。而智人在狩猎时，则可以有任意规模，做到需要多少人就有多少人。必要时，智人可以多个部落联合行动，几百人联手，把一个动物群体完整地赶进山谷，再恣意屠杀，一网打尽。如果一切顺利，他们只需要一个下午，就能满载而归，获得无数吨的鲜肉、脂肪和兽皮，回去慢慢享用。

---

36 赖克（2019），第66页、第68页。

37 赖克（2019），第58页、第62页。

38 赫拉利（2014），第17页。

考古学家从动物遗骨的规模和分布，推测和想象到原始人围歼动物的行为和规模。他们的研究发现，4万年前居住在法国和西班牙一带的原始人，平时以部落为单位分散活动，但在驯鹿迁移路过此地的季节，人们会联合起来，组成大的团体，大规模捕猎，收获不菲的猎物。对一些遗址的考察发现，在长达万年的历史中，驯鹿在当地原始人捕获的各种猎物中的比例，稳定地保持在30%左右。在这一年一度的大型围猎活动期间，部落还会共同举行联姻联谊等各种庆典仪式，交换礼物，以货易货交换材料和工具。[39]

还有一些艺术品，也为我们提供了一些相关信息。原始人创作的远古岩石壁画，都和狩猎有关。在西班牙东部阿拉纳山洞中有一幅中石器时代的壁画，画的是一群人手持弓箭，将一群野山羊围住，大肆射杀。画中有些山羊已经中箭，倒在地上，有些则还在奔跑，看来也难逃厄运。这幅画中围猎的规模不是很大，有十几人参加，但它告诉我们，狩猎是高度有组织的活动，需要大家密切配合才能高效高产。[40]

后世有关蒙古人围猎的记载，能让我们对人类围猎获得更加具体详细的感受。蒙古人围猎时，动辄万骑，分不同方向行进，行月余后，从千里之外开始围合。在缺乏现代通信和定位技术的时代，如此规模和精度配合，挑战可想而知，若无宏大严密的构思、丰富的经验和严酷的纪律，绝对无法完成。从这些围猎活动，很容易联想到蒙古人南下四川大理，对南宋进行战略大迂回的做法。

现代人更是将这种大规模有组织暴力的传统发扬光大，在现代化战争中全面动员，前方数百万人，后方上亿人，鏖战经年，杀得天昏地暗。

---

39 费根（2017），第111页。

40《剑桥古代史》（2020），第114页。

狩猎行为的差别意味着，在智人与尼安德特人对阵时，智人总能在人数上取得压倒性优势。这样的对阵，尚未开战，胜负已知。在智人这样的对手面前，尼安德特人的灭绝岂不是早晚的事？

看来，良好的社会组织、强壮的体格和发达的大脑，虽然能给尼安德特人带来相当的战斗力，能让他们成功狩猎生存几十万年，但其战斗力和智人相比，还是太弱。来到海登海姆，想到爱因斯坦和隆美尔这样的无敌个体，看到那高耸入云的教堂，不由得哀叹尼安德特人之不幸，遇到了智人这样的对手。

遭受灭顶之灾的，不只是尼安德特人。随着智人的到来，生活在地球上不同地区的所有其他人类物种，无一例外，都走向了灭亡。已经在亚洲和一些太平洋岛屿上生活了几十万年的丹尼索瓦人也属于被灭绝的人类物种之一。

4.7万年前智人抵达澳大利亚，那里的丹尼索瓦人很快就消失了。基因检测表明，被后世称为澳大利亚原住民的身上，有最高达6%的丹尼索瓦人基因。这说明智人与丹尼索瓦人相遇后的故事，与智人在欧洲与尼安德特人相遇后的故事非常类似，他们之间虽然产生过混血后代，但总体来说，丹尼索瓦人属于被灭绝了的物种，他们与智人的融合有限，只有少量基因搭智人便车才得以幸存。[41]

丹尼索瓦人的基因在南亚、东亚、太平洋很多岛屿的原住民身上都可以找到，其中以澳大利亚和新几内亚这些大岛原住民身上所占比例最高，可达6%。生活在亚洲大陆的智人身上携带的丹尼索瓦人基因低很多，只有0.2%或更少。

无法知道智人与丹尼索瓦人的混血是发生在亚欧大陆和遍布太平洋的

41 赫拉利（2014），第17页。

各个岛屿当地，还是发生在亚欧大陆和附近岛屿，再随智人流向太平洋各岛屿的。如果频繁发生在太平洋岛屿当地，则丹尼索瓦人的航海能力之发达，达到了令人难以置信的程度。

智人身上携带的丹尼索瓦人基因虽然不多，其影响却不可忽视。前文我们提到，2019年在青藏高原东北部发现了丹尼索瓦人化石。在青藏高原这样高海拔空气稀薄的地区，人体需要增强调节红细胞的能力，才能更好地吸收氧气。丹尼索瓦人的基因恰好有这一功能。来到青藏高原边缘的智人，在与丹尼索瓦人混血后，能更好地适应高原缺氧环境，最终在青藏高原定居下来。[42]

丹尼索瓦人基因帮助晚到的智人适应当地环境的效果，类似于前往欧洲的智人获得少量尼安德特人基因后，能够更好地吸收蛋白质，增强御寒能力。这一点儿也不奇怪，毕竟，智人到来时，尼安德特人和丹尼索瓦人都已经在各自的地盘上生活了几十万年，他们的身体结构也为适应环境做了更多的调节。对智人来说，有针对性和选择性地吸收当地人类的基因，更快更好地适应当地的环境，是明智之举。当然，这一切都是无意为之、无心插柳的结果。由此也更可见基因有多聪明。

悲剧的是，与4.7万年前智人灭绝澳大利亚丹尼索瓦人类似的经历，后来又轮回了一次。

身上携带着丹尼索瓦人基因的澳大利亚原住民，在一片富饶的土地上过了几万年食物充足又与世隔绝的生活。当英国人于18世纪来到澳大利亚时，当地原住民人口已有70万人。英国人到来以后，原住民人口快速减少，下降了90%以上，眼看就要重复丹尼索瓦人的命运，走向灭绝。

幸运的是，随着人类进步和理念改变，在今日世界，人类已经具备了

42 赖克（2019），第14页、第85页。

保护环境和保留物种的观念，种族灭绝已是政治与道德上不正确的行为。这种观念使仅存的几万澳大利亚原住民幸免于难，避免了像丹尼索瓦人一样的命运。

类似的历史也发生在美洲印第安人身上。从人口下降幅度看，美洲印第安人的命运比澳大利亚原住民更惨。他们的人口从1492年白人到来时的700万人，一度下降到1900年的25万人，下降幅度超过95%，可以说所剩无几。

智人从欧亚大陆前往澳大利亚，要经过南洋地区。居住在这一地区印度尼西亚爪哇岛上的梭罗人，在5万年前灭绝，时间略早于澳大利亚丹尼索瓦人。爪哇岛在从东南亚前往澳大利亚的路上，由此可以推测，一部分智人是经过爪哇岛再到的澳大利亚，此地梭罗人先于澳大利亚丹尼索瓦人消失，在时间上与此推测吻合。

同在印度尼西亚的弗洛里斯岛，东西长330千米，南北宽60多千米，面积1.5万平方千米。考古发现，弗洛里斯人从85万年前起便生活在这个偏僻的小岛，当地资源的匮乏使他们进化出矮小的身材，身高也只有1米。弗洛里斯人和其他人类物种一样，难逃灭顶之灾，最终从地球上彻底消失了。

早年大家认为弗洛里斯人在1.2万年前才完全消失，这对人类进化史来说简直就是昨天。[43] 最新研究则认为弗洛里斯人5万年前就已灭绝，与爪哇岛上梭罗人灭绝的时间比较接近。时间再次吻合：智人4.5万年前到达澳大利亚，此前他们路过了弗洛里斯岛，岛上原始人灭绝。智人从这里再前往澳大利亚，将这一切重演一次。

看来智人对种族灭绝的游戏，历来就情有独钟。德瓦尔在考察黑猩猩的行为时得出了一个结论：黑猩猩对外来者遵循“杀敌务尽”的原则。看

---

43 赫拉利（2014），第19页、第63页。

来人类也同样习惯于这个原则。[44]

有些智人的后代想为自己的祖先开脱，以种种其他理由解释其他人类物种的消失。智人聪明，总能找到不同理由解释其他人类物种的灭绝，比如气候变化。

说气候变化会影响人类生存，当然没错。但是，尼安德特人已经经历过无数次气候变化，每次都足够强大能生存下去，为什么在智人到来后这次就不行了呢？还有，和他们比邻而居的智人，势必经历了同样的气候变化，怎么还能继续开花结果，延绵不绝呢？

客观上，确实可能有多个原因导致其他人类物种的灭绝。但是，如果在智人征服的世界各地，所有当地人类物种都经历了同样历程，有过同样的命运，都在智人到达后灭绝，又说明了什么呢？当同样的厄运无一例外地发生在所有其他人类物种身上，不能不让人推测相信，其他人类物种的灭绝，智人难辞其咎。尤其是，在其他人类物种走向灭亡时，智人却一家独大，攻城略地，数量膨胀，这个对比，也很难用环境变化来解释。

可以设想，不同人类物种灭绝最主要的原因都是食物不足。但是，食物匮乏是动物界生存博弈中永恒和共同的问题，获得食物是生存竞争最大的挑战。因为食物不足而灭绝，说明竞争力不够。食物不足是相对的，强者总能优先得到食物，弱者会率先感受到食物匮乏。如果这个逻辑成立，努力辩论和甄别其他人类物种的灭绝是因为智人竞争、气候变化、食物不足，还是其他原因，意义不大。

## 3_物种灭绝：什么动物最惨？

智人走出非洲，走向世界，一路灭绝的不仅是所有其他人类物种，还

44 德瓦尔（2015），第134页。

有许多动物和植物。赫拉利用一些例子说明了智人与动物灭绝的关系。[45]

**世界总览**。如前所述，生物学家按界、门、纲、目、科、属、种7个层次，将世界上所有生物按层分类归位。在属这个层面，7万年前，世界上体重超过50公斤的动物有200个属，即世界上所有体重超过50公斤的动物，都可以归类到这200个属。比如马和牛都是体重达标的属，但我们不细分到种的层面，不管是蒙古马、阿拉伯马还是哪一种马。

这200个属的大型动物中的50%，到1万年前农业革命发生时已经灭绝。它们大规模灭绝的时间，和其他人类物种灭绝的时间一样，都集中在7万年至1万年前这一期间，即智人征服世界这段时间。

也就是说，最近7万年来，智人一直在大规模改变地球生态系统。

在澳大利亚、美洲以及太平洋、大西洋、印度洋和北冰洋数千个岛屿上，同样的事情反复发生，智人每到一地，便给当地生态环境带来根本性改变，造成动植物物种大批量快速灭绝，无一例外。

**澳大利亚**。智人最初踏上澳大利亚时，当地体重在50公斤以上的动物有24个属，其中23个在随后几千年里灭绝。[46] 在这些动物中，有凶猛无比体型类似老虎的袋狮，体型巨大重2吨以上的双门齿兽，还有一些蜥蜴和巨蟒物种，体型最大的蜥蜴，长7米，重几吨。

智人每到一地，首先是狩猎，还有用火，都会对生态环境的改变产生深远影响。智人向世界各地扩散时，已经掌握了如何使用火，当他们来到杂草丛生的新地方时，会首先放把火理清周边环境。这把火燃烧的面积如果足够大，可以改变一个地区的植被系统，进而影响当地动物的食物供给。

有证据表明，4.5万年前，桉树在澳大利亚还属于少见的树种。智人

45 赫拉利（2014），第72—73页。

46 赫拉利（2014），第65页。

的到来开始了桉树的黄金时代，因为桉树比很多植物都更加耐火，这种植物在智人到来后生长面积大幅度增加，佐证了智人曾经用火改变澳大利亚的生态环境。但除了考拉，桉树叶和皮不能成为其他动物的食物，其大面积增加减少了很多动物的食物供应，加速了它们的灭亡。[47]

我们难以断定，澳大利亚24个属的大型动物中23个属的消失，更多是因为直接被人猎杀，还是植被系统改变后饿死的。

**美洲**。美洲大型动物遭受了和澳大利亚大型动物同样的命运。智人踏上美洲后不过几千年，北美洲47个属的大型哺乳动物便有34个属完全消失，比例超过70%。南美洲60个属的大型哺乳动物有50个属完全消失，比例超过80%。美洲消失的大型动物包括美洲狮、剑齿虎、大地懒、猛犸象等。[48]

剑齿虎曾经是地球上最强大的动物之一，处于自然界食物链的最顶端。它的体重可达400公斤以上，力大无穷，牙齿锋利，在非洲，连狮子也不是它的对手。剑齿虎在地球上生活的时间超过千万年，曾经遍布南北美洲各地，在美国的亚利桑那州、加利福尼亚州，南美洲的阿根廷和巴西，都发现过剑齿虎化石，在加利福尼亚州洛杉矶市一个沥青湖边，发现的剑齿虎尸骨达几百具以上。

如此凶猛的大型动物，其上千万年的存在，却因为智人的到来，在大约1万年前终结。

大地懒长达6米，体重达8吨，从美国得克萨斯州到阿根廷各地都有它们的足迹。智人到达美洲后，大地懒迅速消失，美洲大陆发现的大地懒遗迹，最晚是在1万年前留下的。但那时在附近加勒比海岛屿上还有大地

47 赫拉利（2014），第68页。

48 赫拉利（2014），第71页。

懒。7 000年前，智人登上加勒比海岛屿，2 000年后，也就是离现在仅仅5 000年前，这些岛屿上残留的大地懒也彻底消失了。

猛犸象，又称长毛象，是地球上最大的哺乳动物之一，身长可达5米，身高可达3米，重8吨。猛犸象体格巨大，没有敌手，和剑齿虎一样处于食物链最顶端，享受着无敌猛兽的美誉。猛犸象曾经遍布整个北半球，从北冰洋岛屿，到西伯利亚北部，从日本北海道，到北美洲的极地地区，都有过猛犸象的足迹，发现过猛犸象的遗体。此前，猛犸象已经在世界各地生存了几百万年。

越大，消失得越快。[49] 随着智人的到来，猛犸象从地球上快速消失。到1万年前，猛犸象已几乎绝迹。4 000年前，智人到达西伯利亚北冰洋海岸外，离白令海峡也不远的弗兰格尔岛，在那里灭绝了世界上最后一批猛犸象。[50]

**大西洋**。如前所述，在浩瀚的太平洋上，有三大群岛。在浩瀚的大西洋西部，也有一个世界知名的群岛区，即处于墨西哥湾和加勒比海中的西印度群岛。这片群岛由北美洲、中美洲和南美洲三面环绕，总计有1 200多个岛屿、暗礁和环礁，总面积4 700多平方千米。“西印度”这个名称，不用说，就是因为哥伦布当年错将此地当作印度，将错就错叫起来的。

科学家通过研究美洲动物的骨骼和粪便发现，在美洲大陆的这些动物遗物，都是1万年前留下的，这以后就不再能找到。而在加勒比海一些岛屿上发现的动物遗物，离我们最近的是5 000年前留下的。无独有偶，人类是在1.6万年前登上美洲大陆后，逐步扩散到美洲大陆各地，5 000年前才登上这些岛屿。这种密切的时间关系说明，智人对很多大型动物的灭绝，都难辞其咎。

---

49 Elton（1927）.

50 赫拉利（2014），第67页。

**印度洋。**如前所述，在印度洋西部，非洲海外400千米外，有个大岛叫马达加斯加，面积58.7万平方千米，是世界第四大岛，现在是一个独立国家。马达加斯加因为远离大陆，发展出很多独有的动植物品种，岛上有世界上最大但不会飞的鸟，叫象鸟，高3米，重500公斤。还有世界上最大的灵长目动物巨狐猴。自公元1世纪至10世纪，来自印度尼西亚加里曼丹岛的智人经印度来到这里，形成了当地的马尔加什人族群。智人来到后不过几个世纪，到公元6世纪，象鸟、巨狐猴，还有其他大型动物全部消失了。

**太平洋。**在太平洋的所罗门群岛和其他众多小岛，甚至在太平洋最深处的夏威夷群岛上的动物也不能幸免。对这些岛屿上的动物来说，唯一不同的是，因为智人到达的时间差异，它们大规模灭绝的时间也各不相同。大规模动物灭绝在马达加斯加和夏威夷群岛发生在1 500年前，在新西兰发生在800年前。[51]

**北冰洋。**1万年前，猛犸象在大陆上已几乎绝迹。如前所述，4 000年前智人的到来，使生活在西伯利亚佛兰格尔岛的世界上最后一批猛犸象很快绝迹。[52]

智人所至，很多动物会快速灭绝，这个规律在世界各地都存在，但在新世界即美洲、澳大利亚和四大洋各个岛屿，尤其突出。原因是，和旧世界不同，新世界的动物未能经历与人类互动共同成长进化的过程。

动物之间通过互动一起进化的过程，叫“红皇后效应”（Red Queen Effect），意思是，在生存斗争中，不进则退，不进就会被淘汰；一种动物需要越来越强大，越来越敏捷，越来越快，才能保持其在自然界原有的地位。[53]

---

51 赫拉利（2014），第72—73页。

52 赫拉利（2014），第67页。

53 Morris（2014），第85页；赫拉利（2014），第68页。

比如狐狸捕兔子，会先抓到跑得慢的兔子。随后，因为幸存的兔子都跑得更快，只有跑得更快的狐狸才能继续捕食生存，跑得不够快的狐狸则会被饥饿淘汰。这样一轮轮淘汰下来后，能继续生存的，只有跑得更快的兔子和跑得更快的狐狸。

在亚非欧旧世界，动物曾经有过几十万上百万年时间，与人互动，逐步成长。它们在与人类互动的过程中，学会了畏惧人类，躲避人类，学会了如何离得更远，藏得更深，跑得更快。即便如此，它们中大约半数还是完全灭绝了，但好歹还有半数活了下来。

新世界各种动物，则没有这种奢侈，没有机会和智人通过长期互动共同成长。智人踏上新世界之时，捕猎技能已经相当成熟，而那里的动物还根本不知智人为何物，毫无戒备之心，也不知如何畏惧、防范和躲避人类。美洲、澳洲以及汪洋大海中各个岛屿上的大型动物，简直就是智人唾手可得的现成大餐，糊里糊涂就被人类灭绝了。

客观地说，剑齿虎、猛犸象，还有很多大型动物的灭绝，不一定百分之百全是智人之过。更有可能，这是自然与智人“合作”的结果。

这个“合作”过程可能是气候变化和其他物种的变化首先造成捕食困难，导致一些大型动物的数量下降。有人推测，气候变化导致草场变化，使草木变得矮小。草场的变化使野牛体型变小，奔跑更快，更容易逃脱剑齿虎的追捕。同时，低矮的草木使剑齿虎更难隐蔽偷袭。剑齿虎庞大的体型，不利于其在无法偷袭的情况下长途追捕获得食物，气候变化使这个问题更加突出，导致了剑齿虎生存的困难和数量的下降。

但很有可能，在剑齿虎数量下降后，最后的一击，来自战斗力远远超过这些大型猛兽的智人。

智人在大量大型动物灭绝的过程中做出了特殊贡献，这一推测的合理性在于，在千百万年历史中，地球经历了多次剧烈的气候变化，近几万年灭绝的很多动物，都经受了一次又一次考验，调整自己的身体特征，调整种群的大小，提升自己的捕食能力，适应环境，继续繁衍，顽强地生存了下来。为什么最近几万年对那么多大型动物都这么不同，特别残酷呢？

还有，不同大陆和岛屿的大型动物最终灭亡的时间，并非那么一致，有的在几万年前，有的在最近几千年前。但普遍规律是，大型动物的灭绝频频发生在智人到达之后，无独有偶，不早不晚。

还有，4.5万年前智人到达后气候变化导致了澳大利亚大型动物的快速灭绝，但同一时期附近的海洋生物没有发生明显的变化，这又是为什么呢？

澳大利亚东南方向的新西兰，也提供了一个重要旁证。智人登上新西兰的时间比登上澳大利亚的时间晚了几万年。当大型动物在澳大利亚快速灭亡时，新西兰的大型动物却安然无事，继续繁衍生息，似乎没有感受到太多气候变化的影响。但在毛利人800年前登上新西兰后，仅仅几个世纪，岛上大多数大型动物和60%的鸟类物种都灭绝了。[54]

说环境变化造成物种的灭绝，有什么比智人给诸多物质造成的环境变化更难以承受吗？对很多物种来说，是智人给它们带来了最大的环境变化。对很多动物来说，它们最终无法适应的一次环境变化就是，智人来了，成为它们的邻居。对剑齿虎、猛犸象等大型动物来说，它们庞大的躯体、巨大的力量、尖利的爪牙，在智人面前，都太弱小，都不足以保护它们。因此，在和人类的竞争中，它们只能输得彻彻底底，干干净净。

人类与大型动物的竞争，除了能力问题，还有意愿问题。我们看到，在这个竞争中，智人不仅在能力上具备绝对优势，而且毫不吝啬，毫不留情，充分发挥了自己的优势，将对手斩尽杀绝。

---

54 赫拉利（2014），第67页。

不要和原始人谈诸如环境保护和动物权利之类的话题，他们根本没有这些概念。

## 4_人欲即天理？物种繁衍的伦理问题

在动物界的各种行为中，有一个最重要的规律叫“啄序”（pecking order），告诉我们在动物界谁可以欺负谁，排在高位的可以欺负低位的，低位的可以欺负更低位的。

发现这一著名动物行为规律的，是一位10岁的挪威小孩，叫埃贝。埃贝从6岁起就喜欢养鸡，从10岁起就开始详细记录哪只鸡生了多少蛋，哪只鸡啄了哪只鸡多少次。从这些记录中他发现，鸡群中偶然会出现三角啄序，即甲欺负乙，乙欺负丙，丙欺负甲，但在多数情况下，啄序是单向由高到低排列的，即甲欺负乙，乙欺负丙，丙欺负丁……[55]

啄序在一种动物内部、不同动物之间，以及人类社会都普遍存在。个体之间，谁有食物优先权和与异性的交配权，最能反映它们之间的啄序。[56]

本书开始提醒过大家，当几岁的孩子问外婆的外婆是谁时，不要小看和笑话他们。这样的问题，代表了人类思维的精华，喜欢问这些问题的孩子，值得表扬和祝贺。埃贝的故事告诉我们，此言不虚。

所谓生存博弈或生存竞争，所谓物竞天择、适者生存，讲的都是生物为延续自己的基因而做出的种种努力。啄序的形成说明了大自然对基因的排序。我们一直说，大自然将人类置于食物链的中端，人类却运用智慧将自己移到了食物链的顶端，取得了相对其他所有动物的绝对优势，主宰着它们的命运。

55 德瓦尔（2015），第56页。

56 德瓦尔（2015），第65页。

这个非常不仁慈的主宰者灭绝了很多基因，也推动了一些基因的繁荣。公元1000年时，在世界上所有的哺乳动物中，98%是自然创造、自然生长，与人类无关。而今天，这个比例已经下降到10%。人类越来越强势地决定着哪些生物有权和我们一起生活在这个星球上。[57]

人类的主宰地位引起我们对三个问题的哲学思考。

首先，在自然界，哪个基因繁衍策略更具优势？其次，什么动物基因最能受惠于人类？最后，动物应该依靠人类扩张自己的基因吗？

先来看第一个问题，即基因繁衍策略问题。总体来说，物种繁衍有两大策略，即以量取胜策略和以质取胜策略。以量取胜，就是像鱼妈妈那样，把成千上万的后代撒向大海，或者像蚕妈妈那样，一次释放成千上万的后代。

以量取胜策略的代价是，后代生下来就没有母亲照料，只能自生自灭，它们中的相当一部分会成为其他动物的食物，或者自然死亡。但是，因为基数庞大，即使死亡率很高，还是有足够多的后代能发育成长起来，再用同样的方法将自己的基因传递给下一代。

以质取胜，就是努力让自己的体型和力量变得强大，最终可以像剑齿虎和猛犸象那样，强大到没有对手，可以横行霸道于陆地；或者像鲸那样，庞大到没有对手，可以任意游弋于海洋。

但强大不是没有代价的，体型庞大的物种在生育时必定受到数量限制。剑齿虎、猛犸象和其他大体型动物不可能像蚊子那样大批量撒下后代，每胎只能生下数量很少的几个孩子，有些甚至一次只能生一个孩子。它们的每个孩子都十分宝贵，都需要细心呵护才能安全成长，最后成熟，再继续传宗接代。

57 阿克曼（2017），第12页。

生物世界的经验是，体大力强但生育率低的物种，更容易灭亡。以量取胜的苍蝇蚊子在地球上存在的时间，都超过亿年，至今仍无处不在，而体大强壮的动物，从恐龙到猛犸象，或受自然冲击，或遭人类打击，都已灭绝。正如杜兰特夫妇总结说，自然选择偏爱数量。[58]

有些动物，则通过变小，增加存活的可能性。新英格兰附近海域的鳕鱼，曾经体格硕大，可以吞食一个孩子。大个鳕鱼是渔民的最爱，被过度捕捞。因为小个子鳕鱼能更好地逃避渔民的捕捞，经过一代一代的遗传，今天的鳕鱼，已经变得只有一只餐盘大小。[59]

再来看第二个问题，即什么物种的基因最能受惠于人类的问题。

人们常说，物竞天择，适者生存。对很多物种来说，其生存环境中一个最重要的因素就是人。因此，考虑物种的生存策略问题时，应该考虑它们与人类的关系。

如前所述，在人类进化过程中，很多物种灭绝了。但不是所有物种都灭绝了或濒临灭绝，有些物种不但没有灭绝，反而获得人类爱护，利用人类的关照，创造了基因复制的新机会，经历了自然不可能给予的爆炸式增加，比如猪、狗、牛、马、羊、鸡、鸭，还有小麦、大米、土豆、玉米。当然，除了狗，其他物种因人而壮大都是最近的事，是发生在人类文明时代的事，但当我们讨论更多的是物种繁衍的策略问题时，不必拘泥于人类社会发展的阶段。

某个物种在无比强大的人类面前会有什么命运，总的来说，可以用“顺我者昌，逆我者亡”这八个字概括。具体来说，还有几种可能，取决于一种动物对人类的价值及实现其价值的形式。

---

58 Durant（1968），第21页；Elton（1927）。

59 阿克曼（2017），第62页。

第一种可能是无益无害听由之。如果一个物种对人类既无多大益处，亦无多大害处，人类则对其不理不睬，任其自然发展。澳大利亚的树袋熊，也称考拉，就属于这一类型。

树袋熊个头不大，皮毛不美，（据说）肉味不佳，在食物丰富的澳大利亚，原始人难得饿到要吃树袋熊的肉。树袋熊对人的实用价值有限，但有些欣赏价值。现代人生活紧张，竞争压力大，喜欢看树袋熊那憨厚懒散放松的样子，但不能确定，和树袋熊同样懒散放松的原始人，是否会同样喜欢树袋熊。

树袋熊每天懒懒散散在树上休息，于人既无多大价值，也不构成什么危害，人类不会特意去干扰它们的生存，它们也在人类到来后继续过着原有的生活，自然繁衍，有增有减。

第二种可能是大益大野急灭之。大益是指一种动物能给人类带来很大益处。肉多油肥，皮毛舒美，牙骨珍贵，一种动物若具备这些条件，便可给人类带来很大益处，属于大益类型。

大野是指一个动物浑身野性，难以驯服。更有甚者，一些野兽仗着自己的凶猛强大，对人类构成严重威胁。这也难怪它们，弱肉强食本来就是自然界的基本法则，大野动物的基因里已经刻上了这个法则。

遇到大益大野的动物，原始人必定亡之。被人类灭绝的大型动物很多都符合大益与大野这两个条件，最典型的是猛犸象，其体型巨大，其肉可以让很多人一起大快朵颐，是人类理想的美食，象牙象骨也有实用价值和艺术价值，可以做成针或者做成人类喜欢的艺术品。同样类型的动物还有熊罴狮虎豹狼等，这些动物对人类的价值，只有当场击毙才能实现，无法将活物储蓄用于明天。按照大益大野必灭之的原则，这些动物受人类威胁也最为严重，很多已经灭亡，幸存下来的也受到严重威胁，濒临灭绝。

第三种可能是大益大驯必兴之。有些物种对人类非常有价值，同时也容易驯服。它们选择或被选择服从人类，服务人类，成为对人很有价值的物种，也通过依附人类获得了生存和发展的良好机会。

人最早驯服的动物之一是狗。考古证据表明，人类在1.5万年前即原始社会晚期就已开始喂养家犬。狗对主人绝对忠诚，白日助人狩猎战斗，晚间帮人守夜防贼，与人类互相依赖，亲密无间，成为人类的好朋友。[60]狗用自己的忠诚和价值换来人类的爱护，发展得繁荣昌盛。如今，世界上只有20多万只狼，却有4亿只狗，是狼的2 000倍；只有4万头狮子，却有6亿只宠物猫，是狮子的1.5万倍。[61]

牛也是一种对人类很有价值的动物，可以帮人驮运东西，更是人类重要的食物来源。自然，被人驯化后，牛的数量快速增加。如今，供人类食用的肉牛和奶牛数量达到15亿头，而它们的野生亲戚非洲水牛只有90万头。近年来，通过人类的努力，地球上野牛数量得以恢复，暂时逃脱了灭绝的命运，还有大约50万头野牛由人工饲养。即使得到如此明显和可喜的恢复，野牛数量仍然只有人工饲养牛数量的数千分之一。[62]

其他如猪马羊鸡鸭鹅鱼等动物的数量，也在人工饲养下获得了无数倍的增长。成为人类的可靠食物的动物，不但没有灭绝，物种数量反而获得前所未有的爆炸式增长，这个现象可谓极具讽刺意义。

在人类关照下数量暴增的还有一些植物。小麦曾经是地球上千千万万物种中普普通通的一员，最初的发源地大概是今土耳其安纳托利亚高原及其东边一些地区，零零星星生长在野外。[63]如今，无论在亚洲、欧洲、美洲、非洲还是澳大利亚，只要适合耕种的地方，人们都会看到一望无际的

60 赫拉利（2014），第47页。

61 Harari（2015），第84页。

62 赫拉利（2014），第343页。

63《剑桥古代史》（2020），第253页。

麦田，小麦成为地球上种植最广、数量最多的植物。

看到小麦在地球上一片繁荣的景象，赫拉利直呼，人类有史以来最大的骗局，是通过农业革命掌握了自己的食物供应，掌握了自己的命运，获得了自由。

不对！农业革命后人类没有获得自由，反而失去了自由，成为小麦的奴隶。小麦将人类禁锢在土地上，让人失去懒懒散散、自由自在的欢乐时光，只能按照小麦生长的节奏和需要，一年到头为小麦服务，春耕播种，除草施肥，秋收冬藏，年复一年，周而复始。[64]

持这种观点的人，需要进一步追问，人类是怎么走到这一步的呢？这个问题需要另文专论，这里仅指出，是人类不同群体之间的竞争，将人类推向今日的生产和生活方式。

物种要依赖人类扩张繁衍，被人类驯服，对人类有价值，还远远不够，因为人类不会保护属于全社会的公共财产。一个物种要在人类的关照下繁荣昌盛，需要将其价值落实到具体的人身上，成为个人或小众人群的私有财产，通过这些小众产权所有者的努力来实现。这就是科斯（Ronald Coase）的产权理论，这个理论被经济学中具有浓厚保守自由主义传统的芝加哥学派奉为圭臬。

最后一个问题是，其他物种是否应该依靠人类扩张自己的基因，这是一个道德伦理问题。从伦理学的角度，我们可以问，依附于人类，获得基因的大规模复制，对物种来说真的可取吗？

人类与有些动物的关系是非常亲密友好的，不乏互相尊重和爱护，比如犬马。声色犬马，犬马之乐，对人有很大的娱乐价值，招人喜欢。犬马之劳，犬马对人也有很高的实用价值，为人重视。对这些动物来说，成为

64 赫拉利（2014），第343页。

人类的朋友似乎没什么不好。即便如此，人类为了获得自己喜欢的狗种，也完全不顾狗的感受，在杂交时给狗带来的生理缺陷和疾病，让带有这种疾病的狗终生痛苦。[65]

很多动物更加不幸。水牛终生在田里耕作，当它们不能再拉犁耕地时，就会成为牛肉。为了让牛肉更加美味，小牛生下来就被关在小笼子里不能动弹，一生第一次也是唯一一次出笼，就是走向屠宰场。为了让母牛多产奶，鸡多出肉，人类毫不顾及它们的感受，采取很多措施改变它们生活和身体的自然状态。为了不让猪跑掉，新几内亚岛上的居民会掏掉小猪的眼睛，割掉小猪的鼻子，使它无法离开人自己出去觅食，如此等等，不胜枚举。虽然尽可能多地复制自己的基因是所有物种的本能，但通过人类之手实现基因复制，对很多物种来说，实在是过于痛苦。

人类也有同样的问题。虽然依靠小麦、大米和其他农作物，人类使自己的食物供应更有保障，使人口得以大幅增加，但人类被迫改变自己的生活习惯，从事与自己天性和身体结构很不匹配的农业劳动，在很大程度上也是在牺牲生活质量获得基因数量的扩张。人类这样做值得吗？

在依靠战争起家的大英帝国首都伦敦，有很多战争纪念馆、纪念碑之类的建筑物。在海德公园附近，有一座特殊的纪念碑，专门用来纪念在二战中为盟军服务过的动物。千万年来，人类强迫动物参与人类的战争，和人类一起经历战争带来的各种恐惧和痛苦，经历流血牺牲。在二战期间，从鲸到飞鸟，从大象、猴子到萤火虫，更不用说马、狗、牛、骡、驴等数十种、数以百万计的动物，和人类一起体验了战争的经历。20万只信鸽成为军事通信员飞翔在天空，其中一只英雄信鸽被枪击中，但在流血致死前飞抵目的地，完成了她的任务。在缅甸的热带丛林里，骡子是重要的运输工具，为了不让它

65 阿克曼（2017）。

们发声暴露目标，人们将它们充军时，会先将它们的声带切除。

在这座纪念碑上，有一行简短的字：它们别无选择。[66]

人类作为一个物种，只是大自然千千万万物种中的一员。这一员如此特立独行，又如此强大，他与自然界其他物种的关系，真是一言难尽，让人感慨万千。

66 阿克曼（2017），第143页。

# 第五章

## _天也怒，地也怨_

## 暴力人间

原始社会晚期，智人以小众群体为单位，在追求财富这只看不见的手的指引下，一路向前，跨越四海，踏平五洲，征服了整个世界。他们的成就和古代成吉思汗的蒙古帝国相比，和现代的大英帝国相比，有过之而无不及。智人的胜利，证明了他们的强大和竞争力。

在这个过程中，他们见神杀神，见佛杀佛，挡路者无论是其他人类还是其他物种，都可能被灭绝。

如果挡路者是其他智人呢？如果智人用他们的强大力量争抢地盘，互相施暴，清除对手呢？

这样的情景令人心生恐惧，不寒而栗。

## 1_原始暴力：关于冤魂死鬼的统计

用“一骑绝尘”描述原始社会的暴力，不是出于文学情怀，也没有任何夸大。历史学家、考古学家和人类学家普遍相信，原始社会确实是人类社会各个发展阶段中最暴力、最血腥的社会。

讲到人类社会的暴力，人们很容易想起昔日之亚历山大、汉武大帝、成吉思汗，金戈铁马，旌旗蔽日，铁蹄所踏，生灵涂炭，一将功成万骨枯。成吉思汗和他的蒙古骑兵四处征战造成的死亡人数，简单估算也有数千万之巨。[1]要知道，1万多年前农业革命开始时，人类总计不过几百万人。

人们也很容易想起现代的世界大战。飞机轰轰，大炮隆隆，机枪嗒嗒，坦克滚滚，燃烧弹落地一片火海，蘑菇云升空万物成灰。在这样的战争中，国与国之间倾力对抗，一座城市顷刻夷为平地，亿万人民瞬间死于非命。二战中，20亿以上人口卷入战争，人类使用了各种大规模杀伤性武器，两颗原子弹直接导致长崎和广岛两地15万人死亡，总计导致50万人

1 Morris（2014），第145页。

死亡。单个国家死亡人数最多的是中国和苏联，各自死亡数千万人，随后的日本和德国各死亡数百万人。世界总计死亡上亿人。

但是，按人口比例计算，核弹比不上棍棒，枪林弹雨比不上石块箭雨。原始社会的暴力程度，文明社会望尘莫及。

将暴力造成的死亡人数占总人口的比例，称为暴力致死率。我们可以用暴力致死率的数据，比较不同社会的暴力程度。

在原始社会，死亡的第一大原因是暴力，第二大原因是疾病。[2] 而在现代社会死亡的十大原因中，暴力都排不上号。

如前所述，原始社会可分为早中晚三个时期，目前关于原始社会暴力致死率的数据，都来自晚期。表5.1提供了原始社会晚期、古代社会和现代社会三个阶段的暴力致死率。

**表5.1　三个社会发展阶段的暴力致死率**

| 社会发展阶段 | 原始社会晚期 | 古代社会 | 现代社会 |
|---|---|---|---|
| **暴力致死率** | 10%～20% | 5%～10% | 1% ～2% |

资料来源：作者根据相关文献整理而成。

原始人用石头棍棒打斗，现代人用机枪原子弹打斗，前者的暴力致死率居然为后者的10倍！研究表明，20世纪的暴力致死率比石器时代下降了90%。[3]

关于原始社会暴力致死率的数字，当然含有很多猜测推算的成分。原始人没有文字，没有暴力死亡数据记录，考察他们的暴力行为和程度，只能通过三个途径。

2　戴蒙德（2014），第225页。

3　Morris（2014），第8页。

一是考古证据。在原始人居住的遗址上，有很多弓箭石器，这些器具可用于暴力，也可用于狩猎，不能确认与暴力有关。但有些遗体和遗骨，有利器打击造成的损害，明显带有暴力的痕迹。有些地方甚至发掘出大批遗体与遗骨，明显带有暴力致死的痕迹，比如砍头、剥皮和嵌入身体的箭头。

还有一些建筑，也明显与战争有关。考古学家在新西兰毛利人的某个居住地，发现了上千个被当地人叫作“帕”的类似于堡垒的工事，这些工事肯定与狩猎无关，是为了防止外人入侵。在美国西南部发现的一些印第安人住址，建在1 000米甚至2 000米的悬崖上，需要用梯子出入，水和生活用品都需要艰难地运送上去。将住址建在这样的地方，从日常生活角度看没有丝毫合理性，唯一合理的解释是战争残酷，非如此不能免遭敌人偷袭而遭受毁灭性打击。美洲其他地方也有类似的住址。

二是艺术。原始部落有时会在他们居住的洞穴留下有关战争的壁画。人们在印第安人的洞穴里，就发现过这类描写战争场面的艺术作品，得以一窥当时战争的场景。这些壁画上的战斗场面栩栩如生，描绘人们拿着棍棒弓箭互相打杀，或者对犯人行刑。[4]

三是实地考察。一些人类学家会深入原始部落，近距离考察他们的行为，听取他们对暴力与战争的回忆，获得关于暴力的信息。比如，人类学家对非洲昆族的考察发现，在昆族部落中，死于谋杀的比例是纽约的3倍，是加拿大、英国、法国和德国的10～30倍。[5]

和现代社会一样，原始社会的暴力有两种形式：一是一个独立政治实体内部的暴力，比如谋杀、打斗；二是两个不同独立政治实体之间的暴力，

---

4 McNeill（1963），第9页；赫拉利（2014），第56—57页；戴蒙德（2014），第107—108页。

5 戴蒙德（2014），第222页。

大家习惯称之为战争。统计暴力致死率包括这两种形式的暴力导致的死亡。

所谓独立政治实体，是指一个群体对自己的公共事务有独立和最终的决策权。在现代社会，国家是最重要的独立政治实体。在原始社会，每个部落都是一个独立的政治实体，他们独立生活，独立决策，将部落内部成员视为“自己人”，其他人视为“外人”。

我们看看学者是如何计算不同社会的暴力致死率的。

**原始社会暴力致死率**。麦克·威尔逊和马丁·穆勒分别对23个和32个部落进行了研究，他们的研究表明，不同部落因战争造成的死亡率差别很大。在新几内亚达尼族，平均每年死亡率可达1%，苏丹丁卡族和北美两个印第安人部落则更高，而在安达曼岛和马来西亚，死亡率则在0.2%以下，不到达尼族的1/5。造成这种差别的原因之一是生活方式。分析表明，已经开始从事务农的社群如果发生战争，死亡率几乎是狩猎采集社群的4倍。[6]有少许农业社群的战争死亡率更高的原因是，农业带来更多财产，加强了双方以死相搏的动机。[7]

战争在总死亡率中所占的比重，在厄瓜多尔印第安人中高达56%，而世界各地的其他6个部落为3%~7%。

还有一些典型地区的案例。

*新几内亚*。新几内亚是世界第二大岛，面积78.5万平方千米，岛上语言复杂，总计约100万人，使用的语言多达上千种。显然，说着同样语言的人比说不同语言的人有更加紧密的人种和文化渊源，但他们之间的战争甚至更加残酷。

以达尼族为例，不同部落之间长期敌对，孩子们从小就被灌输敌对理

6 戴蒙德（2014），第111页。

7 Morris（2014），第80页。

念，将对方视为妖魔和邪恶，部落之间的战争从未间断。

某年，新几内亚达尼族两大部落联盟之间开始了旷日持久的战争，持续时间半年。在这次战争中，双方总计参战人数达8 000人。我们知道，原始社会一个部落的人数不过几十至小几百人，8 000人参加的战争，在原始社会属于大型战争，相当于现代的世界大战。

半年的战争期间，多数时候双方互有攻防，各有死伤。有时，双方数百人摆开阵势，打斗一天，造成一人死亡，数人受伤。有时，一方偷袭成功，造成少许伤亡，对方施行报复，再造成少许伤亡。这样来来往往，半年总计造成11人死亡。

8 000人参加的战争，打了半年，死亡11人。死亡率这么低的主要原因是，这种正式的对阵，对原始人来说，更像是一种仪式。他们缺乏训练，既没有血战到底的意志，也没有坚强的组织纪律和高超的杀敌技能，对此后文还有介绍。

但也有极其惨重的伤亡死亡高峰的时候，相当于现代战争中突然有人扔了原子弹。战争期间，联盟中一个部落突然翻脸，偷袭了己方另外一个部落，造成125人死亡。这样的背叛，类似于二战期间纳粹德国突然撕毁条约，对苏联发动大规模闪电战，造成苏联军民的重大伤亡，使苏联成为二战中死亡人数最多的国家，有3 000万人丧生。

这次翻脸的两个部落，本来就有仇，虽结成联盟，仍龃龉不断。一天早上，一个部落趁着浓雾，越过界河，包围了另外一个部落，突然发起攻击，不分男女老少，见人就杀，不到一小时就屠杀了125人。在这期间，其他部落也有人赶来趁火打劫，谋财害命。若非终于另有其他部落前来相救，这个部落定会被一次斩尽杀绝，从此消失在历史的长河中。

这次偷袭，给一个部落造成的死亡率至少在百分之几十以上。[8] 达尼族部落之间这样的屠杀，在短期内发生过4次。

人类学家对新几内亚一些部落长期考察后得出的结论是，在这些部落中，暴力造成的男性死亡率为30% ~ 35%。[9]

*美洲印第安人*。美洲印第安人部落之间也充满了暴力，包括部落内部和部落之间的暴力。

亚诺玛米部落。人类学家曾长期观察生活在巴西和委内瑞拉边境地区的原始部落亚诺玛米人，发现在这些部落中有四分之一的男人死于暴力，有五分之二的男人参与过内部谋杀。

这些部落中的男人谋杀他人，包括杀老人、女人、弱者、仇人等，得到的回报之一是，踊跃杀人者可以获得更高的社会地位，获得更多交配的机会。最终，他们生下的孩子比不杀人者多3倍。[10]

原来，除了那些后世成为帝王的“播种大王”，更暴力的男人，从原始时代以来就有繁衍优势。简单的数学原理告诉我们，长此以往，是否几乎所有男人都是更暴力男人的后代，携带着强大的暴力基因？

答案是肯定的。何止如此，如果更暴力带来的遗传优势一直存在，当今世界上应该人人都携带强大的暴力基因。后文会列举更多古代和现代暴力基因优势的例子，进一步论证这个答案，说明暴力基因的普遍性。

乌鸦溪（Crow Creek）印第安人。20世纪70年代，考古学家在美国南达科他州乌鸦溪一处遗址发现了486具被集体屠杀扔在沟里的骸骨。检验报告表明，这场大屠杀发生在公元1325年，此时欧亚大陆多数地区已进入文明社会，建立了国家，而美洲印第安人仍生活在原始部落社会。

---

8 戴蒙德（2014），第97—101页。

9 赫拉利（2014），第82页。

10 Morris（2014），第56页。

考虑到一个部落的规模通常在几十至小几百人之间，多个部落组成的族群也很少超过几千人，一次死亡几百人，对一个部落来说意味着灭绝，对一个族群来说也是巨大的打击，死亡率也很可能在百分之十几以上。[11]

骸骨检验表明，死者几乎全部被剥去头皮。剥头皮是印第安人的一种习惯，他们喜欢将敌人的头皮作为战利品保留。这486人还受到了其他各种酷刑摧残，挖眼割舌割喉，应有尽有。

圣山脊（Sacred Ridge）印第安人。21世纪初，考古学家在美国科罗拉多州圣山脊发现了35具骸骨，有男人、女人和儿童。骸骨检验表明屠杀发生在公元800年，死者在死前都遭受了酷刑折磨，死后被剥头皮和碎尸。[12]

厄瓜多尔印第安人。在厄瓜多尔的部落社会，暴力造成的成年人死亡率可达50%。人类学家通过实地考察得出了这一结论。[13]

巴拉圭亚契部落。对生活在南美洲巴拉圭森林中的亚契人来说，砍杀年事已高的老人尤其是女人有如家常便饭。有一个年轻人，亲手杀死了自己的姑姑、婶婶和其他老女人，宣称部落的女人都怕他。对亚契部落中的杀手来说，能从后面突然下手，减少被杀者的痛苦，已属仁慈。在亚契部落里，女孩的安全缺乏保障，每次部落里有价值有威望的成员去世，就要用小女孩陪葬。在亚契部落里，杀婴也是常见现象。有个年轻人杀害了一个婴儿，原因是这个婴儿在他心情不好的时候哭哭啼啼。有个婴儿被活埋了，原因是他长得奇怪。[14]

在原始社会，因为部落之间互相隔离，少有往来，传染病比较少见，造成的死亡也比较少。但食物缺乏是常态，饥饿和由此引起的发育不良以

11 Morris（2014），第63页。

12 Morris（2014），第63页。

13 赫拉利（2014），第82页。

14 赫拉利（2014），第53页。

及衰老是死亡的主要原因。原始人还会因为食物不足而杀害小孩、老人和受伤的人。因为食物不足经常发生，相当大比例的人死于谋杀，使内部暴力致死率高企。高企的内部暴力加上频繁的部落间战争，导致总暴力致死率居高不下。

综合来看，原始社会暴力致死率，在很多地方都远远超过20%。考古学和人类学认为原始社会的暴力致死率在10%～20%，已相当保守，为估算值留下了很大的安全空间。[15]

**古代社会暴力致死率**。我们首先要注意到，古代社会，即亚历山大、秦皇汉武、成吉思汗的年代，暴力致死率波动的幅度非常大，低的时候不到1%，高的时候可达百分之几十。之所以如此，是因为古代社会政治非常不稳定。

原始社会的暴力状态比较单一和稳定，无论是部落内部还是部落之间，都常年处于暴力状态。而古代社会的暴力则呈现很强的周期性规律，有时国泰民安，社会经历持续上百年甚至几百年之久的和平，仅有零星偶然的暴力，属于个别人的犯罪行为，有时则礼崩乐坏，天下大乱，十室九空，持续不断和大规模的战争将一地夷为平地，人口屠杀殆尽。

古代全人类最和平的时期，应该是公元前后各200年，总计400年的一段时间。在这个时期，全世界同时存在着三大帝国，统治着全世界人口最密集的主要文明地区，维护着帝国内部的和平。这三大帝国是：统治着地中海周边亚非欧广阔地区的罗马帝国；统治着南亚广阔地区的孔雀王朝；统治着东亚中亚广阔地区的大汉帝国。世界主要文明地区同时享受着强大帝国统治下的和平，暴力致死率在世界范围内当然处于一个很低的水平。

15 Morris（2014），第7—8页、第59页、第146页。

罗马于公元前753年建城，经历了200多年王政，于公元前509年建立共和，公元前27年成为帝国。建立共和后，有100多年没有发生过流血事件。[16] 从公元前146年灭亡地中海竞争对手迦太基，到罗马成为帝国后的200年间，地中海成为帝国内海，周边地区在帝国统治下一片祥和与繁荣。帝国疆域顶峰时达到500万平方千米，治理的人口为6 000万人。[17] 英国历史学家吉本（Edward Gibbon）称这一时期为“罗马和平”（Pax Romana）时期，认为这是人类历史上最好的时代。亚当·斯密在《国富论》中，也肯定了罗马治理下的商业繁荣与社会富足。[18]

从公元前317年起，孔雀王朝统治着南亚次大陆今印度和巴基斯坦大部分领土，以及伊朗和中亚地区部分领土，鼎盛时领土面积超过500万平方千米，在南亚地区空前绝后。孔雀王朝第三代雄主阿育王（也称无忧王）在统一南亚大部分地区后，笃信佛教，放下屠刀，立地成佛，广施仁政，弘扬佛法，为南亚地区6 000万人民带来了和平、安定和繁荣。

在公元前后各大约2个世纪的时间里，大汉帝国统治着东亚地区，疆域延伸到中亚内陆，领土面积超过600万平方千米，人口超过6 000万人，统一强盛的大汉帝国给其统治的地区带来了长期和平。

除了受到史学家重视的三大帝国，中国秦汉时期，生活在长城以北的匈奴人，也在辽阔草原上建立了统一的国家。秦始皇刚去世，一代天骄冒顿（公元前234—前174年）即射杀其父，登上大位，着手建立北方的超级大国。冒顿曾在白马城围困汉高祖刘邦，匈奴帝国一直到东汉末年都在威胁大汉王朝边境安宁，但统一的帝国也给广阔的草原地区带来了和平与

---

16 霍兰（2003），第5页。

17 水木森（2017）。

18 Gibbon（1776）；Smith（1776）.

秩序。[19] 这个1.0版的草原帝国，是成吉思汗建立的2.0版帝国的预演。这两个草原帝国后来都向西扩张，对欧洲的政治格局产生了颠覆性影响。

吉本说的“罗马和平”结束后，帝国式微，于公元476年寿终正寝，欧洲进入持续千年的黑暗中世纪。欧洲中世纪的“黑暗”，既包括了思想的禁锢，也包括了暴力的泛滥。

有人估算，公元200—1400年，西欧低地国家因为战争、谋杀、械斗等各种形式的暴力，导致了5%左右人口的死亡，其中英格兰最低为3.5%，意大利最高为8.5%。[20] 欧洲中世纪各种关于人口的统计数字，可信度都比较高，因为教会深入社会基层，遍布欧洲，保存了很好的人口记录，包括出生与死亡记录。

为留有余地，学者们认为这段时间欧洲低地国家战争与暴力造成的死亡率为5%～10%。

和欧洲相比，中国古代社会的历史周期规律有两大特点。

首先，欧洲在罗马帝国灭亡后，再未产生过一统天下的大帝国，而中国则一次次由乱到治，回复到帝国治理下的稳定和平状态。从秦始皇统一中国到清朝最后一个皇帝退位这2 000多年的帝制期间（公元前221—公元1911年），中国处于大一统状态的时间超过三分之二。历次大一统阶段，和平与繁荣都导致人口成倍增长。

其次，战乱时期的中国，暴力导致总人口数下降，其惨烈程度，远非欧洲社会可比。中国在2 000多年的帝制时期，曾经有过九个大一统的王朝，即秦汉晋隋唐宋元明清。至少前八次改朝换代，包括两个统一王朝之间的动乱时期，都发生过人口的大幅度下降，人口下降超过70%、80%甚

19 水木森（2016）。

20 Morris（2014），第146页。

至90%。

中国在社会动乱时暴力致死率如此之高，为什么不说古代社会暴力致死率在1% ~ 70%呢？

原因是这个统计不是以高峰时期，而是以“平均数”计算一个社会的死亡率。平均数的大小和统计阶段的时间长度有关。我们知道，在中国古代社会，大一统下的和平与稳定占主导地位。假如中国与地中海沿岸国家在罗马和汉代人口大体相当，两个地区的生育率也相当，而在1911年人口相差数倍，则很有可能，中国古代社会的长期平均死亡率低于欧洲。

以西欧国家公元200—1400年平均5%的暴力致死率为依据，认为古代社会的暴力致死率在5% ~ 10%。

**现代社会暴力致死率**。若从1492年哥伦布发现新大陆、世界进入大航海时代开始算起，现代社会的历史不过区区几个世纪。原始社会历史以万年计，古代社会历史以千年计，现代社会历史以百年计。

若以一个和平年份计算现代社会的暴力致死率，数字已经低到了其他时代难以想象，难以进一步降低的水平。2000年，战争导致全球31万人丧生，暴力犯罪导致52万人丧生，总计83万人。当年全球死亡人数总计5 600万人，暴力致死占总死亡人数的1.5%。同年，世界总人口为60亿人，暴力致死占世界总人口的比例为0.0013%，仅十万分之一稍多。[21]

在这500多年的现代历史中，战争死亡人数最多的，莫过于20世纪的德国和俄国。在20世纪，这两个国家年均战争死亡人数占总人口的比例分别达0.16%和0.15%，即每万人中有16人和15人死于战争。德国和俄国的年均战争死亡率只有原始社会的1/3，只有新几内亚达尼族的1/6。

法国在19世纪发动过多次战争，包括拿破仑远征俄国，但年均战争死

21 赫拉利（2014），第359页。

亡人数只占总人口的0.07%。日本在20世纪发动了日俄战争和第二次世界大战等多次大规模战争，年均战争死亡人数占总人口的0.03%，即每万人有3人死于战争。

算上所有现代国家，20世纪暴力致死率平均值只有原始部落的1/10。

当然，从现代伦理的角度来说，每一个暴力致死的个案都是悲剧。人们的美好愿望是，这样的悲剧一个都不要发生。

我们看一看20世纪的整体暴力致死率是如何计算的。之所以选20世纪，因为这是现代历史上最暴力的一个时代。之所以选百年而不是千年为计算单位，是因为现代社会的历史总计只有500多年。

在20世纪，人类经历过两次世界大战，经历过因战争导致的大饥荒、种族灭绝和大屠杀。第二次世界大战导致将近1亿人丧生，印度大饥荒导致1 000万人丧生，对犹太人的大屠杀导致600万人丧生，对亚美尼亚人的大屠杀导致150万人丧生，德国对圣彼得堡（当时的列宁格勒）的包围，导致150万人丧生。

20世纪的种种悲剧，导致将近2亿人直接或间接死于暴力。从绝对数字看，这是一个空前的，希望也是绝后的巨大数字。

再看20世纪的世界总人口。1945年，世界总人口为24亿人。整个20世纪，一共有大约100亿人在地球上生活过。

两相比较，我们可以知道，战争和暴力导致20世纪有1%~2%的总人口死于非命。这个结果显示，即使选择现代社会最血腥的一个百年计算，现代社会暴力致死率仍然远远低于原始社会。[22]

时至21世纪，现代人在控制暴力方面取得了如此长足的进步，人们相互之间的各种暴力，比如战争、恐怖主义和随机犯罪导致的死亡，不及自

22 Morris（2014），第145页。

杀导致的死亡总数。世界上不少人，一生中恐怕也难得亲身经历一次重大暴力，感受其带来的伤害。[23] 比如小孩在学校拉帮结派打群架这类不久前还很平常的事，在现代社会管理较好的学校中，都已是少见的严重事件。

平克（Steven Pinker）认为，现代社会暴力水平的大幅度下降，可以归结于以下几个原因。[24]

首先，也是最重要的，是国家对暴力的垄断。因为有强大的国家维持秩序，个人和群体之间的随机暴力大幅度下降。实际上，国家对私人武装和私人暴力剥夺的程度，私刑消失的程度，完全可以作为国家成熟度的重要指标。

其次，商业的发展使人们的利益更加相关相连和融合，暴力中"自残"的成分增加，对暴力也起到了抑制作用。这清楚地告诉我们，暴力作为一种行为，带有很强的理性成分，可以通过成本收益分析来理解和预测。[25] 第六章还有关于商业贸易如何影响暴力的专门介绍。

除此之外，沟通的增加促进了人们之间的同理心。教育水平的提高，使大家能更加理性地解决问题，而不是意气用事。这些都有利于抑制暴力。

通过这些计算，人们得出结论，以相对比较长的一段时期为计算单位，原始社会的暴力致死率在10%~20%，古代社会在5%~10%，现代社会在1%~2%。

依以上数据，判断原始社会的暴力程度远远高于人类其他社会发展阶段，合乎逻辑，不无道理。但要记住，科学的精神就是质疑。数据最能说明问题，数据也最具欺骗性。我们对原始社会、古代社会和现代社会暴力

---

23 Harari（2015），第3页。

24 Pinker（2011）.

25 王一江（2017）。

致死率数据的比较，也需要对数据可靠性和对数据理解方法两个方面有所质疑。

从数据的可靠性来说，一个社会离我们越久远，我们获得这个社会可信数据的难度就越大。信息缺失的问题在原始社会尤其严重。原始社会历史漫长，人们获得的数据大多属于原始社会晚期，以晚期社会的有限数据推论整个原始社会数百万年的历史，当然是无奈之举。

深入理解数据的含义，我们要看到，原始社会人口稀少，稀少的人口分布在世界各地。不同地区，甚至同一地区的不同部落之间统计结果的差异很大，有限的样本，巨大的差异，必然使统计结果的可信度大打折扣。

面对这些质疑，关于原始社会的暴力程度的数据和比较，到底可信吗？最起码，保守地说，已有数据、案例和其他证据告诉我们，不能认为原始社会总体来说是一个和平安详的社会。

反而可以说，在很多地方，很多时候，原始社会都非常暴力，暴力致死率甚至超过文明社会，超过大刀长矛铁骑兵，超过机枪大炮原子弹。

还可以说，基于以上数字，要想否认原始社会是人类历史上最暴力的社会，非常困难。

## 2_原始战争：乌合之众的打法

敲锣打鼓，呼啸呐喊，热热闹闹，一片混乱。

时间到了，按时吃饭，按时休息……

这不是节日庆典，不是派对狂欢，是战争。原始社会的战争就是如此。打的时候很不专业，毫无章法，休息吃饭不能耽误。那时的人对饥饿可能有强烈同感，饿起来谁都受不了。

细说起来，原始社会的战争与文明社会的战争还有很多差别。

第一，战争都在部落之间进行。我们知道，原始社会没有国家，所以战争只能在部落之间进行。在部落内部，虽然针对个人的暴力频发，但基本没有类似现代内战的现象。

第二，战争主体的规模决定了战争的规模。部落之间的战争通常在几十人的规模。必要时，多个部落可以联合起来，参战总人数可以达到数百人甚至数千人，超过数千人的战争则未曾有之。

第三，部落之间的战争非常高频，随时可能发生，是日常生活的重要组成部分，需要部落成员高度警惕，随时准备战斗。原始社会打仗不需要特别动员和准备，本来就是不分男女老幼，全民皆兵，拿起平时打猎的石头棍棒弓箭就可以开打。"好战必亡"和"兵者，国之大事"这类概念，在原始人中并不存在。[26]

第四，部落之间的战争经常世代相传，延绵不断，没有尽头。部落成员从小就接受仇恨教育，具有战斗意识，终生保持紧张的战斗状态。

第五，战争经常是生死决斗。原始部落之间的战争，没有俘虏，没有在异族统治下当奴隶、当顺民、被同化的机会，只有你死我活。胜者可以扩大地盘，获得更好的食物来源，使群体更加壮大。败者若未当场被杀，便是丧失生息之地，被迫迁徙逃难，前往完全陌生之地碰运气。

第六，原始人的战争很不专业，更像是一帮乌合之众打群架。原始人对战争艺术的理解只有业余水平，对战争准备的投入只是零零星星，打仗时热热闹闹，却毫无章法。将战争提高到专业水平，为战争做充分准备，是人类脱离原始状态，进入文明社会的一个重要标志。

原始部落之间的战争形式多样，内容丰富，有对阵、伏击、偷袭、诱杀和围歼等多种形式。而且，这些战争形式，很多都被现代人继承下来。

---

26《司马法》,《孙子兵法》。

下面我们将一一介绍。[27]

**对阵**。原始人经常对阵打斗。对阵前，一方会派人约架，另一方则会做出答复，打还是不打。如果打，双方约好时间地点，然后按约开战。开战时，双方横向排开，形成松散阵线，摆开架势，正式对打。

受部落规模限制，对阵人数通常只有数十人。一次对阵人数达到数百人，已是原始人对阵的上限。因为原始人缺乏专业训练，没有严格的组织，对阵达到数百人时，战场上会显得一片混乱。[28]

对阵战斗开始后，双方都保持在弓箭射程安全距离之外，隔空叫骂，敲打发声，投掷石块，发射弓箭。这样的战斗可以持续很长时间，甚至一整天而无一伤亡，毫发无损。

偶然会有人冲出己方战线，杀向对方，近距离向对方投掷石头、棍棒，然后快速撤回安全距离。这种冲锋偶然会造成伤亡。

在战场上，大家累了会休息，时间到了就休战吃饭。

除了累了休息和到吃饭时间，战斗还会因其他原因结束。如果一方有人严重受伤，该方会建议结束战斗，双方撤离战场。如果突然下雨，双方也可能同时结束战斗。天色渐晚时，双方会同时停止战斗，回去休息，按约定来日再战。[29]

莫里斯对原始人对阵形式的解读是，这种战斗更多是一种仪式。通过这种仪式，原始社会男人可以展现自己的肌肉、勇气和智慧。

原始人下战书约架，与诸葛亮给司马懿下战书，岳飞给金兀术下战书，本质上是一回事。不同之处是，那时没有文字，也没有笔墨纸张，都是口头约架，一方派人去口头挑战，一方口头回复是否应战，一诺千金。

---

27 Morris（2014），第82—84页；赫拉利（2014），第36—37页；戴蒙德（2014），第108—109页。

28 戴蒙德（2014），第97—101页。

29 Morris（2014），第82—84页；赫拉利（2014），第36—37页；戴蒙德（2014），第108—109页。

原始人这种一字排开，对阵厮杀的打斗形式，在西方战争史上得到很好的延续。古代最典型的有斯巴达、马其顿和罗马的方阵，现代最典型的有第二次世界大战时欧洲战场上数百万大军的一线平推，大炮轰鸣，坦克隆隆。在东方战争史上，则有更加丰富的其他战法，比如卫青、霍去病和成吉思汗的轻骑兵长途奔袭，比如现代中国军队的大规模穿插、分割和包围等战术。

打累了休息，大家按时吃饭，天黑回家，想打明天再继续。原始人这么做并不可笑，德国人在斯大林格勒战役最紧张的时候都是这么做的，每天像准时上班一样开始当天的战斗。而东方人则希望在敌人最疲惫的时候打击和打垮敌人，双方比耐力比毅力，奉行“坚持到底就是胜利”的精神。

**伏击**。发动伏击战的地点可以是对方的居住地附近，或者对方经常路过的地方。伏击者会躲在草丛中或其他隐蔽地点，等待对方的倒霉蛋出现，出其不意对其发起攻击。如未碰到理想机会，便放弃行动，潜回己方领地。

伏击一般都是小规模的。遭到伏击后，被攻击一方的男女命运有别，男人会被杀害，女人则会被劫持，强迫交配，或者带回己方部落为妻。

相对于阵地战，伏击的风险较小，也更容易有收获，是原始部落喜欢使用的战争形式。前文描写的新几内亚达尼族部落联盟的战争中，双方都曾经频繁采用过这种手段。

问题是，敌对双方都喜欢使用这种低风险高回报的战争形式，也经常交换位置，任何人任何时候都可能受到攻击，防不胜防。长期如此，每个部落每个人都会承受巨大的精神压力，也常常遭受人员财物的损失，最后的结果是大家扯平，谁也没有真正占到便宜。

因为害怕遭到伏击，原始人外出时特别怕落单，走路时也会草木皆兵，时时警觉，刻刻小心。原始生活本来就充满来自大自然的各种危险，随时可能发生的伏击自然让人在日常生活中随时紧张、百倍紧张。

**偷袭**。进行偷袭时，攻方会潜入对方领地，出其不意发起攻击。伏击是碰运气，偷袭与伏击不同，有更明确的目标和目的。

偷袭的目标可以有两个层次。低层次目标是予以对方一定打击，杀伤对方一部分人，抢劫对方一部分财产。高层次目标是将对方一网打尽，彻底歼灭。无论在哪个层次，偷袭都是原始社会高效和可取的战争形式，可以低成本杀伤对方，达到战争的目的。

大规模偷袭能给对方造成毁灭性打击，是最为残酷的战争形式，需要更好的组织和策划。准备实施大规模偷袭时，攻方大部队（对原始部落而言的大部队）先进入敌方部落居住地附近，潜伏下来，一般选择在黎明前敌方睡意最浓时突然发起攻击，达到出其不意、大量杀伤敌方的效果。

20世纪50年代，志愿军在朝鲜战场上也多次运用这个战术，邱少云烈士的故事就是发生在一次潜伏偷袭的战斗中。20世纪80年代中越在边境地区发生冲突，长期对峙，越军也曾经使用此战术。

考古学家曾经在美国亚利桑那州北部霍皮（Hopi）地区发现一处遗址，显然是当年印第安人偷袭战的战场。在这次战斗中，偷袭大获成功，偷袭者取得优势后，不分男女老幼，见人就杀，最后将死者和伤者统统扔进一个室内浅坑，放火将房子烧毁，让所有人葬身火海。[30]

偷袭战如此残酷，被偷袭对一个部落来说意味着灭顶之灾，原始人生活的一个重要内容，就是防止偷袭，不让自己成为他人偷袭的牺牲品。这个因素是原始人选择居住地的一个决定性因素，也是人类缺乏安全感的一个成因。

一种常见的措施，是在部落之间保持足够的距离，留下广阔的中间地

---

30 Morris（2014），第83—84页。

带。原始人会将居住地点放在自己地盘的中心位置，安排人严密巡查，防止外人进入自家地盘。有些部落还会在边界搭起高台，负责监视。

如果地理条件许可，有些部落则会在难以进入的地方选择住址，比如前文所说的山顶、悬崖峭壁之上。

在意大利东北部有一座独具特色、蔚为壮观的水上之城威尼斯，与前南斯拉夫的斯洛文尼亚和克罗地亚两国隔亚得里亚海相望。城市建在118个小岛上，由177条运河和海道连接，船是唯一的交通工具。这个城市的选址与原始人在悬崖峭壁上选址居住异曲同工，充分考虑了安全需要。在欧洲中世纪，北方蛮族频频南下杀人劫货，水上建城给威尼斯人出行带来了诸多不便，但增加了很多安全感。因为有良好的安全保障，威尼斯到8世纪已经独立建国。到14—15世纪，威尼斯共和国的强大和繁荣闻名地中海，尤其是威尼斯共和国海军，成为地中海中的一霸。直至1797年，即美国已经建国21年后，威尼斯千年共和国的历史才被拿破仑终结。威尼斯海军后来成为统一后意大利海军的中坚，其军旗一直是意大利海军军旗上的主要元素。

**诱杀**。读中国历史，看到鸿门宴这一段，总让人觉得惊心动魄，感慨万分。个人命运、天下大事，居然就在这毫厘之间，就在一顿饭上见了分晓。

如果说原始人也会安排鸿门宴，你会相信吗？事实就是，原始人也会利用对方的信任，摆下鸿门宴，邀请对方的首领和主要成员参加，在客人大吃大喝，兴高采烈，放下武装，消除戒心之后，突然行动，将来人一网打尽。这样的事情在美洲印第安人、新几内亚原住民和非洲部落中都发生过。[31]

原始人并不认为摆鸿门宴有什么不妥。如果要对阵厮杀，胜负难料，

31 戴蒙德（2014），第109页。

即使胜利，成本也要高很多倍。如果伏击对方，很难一次将对方核心成员一网打尽，保证不受到对方报复。偷袭也可能因对方已有防范而高风险高成本。举办鸿门宴，骗对方主要成员前来，低成本一网打尽，取得决定性胜利，有什么不好？原始人不会为此有歉疚感，只会为此沾沾自喜，骄傲自豪。

最大的问题是，受害方为什么要相信对方，前去赴宴呢？当年楚霸王设鸿门宴，汉王不得不去，是因为力量对比悬殊，不去会招致霸王的猜忌和攻打，更加危险，是两害相权取其轻的选择。原始部落之间，不存在如此悬殊的力量对比，至少前文提到的新几内亚、美洲印第安人和非洲人的鸿门宴中，受害方并不是非去不可。

比较合理的推测是，食物的诱惑实在太大，无法抵御。

要理解原始人为何会冒着生命危险赴宴，可以借鉴现代人“色胆包天”的说法。现代人饱暖思淫欲，容易被色诱而丧失判断力，上当受骗，甚至死于非命。对原始人来说，食诱的力量超过色诱，冲动带来决策错误在所难免。毕竟，原始人天天都在冒着生命危险追求食物，去趟宴会不会感觉比狮口虎口豹口夺食更加危险。再加上，说不定前不久还好好吃了一顿，达成了联盟协议，谁能想到这次会完全不同呢？

动物不是也经常毫不犹豫，为了吃，陷自己于危险之中，甚至丧命吗？基因驱动的行为，有时候就是无道理可讲。

**围歼**。围歼是文明社会从古到今常见的一种战争形式。原始人之间是否也在运动战中试图围歼，并没有直接证据。赫拉利猜测，既然智人能将一个个兽群赶进某个预定地点，比如某个峡谷，再将之一网打尽，难道他们不会用同样的方法消灭尼安德特人或任何敌对部落吗？[32]

---

32 赫拉利（2014），第36—37页。

可以想象，尼安德特人看到他们的地盘和食物被智人夺走，一定会备感威胁，满心愤怒，拼命抗争。但尼安德特人不能像智人那样，组织起大规模群体与智人对抗。考古证据告诉我们，尼安德特人不能通过策划协调，组织起超过几十人的群体，去共同战斗，而智人不存在这个问题。如果需要，智人可以组织起500人的队伍，对付50个尼安德特人，将其一网打尽。这样的战斗，可以想象，胜利的天平会倒向哪一方。

可以相信，在原始社会，智人与智人之间也会玩运动战、歼灭战的游戏。我们知道，这种游戏后来确实越玩越大。

## 3_小国寡民：世界很大，谁敢去看？

如果老子生活在原始社会，一定会非常喜欢。原始社会的“国际关系”，即部落之间的关系，正应了《老子》所说：“小国寡民……邻国相望，鸡犬之声相闻，民至老死不相往来。”

世界大征服结束后，多数原始部落的生活稳定下来。他们居住在固定地区，生活在自己部落或族群的地盘上，终生活动在狭小有限的范围内，活动半径不超过几十千米。他们终生只和自己部落或族群的人来往，说自己的语言，过着自己的日子。部落之间的隔阂，造成语言的多样性，很多语言只在部落或族群内使用，相邻部落可能说着完全听不懂的语言。

以澳大利亚为例，当库克船长（James Cook）于1770年登上澳大利亚，宣布其为英国领土时，当地原住民总计有30万~70万人，分为200~600个族群，每个族群都有自己的语言、宗教和习俗。平均下来，说一种语言的也就千人左右。族群内部又分部落，有的部落是父系社会，有的部落是母系社会。

再以新几内亚岛为例，这个岛紧邻澳大利亚北部，面积约78.6万平方千米，岛上100万人讲1 000种语言，讲一种语言的平均人数只有千人。这些语言属于跨度很大的不同语系，有些是类似汉语的声调语言，有些是类似印欧语的非声调语言。

不是原始人不想出门看看，不想去其他地方狩猎、取水、拾柴，而是不敢。离开自己部落的地盘，对他们来说是高度冒险的行为，很可能无法活着回来。因为很多原始部落对外人都有一个简单的处理原则：格杀勿论。如此一来，无论是谁，一旦外出踏入他人地盘，便是生死难卜。即使在自己的地盘范围内，越靠近边缘，越有可能遇到外人的伏击，必须时时保持警惕，一有风吹草动，便要闻风而逃。

多数时候，原始人和外人往来是要找对方打架，复仇泄恨，或者争夺资源抢夺地盘。

下面这些例子，告诉我们原始部落的小国寡民是如何对待外人的。

**严守地盘的小岛居民**。在印度洋上，有个小岛叫北森蒂纳尔岛，位于孟加拉湾。小岛是印度领土，距离印度本土1 000多千米，距附近最近的岛屿大约35千米。小岛方圆不到60平方千米，属于热带气候，岛上森林覆盖，四围的珊瑚礁和沙滩连接着蓝色的海水。小岛上有一小群至今仍然处于原始状态的居民，估计最多数百人，具体数字无法确定，过着与世隔绝的生活。

北森蒂纳尔岛风景如画，非常优美，但不要想去北森蒂纳尔岛旅游观光。世界上有很多类似的小岛，去哪个都可以，就是不能去这个岛。因为外人登岛会遭到岛民的无情攻击，无法活着出来。侥幸活着出来，也会受到现代社会法律的惩罚，有牢狱之灾。

岛上居民已在此生活了6万多年，他们从不和外人交往，保留了传统社会形态，是世界上唯一没有受到过现代社会任何影响的纯粹原始之地。外部世界对岛上居民的具体情况知之甚少。到目前为止，外界对小岛的了解，都是来自航拍和船员在远处的观察。

不是人们不想了解岛上的居民，而是与他们接触实在太危险，因为岛上的居民见到陌生人一律处死。2006年，他们杀死了2名在附近捕鱼的男子。

2008年，有一名年轻的华人传教士试图与岛民沟通，被乱箭射死。传教士中箭后又往前走了几步，被岛民用绳索套住脖子拖拽，最后横尸沙滩。印度政府逮捕了送传教士上岛的渔夫，指控他们违反禁止登岛的法律，间接导致传教士死亡。但政府自己也不能登岛，无法逮捕直接致人死命的凶手。

1991年，一位印度人类学家带了大批海鱼和椰子作为礼物登岛，岛民收了礼物，开始显得还好，但很快就恢复常态，准备按老规矩办。幸好这位印度学者跑得快，登船而去，否则恐怕也得横尸海滩。

还有些时候，渔民遭遇海难漂流到岛上，若非救援飞机及时赶到，也是凶多吉少。每当有飞机来临，无论是救援、拍摄还是投送物资，岛民都会无比愤怒，向天空射乱箭或投石块，试图击落飞机。

没人知道为什么岛民如此仇恨外人。可以肯定的是，因为世代与外界隔绝，岛上居民已丧失了对众多细菌病毒的免疫能力。19世纪英国人首次登岛，抓了6个当地人回去研究，其中两个成年人很快得病死去，不知所措的英国人赶紧把四个孩子送回岛上。戴蒙德指出，在欧洲人征服新世界的过程中，病毒和枪炮一样发挥了关键作用。[33] 这个观点在北森蒂纳尔岛得到印证，如果将北森蒂纳尔岛开放，允许外人登岛，哪怕不费一枪一弹，岛民也很可能会在短时间内全部死于病毒感染。

非我族类，一律处死，这样的法则，其心理基础显然是对陌生人的恐惧与警惕。北森蒂纳尔岛居民与英国人第一次遭遇的结果，只能加剧这种心理。

---

33　戴蒙德（2016）。

如今，根据人类学家的建言，印度政府已经立法，对这个人类原始社会的活化石进行保护，禁止任何人登岛或在附近海域航行。

**严守地盘的大岛居民。**北森蒂纳尔岛居民严守地盘，对外来人格杀勿论的法则，在大岛上也通行。我们来看看新几内亚的故事，这个岛近几十年来备受人类学家关注，故事特别丰富。

如前所述，横亘在亚洲东南半岛和澳大利亚之间的辽阔海域，是世界上最大的群岛马来群岛，中国人习惯称之为南洋群岛。马来群岛有2万多个岛屿，陆地总面积247万多平方千米。印度尼西亚拥有其中1.7万个岛屿，是世界上岛屿最多的国家。世界上岛屿第二多的国家菲律宾也在附近，紧邻印度尼西亚，有7 000多个岛屿。

在马来群岛东边，是仅次于格陵兰的世界第二大岛新几内亚岛。新几内亚北部紧靠赤道，南边紧邻澳大利亚，面积约78.6万平方千米。该岛也是世界上海拔最高的岛，岛上雪山山脉最高峰查亚峰高4 884米，是全岛也是整个大洋洲的最高峰。岛的西部属于印度尼西亚，东部是1975年宣布独立的国家巴布亚新几内亚，面积46.28万平方千米，是大洋洲第二大国。

新几内亚一万年前开始有人居住。澳大利亚和荷兰人第一次来到这里，发现这个岛上居住着庞大的原始族群，约有100万人。要知道，附近隔海相望的澳大利亚，面积15倍于新几内亚，欧洲人于18世纪到达时原住民也不过70多万人，虽然澳大利亚内陆是大片沙漠，但沿海宜居地区面积也数倍于新几内亚。

南北美洲的面积为4 200万平方千米，为新几内亚岛的90倍，在欧洲人最初到达时，印第安人的人口也不过700万人。从人口数量来说，在地理大发现之前，新几内亚岛和澳大利亚、南北美洲属于同一个数量级的独立世界。自然，在新几内亚，“文明遭遇蛮荒”的故事频繁发生，现代人找到了一个研究原始社会的理想场所。

岛上的高山深谷、原始森林使该岛内陆与外部世界隔绝。直至几十年前，新几内亚全岛居民都还生活在原始状态。直至今日，岛上内陆的山谷深处仍然有居民生活在原始状态。

1831年，澳大利亚人拍到了当地人的第一张照片，他们生活在原始状态，几乎一丝不挂。20世纪60年代，当地原住民第一次见到白人时，惊恐万分，捶胸顿足，号啕大哭，花了很多时间判断白人到底是不是人。当地人坚信，世间只有与他们同样外观的人，人在死后皮肤会变成白色，去到另外一个世界，因此，眼前这些白皮肤的陌生人，一定是来自另外世界的死者，他们不过是回人间来看看。

经过对白人生活习惯的长期观察，通过对他们的食物、排泄物和与异性交往的习惯和动作，新几内亚原住民最后终于断定，白人是人，可以与之交往。[34]

通过肤色判断对方是不是人，不是新几内亚岛原始人独有的问题，也不是简单的生物学问题。500年前欧洲人来到美洲初遇印第安人，也碰到了这个问题。当年殖民主义者碰到的问题是，如果印第安人是人，夺其性命窃其财产则严重违背基督教大爱无疆的普世观念。如果判断印第安人不是人，则殖民主义者可以为所欲为，毫无精神负担地杀害他们，掠夺其土地和金银财宝。殖民者后来的所作所为，清楚地告诉了大家他们的答案。1950年，在朝鲜战场上，志愿军中也有人为美军中的黑人是不是人感到过困惑。

新几内亚的社会状态，为人们研究原始社会提供了宝贵的素材。这个岛不仅大，还有难得之处，就是其文化基因非常多样化。岛上有居民100万人，分为不同的部落和族群，小的部落几十人，大的族群可达数万人。这些部落，讲完全不同的语言，全世界约7 000种语言，在这个岛上就有

34 戴蒙德（2014），第47—48页。

1 000种，讲同一种语言的平均人数只有千人。岛上部落也信奉不同的宗教，有些像东亚民族信奉多神教，有些则像犹太人和欧洲人信奉一神教。

上万年生活在同一个岛上，方圆几十万平方千米的土地上，难道没有语言和文化的融合？

没有。这个岛上，人们鸡犬之声相闻，老死不相往来。原因是，在新几内亚，出门旅行非常危险。在这个岛上，杀死擅自进入部落地盘的陌生人，天经地义，历来如此。

据戴蒙德记载，几内亚岛一道山脊的南北两边，生活着山族与河族两个部落。两个部落属于同一个语族，互相可以听得懂，却互相仇视和鄙视，互不往来，即使在日常生活中，也将对方视为仇敌，描述成最邪恶的魔鬼。双方最大的忌讳，是越过山脊进入对方的地界，无论是狩猎、取水、取柴，还是宿营。

戴蒙德曾经在这个地区考察，后来回忆起一次在山脊附近扎营过夜的经历。那次他住在山族这边，山脊那边几步路就有水，但山族女子不敢去取，怕被人发现，命丧黄泉。她们只能不厌其烦，走很远的路去自己的地盘取水，再爬几百米山坡回到居住地。

山族人告诉他，在边境上行走，一定要随时警惕，看看是否碰到河族人。如果碰到对方人多，己方人少，就要快速逃命。同样，如果己方人多，对方也会快速逃命。

据山族人介绍，河族人可以申请，按规定线路通过山族地盘到海边，再原路返回。也有个别河族人娶山族女子为妻后，长住山族。[35]

山族与河族的关系还不算太差，双方尚可按一定规矩让对方过境。几内亚岛上的戈罗卡人和瓦佩纳曼达人之间的关系更加紧张，他们基本不能

---

35 戴蒙德（2014），第32—34页。

踏出自己的地盘，出去即可能死于非命。[36]

更大一些的部落，会在自己地盘周边建立警戒线，保卫自己的地盘。生活在新几内亚的达尼族部落，会在地盘边缘兴建高达9米的瞭望台，观察周边的动静，防止他人入侵自己的地盘。为了台上人员的安全，还会派人在台下保护。[37]

**严守地盘的大陆居民。**对陌生人格杀勿论的法则，不限于海岛。

麦克尼尔认为，即使是在人烟稀少的早期，欧洲的原始部落之间也会因入侵他人地盘而战。人类学家对现存原始部落的考察发现，大陆上很多原始部落也都遵循这个法则，比如北美阿拉斯加的因纽特人、日本北部的阿伊努人、澳大利亚西北部的雍古族人、美国加州的肖肖尼印第安人、巴西和委内瑞拉的亚诺玛米印第安人等等。[38]

阿拉斯加的因纽特人有10来个部落群体，每一群体都有自己的地盘。如果有人未经许可进入他人地盘，即会被杀死。

进入因纽特人的地盘，要免于一死，有三种办法：一是证明自己与该部落某人有血缘关系，是亲戚；二是提前申请，获得批准；三是受到邀请，参加当地部落举办的贸易活动。[39]

原始人对“地盘”的态度是可以理解的。原始人的“地盘”，相当于现代人的“领土”，是神圣不可侵犯的。但原始人捍卫地盘的决心，甚至要超过现代人捍卫领土的决心，因为“地盘”是原始人唯一的财富，真正的命根子。原始人不能像现代富人那样，财富没有国界，将钱存在瑞士银行，去哪个国家都能过上优越的生活。

---

36 戴蒙德（2014），第4页。

37 戴蒙德（2014），第35页。

38 McNeill（1991），第6页。戴蒙德（2014），第35页。

39 戴蒙德（2014），第35页。

我们知道，美洲印第安人和新几内亚人，都在欧洲人到来后逐步步入现代社会，但二者的命运截然不同。对比两个原始社会遇到现代人以后的命运，我们可以再次看到“地盘”有多重要。

在美洲，第一批英国人于1620年乘“五月花号”抵达后，开始在北美殖民。在欧洲人的殖民过程中，印第安人失去了自己的土地，人口下降了95%，最终在殖民主义者建立的国家里被迫步入现代社会。如今，他们中大多数人生活在贫瘠的保留地上，过着穷困潦倒和看不到希望的日子。

与美洲印第安人命运类似的还有澳大利亚和新西兰原住毛利人。

新几内亚的情况截然不同。荷兰人虽然在16世纪就发现了新几内亚，但因为山高林密，西方人没有深入新几内亚内地，未在此地大规模殖民，当地原住民也未经历过丧失土地的痛苦。如今，新几内亚岛东部一半以上的领土属于1975年独立的国家巴布亚新几内亚，其余部分属于1945年独立的国家印度尼西亚。无论在东部还是西部，当地土著都按照自愿的原则，要么放弃传统生活方式步入现代社会，要么保持传统生活方式生活在自己的地盘上。

如今，领土面积46万多平方千米的巴布亚新几内亚，已有700多万人口，是西方人到来时全岛人口的7倍。该国与澳大利亚关系密切，在澳大利亚和世界的帮助下管理着自己的社会、学校、机场和航空公司。

## 4_暴民政治：民粹的原罪

原始社会暴力致死率远远高于现代社会，部落之间老死不相往来。这类现象，事出有因，绝非偶然。

造成这种悲惨局面的原因，有环境问题，也有原始部落内部决策机制问题，体现在以下四个方面。

**原因一，大的政治环境问题**。原始社会的大环境即是混乱与暴力，现代社会的基调是国家与秩序。

在如此不同的大环境下，现代国家只是偶然有战争，而原始部落总在打仗。以20世纪的德国为例，100年间有10年处于战争状态，90年属于和平年代，其他现代国家更是如此。而原始部落则是无时无刻不在交战。

原始部落世代相邻，互相来往，难免因种种问题发生冲突，比如水的问题、食物的问题、柴草的问题、语言侮辱的问题、行为冒犯的问题、自己的问题、亲人的问题、族人的问题……久为邻居，甲乙丙丁也都互相熟悉，知根知底，谁的劣迹斑斑，谁的过往血债，都会世代铭记。仇恨和敌意无法消除，复仇动机压倒一切。在这样的大前提下，若非一方完全失败，被消灭或逃亡，两个部落之间的战争很难终结。即使两个部落之间的战争终结，新的战争对象又会产生。

**原因二，内部决策机制问题**。原始部落政治是全员参与、民主决策，而现代国家由精英治理、权威决策，权威能一言九鼎，砥定乾坤，最起码，这是精英治理下国家决策的理想状态。虽然现代国家决策会不时背离理性原则，有时不能冷静分析形势，不能做出客观最优决策，但总会有人朝这个方向努力，一旦条件成熟，他们的意见会成为决策，防止或结束战争。

大家熟悉的一个例子是，二战时，日本虽然不乏军国主义狂热，不乏“本土决战”和“全体玉碎”这样的疯狂叫嚣，战争还是由天皇一纸“终战诏书”结束，避免了最惨的悲剧。若无天皇的权威，日本毫无疑问还将遭受更多的毁灭。日本著名导演黑泽明回忆道，在去听天皇停战诏书的路上，见到人人刀出鞘，神情凝重，仿佛1亿人都在为“玉碎”做准备。而在听完诏书回来的路上，街道商店仿佛都在节日前夜一样，人人都在喜不自胜地干活。[40] 可见即使违反个人真实意愿，“民意”也会推动社会走向战争狂热。

在原始部落中，决策极其民主，民主参与水平之高后世鲜见。在原始部落的决策机制中，不存在权威，无法在精英客观冷静分析形势的基础上合理决策。历史经验反复证明，当全民都平等地参与决策时，狂热分子很容易占上风，敢轻言和平者，经常未死于敌人，先亡于己方。

在文明社会中，民主决策做到最极致的是希腊的雅典，国家的重大问题由全体公民一人一票投票决定。雅典公民约3万人，原始部落的决策机制就是迷你版的雅典，雅典就是大号版的原始部落。

一人一票的决策机制使雅典变得特别好战，且昏招叠出，超越自身资源和能力四处征战。最终，雅典领导的提洛联盟与斯巴达领导的伯罗奔尼撒联盟走向旷日持久的战争，历时27年后战败，几乎灭国。

公元前399年，哲学圣贤苏格拉底被公民投票判处死刑。他的学生柏拉图对雅典的民主体制彻底失望，离开雅典，周游列国12载后回到雅典，专注于教育和写作。他在《理想国》一书中宣传精英治国，认为，除非哲学家担任国王，或是国王学习哲学，社会就永远不会获得安宁，人类也不会免于邪恶和灾难。[41] 到20世纪的美国，哲学家杜兰特说：“……唯有清醒明智的头脑才是维护和平、秩序和良愿真正需要的。”[42]

**原因三，前方后方问题**。原始社会打的是全民战争，不分前方后方。原始社会必须全民皆兵，全民战争，因为原始社会的战争更多是“灭国大战”，即以彻底消灭一个部落为目的的战争更加常见。[43] 原始社会的“灭国”

---

40 姜建强（2014），第55页。

41 柏拉图（2009）。杜兰特（1926），第22页。

42 杜兰特（1926），第19页。

43 戴蒙德（2014），第112页。

肯定意味着失败的一方全体灭亡，胜利的一方将失败的一方不分男女老幼斩尽杀绝。

这个游戏规则在文明社会发生了变化。古代战争中，后方与前方已有显著不同。确实，胜利的一方可以任意处置失败的一方，屠城的可能性仍然不小，特别是选择顽强抵抗的城市。但接受失败者投降，让失败者活下去的可能性也确实存在，而且不小。在古希腊，斯巴达放过了雅典。在东方，秦灭六国后，按商君法统一管理过去七国民众，颇有不分国别，法律面前人人平等的味道 。

到现代战争，军人在前线战斗，除了空军的大轰炸，普通民众很少在前线直接面对战争的风险。二战时的德国，即使在战争最艰难的时候，也遵循日耳曼文化的传统，不允许妇女参加战斗，甚至不鼓励她们工作，希特勒还特别要求，为了不影响民众的生活，不影响民心士气，不能随便减少消费品生产。

文明社会和原始社会战争性质不同，究其原因，是人的价值发生了变化。人类进入农业社会后，生产率提高，劳动力在农业中是很有价值的资源。战俘有价值，可以拿去卖钱，杀掉不是太可惜吗？所以，人类从5 000年前起，就逐步形成了不杀战俘的习惯，而是将战俘和被征服土地上的人民变卖为奴，转化为胜利者的财产。

目前，人类战争的性质正在再次经历根本性变化。随着武器的发展，前方后方的概念在现代战争中再次消失，导弹可以有把握将常规弹头或核弹头投射到地球上任何一个位置。战争之残酷，不再是“灭国”水平，而是“灭球”水平，即一次核战争会将地球变成不适合人类居住的地方，让人类彻底灭绝。人类希望的是，核大国之间战争的残酷性，使大国之间从此再无战争。

**原因四，伦理问题**。在原始社会，战败和受伤被俘必然是死路一条。[44] 而在文明社会，军人只要投降或者被俘，通常都可以活命。白起在长平坑杀几十万赵军战俘，是一个让秦昭王和白起都感觉非常艰难的决策，事后也让秦人自觉难堪，饱受后人诟病，由此可见观念之改变。

进入现代社会后，人类更是制定了许多按人道主义原则善待战俘的国际准则，用国际法的形式将这些准则固定下来。著名的《日内瓦公约》，强调人类尊严，要求人道对待战俘。该公约于1864年在瑞士日内瓦签订，在1906年、1929年和1949年几次修改，至1994年已获得187个国家和地区承认。

二战中，日军于1937年12月攻陷南京后，恣意杀害已解除武装的军人和无辜平民，制造了南京大屠杀。日军还于1942年制造了菲律宾巴丹死亡行军，在100千米路程中造成盟军战俘15 000人丧命，之后又将26 000人折磨致死，总计造成50%以上的战俘死亡。1945年，日军在马来西亚山达坎战俘营，将澳大利亚和英军2 000名战俘全部杀害。在现代人的观念中，这些都是令人发指、不可饶恕的战争罪行，受到全世界的严厉谴责。南京大屠杀的主要负责人战后被判处绞刑。而在原始社会，战争没有道德约束，将对方斩尽杀绝是常规，没人会觉得不对，感到奇怪。

原始社会确实特别暴力，但还是需要指出，数据最能说明问题，数据也最具欺骗性。有两个统计方法上的原因，与暴力本身无关，但影响暴力致死率的统计结果，可能使原始社会显得更加暴力。

第一，统计时间段问题。善于摆弄数据的人，总能从统计数据中找到自己想要的东西。换个角度，做不同处理，数据就可能给我们提供完全不同的结论。调整统计时间段，就是这种用数据“骗人”，改变统计结果的

44 戴蒙德（2014），第112页。

方法之一。

我们先用一个简单例子，看看如何通过选择时间段，改变数据给人留下的印象。有人告诉我们，从明初到明末的260多年间，朱元璋的男性后代从50多人增加到百万人，增加了大约2万倍。这些数字告诉我们，明朝朱家的人口增长速度远远高出社会平均水平。

但若将统计时间段稍做延长，延长至明朝灭亡，就会得出完全不同的结论。在明朝灭亡前后的那些年份中，起义军遍地追剿，无情杀戮，朱家后代几乎丧失殆尽，百万之众几乎顷刻归零。拿这时的数据和明初数据比较，结论是朱家人口的增长速度不过平平。

幸好这百万之众只是“几乎”归零，若真归零，就不会有那些优秀的朱姓后代成为国家栋梁，为社会做出众多巨大贡献。

更宏观地看，中国东汉期间人口峰值达到6 000万人，经过近700年战乱，到公元618年李唐再次统一时人口仅剩1 500万人，下降了75%。但到140年后唐玄宗开元和天宝年间，人口恢复到8 000多万人，包括这140年在内的暴力致死率无疑会大幅度下降。在中国2 000多年帝制历史上，类似的历史周期反复出现，凸显了时间段选择对暴力致死率的统计结果的影响。

第二，人口增长速度问题。人口增长速度的变化，可以完全改变一个时间段内的暴力致死率。在一段较长的时期内，无论战争造成的死亡率多高，只要战后和平时期出生率足够高，人口总数增加足够快，战乱造成的死亡率就会显得足够低。换句话说，出生率虽然与暴力非直接相关，但对暴力致死率的计算有决定性影响。出生率高会降低暴力致死率。

大家知道，现代社会人口增长速度远远高于原始社会。我们在本书第一章说到，在原始人最初200多万年的历史中，人口总数不但没有增长，7万年前还曾经濒临灭绝。2万年至1万年前，人口增加了10倍。1万年前发生农业革命后，人口在8 000年中增加了30倍，最近2 000年又增加了30

倍。人口的快速增长扩大了统计暴力致死率的人口基数，仅此即足以让原始社会的暴力致死率显得较高，让现代社会的暴力致死率显得较低。

以中国为例，假设我们要统计1900—2100年这两个世纪的中国人口变化，在其中第一个50年，中国经历了严重的内忧外患，大批人口死于战乱。但在1949年中华人民共和国成立、1950年朝鲜战争进入谈判阶段后，中国便进入和平时期，未再经历大规模外战和内乱，总人口一直在快速增长。在1949—2019年70年间，中国人口从4.5亿人增加到14亿人，增长了3倍多。若保持这个速度，再过70年，中国人口就会在140年间增加10倍达到45亿人。150年的和平稳定，其间极低的暴力致死率和极高的人口增长速度，让前50年的严重死亡占200年间人口总数的比例显得很低，大大降低了200年间总的暴力致死率。

# 第六章

# _天行纲，地走常_

# 有序人间

邻里关系确实是一个重要的人际关系问题，是任何人都逃不脱甩不开的问题。原始人和现代人一样，要生存，就必须面对和处理好人际关系。

原始人有部落内部和部落之间两类人际关系问题。

一个部落内部一定包含不同年龄段的人，有男人女人，部落内部关系必然包括男人之间的关系、女人之间的关系、男人与女人之间的关系、年轻人与老人的关系、大人与小孩的关系。

每个部落都有部落之间的关系问题。没有一个部落能独占这个世界。部落可能是外来的，迁移至此，也可能是原有部落分裂而成。分裂后的部落，随着时间推移，由近亲变成远亲，远亲变成不亲，甚至变得敌对。

## 1_部落内政：食、色与人口管理

个体离不开群体，这是人类生存的一大基本法则。

我们知道，原始人的生命随时随地受到毒蛇猛兽和自然环境的威胁，日常生活中有几十种不同威胁，会让人稍有不慎便一命呜呼。离开群体的个人，无法应对生命中各种各样的威胁，生存立刻会成为严重问题。“落单”的人，很容易成为猛兽口中之食，也会成为敌对部落攻击杀戮的对象。

落单带来的风险，在动物界也比比皆是，即使落单的大象，也会勾起狮群的食欲，成为攻击的对象，落单的野牛更是难逃狮群的捕杀。

从狩猎效果看，个体和群体之间也有天壤之别。对个体来说，如何独自找到足够的食物维持生计，是很大的挑战。

鉴于群体对个体生存的必要性和重要性，如何维持好群体利益，维护好群体内部秩序和内部关系，对每个原始人来说都是一个重要问题，都是他们最重要的行为准则之一。

我们可以从食物分配、权力分配、冲突起因、冲突解决方法、长幼关系、教育培训、惩罚机制、淘汰机制这八个方面，一窥原始部落内部的人际关系。

**食物分配。**既然食物是原始人生存的最大挑战，食物分配也自然成为原始部落内部关系中的最大问题。

原始社会物质贫乏，为了保障族群人口数量和身体素质，保证整体的战斗力水平，要求大家食物共享，互相关照。在很多部落里，大家会将狩猎和采摘所得集中起来，再由德高望重的人将其分成均等的份数，由各家领取。

人类学家曾经观察西太平洋不列颠群岛部落孩子们玩耍，他们看到，这些孩子在获得香蕉后，无论有多少人多少香蕉，都会平均分配。有时，香蕉太少人太多，每个孩子只能分到一口或一片香蕉，即便如此，他们也不会违反平均分配的原则。

共享要求非常彻底，不限于共同努力获得的收益，比如一起狩猎所得，而是包括所有所得。在非洲加蓬的部落里，有些人会为了获得更高收入去附近金矿工作。尽管他们的收入来自金矿而与部落无关，但部落仍然希望甚至要求他们与大家分享自己的收入，对未能分享的部落成员会施以严厉惩罚。

加蓬部落这种做法，对传统中国家庭来说并不陌生。1979年实行改革开放之前，中国80%以上的人口都生活在农村。世世代代生活在同一个地方，家族关系对每一个人都很重要，每一个人也被要求和期待关照好族人。这要求每个人在获得财富或取得功名后也要回报家族，提携族人，与大家庭共享自己成功的红利。中国农村这一“普惠”与“共享”的原则甚至可能不限于族人，中国农村走出来的企业家，经常感到有义务，也被乡亲寄予期望，要回报乡里。他们扶贫帮弱，挨家送钱，赞助教育，修桥筑路，不一而足，做很多事情满足邻里的期望。

**权力分配。**权力是保障利益最重要的手段。原始部落内部不仅共享食物，也共享权力。

如前所述，原始部落规模不大，通常有几十上百人，部落内部人人相识，个个平等，部落的重要问题都会在内部充分讨论，开会时气氛活跃，大家踊跃发言，甚至激烈争吵。

人类学家曾经近距离观察过玻利维亚的一个印第安人部落。这个部落属于爱吵架的族群，不但夫妻之间经常吵得不可开交，一个男人的多个老婆之间，孩子之间，也经常争吵。很自然，他们把这种风气也带到了部落会议，每逢有重大决策，每个人都会不甘落后，争抒己见。

如前所述，原始人之间战争频繁的一个原因，是人人平等个个参与民主决策，这种决策机制很难避免情绪化，最终被极端分子绑架。

**社会冲突。**人和人之间难免有冲突，原始部落内部也不例外。

导致原始部落内部冲突的首要原因是食物，次要原因是男女关系，其他所有原因引起的冲突都微不足道。

有人对上面提到的玻利维亚印第安人部落进行了统计，在75次争吵中，有44次是因食物而起，有19次是因情色即男女关系而起，有12次是因其他原因而起。

以上统计表明，因食物而起的争吵占争吵总数的将近60%。有人被指责不与人分享，私自囤积食物；有人被指责偷走他人食物，晚上再偷偷在自家帐篷里，或偷偷去森林中吃。看来，因食物匮乏饥饿难当而“偷吃”和“偷偷吃”，也是一个古老的传统。

因两性关系而起的争吵，占争吵总数的25%。男男女女，情绪敏感，关系复杂，难免时有冲突。有意思的是，因男女关系而起的争吵，不及因食物而起的争吵的一半。由此可见食物对原始人的绝对重要性。

难怪“食色，性也”要将食放在色之前。由此也可以推理，原始人之间因性而发生的冲突，可以用食摆平。后面的信息告诉我们事实确实如此。

其他所有冲突只占冲突总数的16%，可见，人与人之间的矛盾冲突，虽可能有各种各样的起因，但总体来说，原始人还是明白务实的，知道生死之外，别无大事，除食色之外，其他是小事，不值得为之过多争吵消耗精力。

阿克顿（John Acton）对自由的定义是，每个人在做自己分内之事时都受到保护，不受权力、多数派、习俗和舆论的影响。[1] 但在原始部落食物稀缺的大环境下，关于食物分配问题，却难得有“分内”与“分外”之分。色亦如此，因为能让人生死相许的异性永远稀缺。

**冲突解决机制。**要维护好内部团结，必须找到部落内部冲突与争执的有效解决机制。

舆论是原始人解决内部冲突的重要机制。他们生活在部落和族群小圈子里，人人相识，世代相伴，形成了很强的网络关系。如果发生争端，很容易做到人人都发表意见，形成社会舆论压力，双方亲戚也会全力以赴，各抒己见。[2] 在充分沟通交流的基础上，再由众人主持公道，予以解决，双方讨价还价。

舆论归舆论，后面的实力还是决定性的。人类学家在新几内亚的一些争强好斗的族群里看到，如果甲给乙造成了损失，乙便会告诉所有人，请他们帮助跟甲讨公道。所谓公道，就是甲对乙的损失予以赔偿，赔偿物可以是乙和大家都觉得可接受的任何东西。大家最能接受的赔偿物是食物，尤其是猪。

关键是赔偿物的价值不一定和乙遭受的损失相等。决定赔偿水平的有

1 阿克顿（1877），第13页。

2 戴蒙德（2014），第75页。

两个因素。一是看有多少人在帮甲，多少人在帮乙，依双方力量对比而定。而大家选边站队的依据，主要看血缘。部落内部的家庭通常是依血缘站队，自己人帮自己人。这时，人多势众的家庭自然会占优势。二是看甲乙双方各自的人缘和口碑，平时显得非常自私，树敌过多的人，在与人发生冲突时自然要吃亏。[3]这种赔偿制度，印证了王一江对科斯谈判与暴力之间关系的判断：通过谈判避免暴力时，即使没真打，也要依据“如果打”的后果决定利益重新分配，决定谈判结果。[4]

冷却期是解决冲突的另外一个重要机制。当同一队群的不同家庭发生严重冲突，争端一时难以解决时，一方可能会暂时迁移到森林里住，等到双方消除敌意后再回来。

和平分手也是一个解决方案。如果冷却一段时间后，双方仍然互相仇视，无法和解，则一方会选择离开，另组新群，或加入另外的队群。这种选择告诉我们，居无定所的狩猎采集群体处理内部冲突的终极方法是自由退出，散伙走人。[5]

**长幼关系**。原始部落内部平等自由的人际关系，会自然延伸到长幼关系。

在原始部落中，大人会给孩子足够的尊重和自由。有人类学家和传教士报道，在他们熟悉的印第安人部落里，孩子和大人一起吃饭，没事时随处行走、游荡，部落的成年人都是他们的叔叔和阿姨，都会关照他们的安全。

有美国人曾大力倡导社会共同努力培养新一代，宣传“举全村之力育一孩”的理念，这个理念在原始部落其实是常态。有些传教士的孩子在原

---

3 戴蒙德（2014），第76页。

4 王一江（2019）。

5 戴蒙德（2014），第73页。

始部落长大后，回到美国主流社会，发现身边没有让人感觉亲切、值得信任的长辈，几乎人人都是陌生人，感到非常惊讶，难以适应。

在新几内亚，有一个10岁的孩子碰到一个美国人，想跟他去外地见见世面，同时给他当帮手赚些钱。孩子做出这个决定时，父母碰巧不在身边，他请叔叔阿姨将自己的决定转告父母后，便出发了。这次出门，原计划是几天，却因情况变化延长到一个月，孩子托人带话将情况告诉父母，便继续旅行。从父母到邻居到孩子本人，大家都觉得这是一件很平常的事。[6]

孩子做错了事时，会受到惩罚。不同部落的惩罚会有所不同。一些部落相信“不打不成才”，主张对犯错误的孩子严加管教，对不听话的孩子打骂体罚。另外一些部落则放任自流，相当宽容，大人对孩子的辱骂斥责都罕见。

在那些非常宽容的社会，孩子经常会做危险的事情。在新几内亚的一个部落中，很多人身上都有烧伤，因为那里的孩子喜欢玩火，即使造成了损害大人也不会制止和处罚他们。在另外的部落里，孩子的爱好是玩刀，即使有人玩刀受伤，大人还是不加制止随他们玩。[7]

人类学家观察发现部落对孩子的态度和部落的经济结构有关。那些主张对犯错误的孩子严加惩罚的部落，多数都发展了一定的农牧业，在这样的社会中，孩子的不当行为容易给社会造成严重的经济损失，比如毁坏了庄稼或让牛羊跑掉。而对孩子放任自流无比宽容在真正传统的狩猎采摘部落中更多见，因为这样的传统部落财产很少，孩子的调皮捣蛋可能造成的财产损失有限。这再次证明，原始人知道什么重要什么不重要。

**教育培训**。原始社会到处都是危险，随时可以夺人性命。面对这些危

---

6 戴蒙德（2014），第149页。

7 戴蒙德（2014），第156页。

险，原始人祖祖辈辈积累了大量的知识和技能，需要分享和传递给下一代，比如以下这些用鲜血换来的经验和教训。

得罪了某某部落，他们会如何报复。他们部落中谁最狠，谁最快，谁力气最大。如果和某一部落发生冲突，其他部落会帮谁。

要与邻居和解，请谁出面，怎么说，怎么送礼和赔偿效果最好。

村子设在哪里才安全，可避免敌人或野兽夜晚袭击。

野外宿营不能在大树下，免得树木倒塌或树枝掉下被砸；不能在河边，以免上游突然发洪水；不能在找不到柴草无法点火的地方，以免冻坏。

走在路上要注意什么，如何留下和识别路标，防止迷路和防止误入其他部落的地盘。如果路标被移动过，可能意味着什么。

碰到什么样的狮子最危险，什么时候是狮口或豹口夺食的最佳时机。

大人在和猛兽打斗时，小孩什么时候应该躲到树上或其他安全的地方，什么时候可以出手帮忙。

上树摘果子取蜂蜜要注意什么，如何不被蜜蜂蛰，如何防止摔下树。根据解剖分析，320万年前的露西，就是不慎从树上摔下来命丧黄泉的。

如何防止被毒蛇和昆虫咬伤，咬到了如何处理。

什么时候可以出海打鱼，什么时候不能。

如此等等，不一而足。

原始人有这么多生死攸关的知识和技能需要分享传递，但他们没有文字，没有学校，怎么分享和传递呢？

一个办法是示范，大人带小孩外出、露宿、狩猎以及与邻居打交道，小孩在参与和见证的过程中学习和进步。

更多的时候，原始人靠口头沟通传递知识分享信息。原始生活与现代生活的一个重大差别是，同一部落的原始人会花大量的时间聊天，做饭的时候聊，吃饭的时候聊，走在路上聊，没事坐在篝火边聊，大人和小孩聊，妇女和妇女聊，男人和男人聊，所有人一起聊……

当妇女一起外出取水或采摘时，保持聊天不仅能尽口舌之快，有正常沟通信息的作用，还能让大家反复确认每个人都在，不会有人消失在草丛中过很久才被大家发现不见了。

可以推测，原始人的口才是很好的。只要醒着，他们就在不停地聊天，口才一定练出来了。

很多原始部落都有自己的语言，有的地方在方圆几千米的范围内就会有一种语言。原始人的语言能力都很强，生活在多语言环境中的原始人，会说5种以上语言不足为奇，又如今日之欧洲人和东南亚华人。[8]

明白了吧？有机会与好友痛痛快快海聊一通，为何让人那么开心、那么畅快？从我们祖宗的祖宗那时起，人类就养成了聊天的习惯，聊天就是生活最重要的组成部分。现代生活的一大缺失，就是没有时间、没有机会与家人和朋友聊天。

**惩罚机制**。对破坏秩序、危害群体利益者，群体必加以惩罚，惩罚的力度视犯规严重程度而定。

惩罚方法之一是舆论和集体仇恨。在上面提到的非洲加蓬部落中，哪个金矿工人如果没有和族人分享收入，便会成为大家非议歧视的对象，受到排斥甚至迫害。生活在一个充满敌意的人群中，平时可能感觉不强烈，但在埃博拉病毒肆虐时，当地的巫师就可能说，是他带来了病毒，祸害了大家。[9]

看来，碰到天灾人祸、病毒瘟疫横行时嫁祸他人，也是一种历史悠久

---

8 戴蒙德（2014），第287页。

9 戴蒙德（2014），第73页。

的普世行为。加蓬部落巫师的行为告诉我们，要决定某人是否是病毒源，仇恨比事实更重要。

对犯规者最严厉的惩罚，莫过于将其永远驱逐出群。因为个人离开了群体必死无疑，将某人驱逐出群相当于现代判处某人死刑或死缓。

原始人会以犯错的严重程度“量刑”。在巴西的一个印第安族群里，对轻微犯规的惩罚是一天或数日不得与大家分享食物。对较严重犯规的惩罚是一个人住在森林里，在一段时间里断绝与其他人交往接触的机会。对最严重的犯规才会做出最严重的惩罚，将此人放逐，永远不得再回到自己的群体。

族群里有位少年，错杀了附近另外一个部落的人。他的行为使自己部落很可能遭到对方部落的报复，给自己部落带来很大的危险。作为惩罚，该少年被本群永远驱逐，一个人在野外独居，不到一个月后便离奇死亡。[10]

人类的近亲黑猩猩也有类似的淘汰机制，用集体攻击的方法将冒犯大家的成员逼到领地的边缘，使它单独暴露在危险之中。受到这种惩罚的成员，一般后果也是付出生命的代价。[11]

**淘汰老弱病残**。原始社会食物如此匮乏，生存如此艰难，只有身体健康的人才有生存的权利。部落为了生存，会建立一套淘汰机制，及时淘汰已丧失生产力、不再能带来食物的成员。

在任何社会都一样，原始社会也不例外，最缺乏生产力的是两类人：儿童和老弱病残。原始部落的淘汰机制主要针对这两类人。

淘汰老弱病残的机制有些我们在第一章已经讲到，比如从后面袭击将他们杀死，鼓励他们自杀，或者在迁徙时将他们留在原地，自生自灭。起

10 戴蒙德（2014），第75页。

11 德瓦尔（2015）。

码，在迁徙和遇到危险时，不会有人护着老弱病残，或背着他们走。经历过极端危险的人都知道，有时帮助别人的结果很可能是大家一起完蛋。这样的道理，攀登过珠峰、经历过绝境的人都深有体会，也和大家做过分享。

也有一些部落对老弱病残相对比较友善，比如在斐济岛上，小孩会将食物嚼碎喂给没牙的老年人吃。但很明显，这样的事情只能发生在食物相对充足、环境相对安全的地方。

对老弱病残的淘汰机制决定了原始人的平均年龄。在新几内亚，人均寿命不到40岁，几乎见不到50岁以上的人。要知道，这是在一个自然条件相当优越的地方，且已发展到相当晚期的原始社会。戴蒙德去考察时，当地人听说他40多岁了，十分惊讶，问他是不是“一只脚已经踏进坟墓”。[12]

**淘汰婴幼儿。**原始人淘汰小孩的机制同样残酷，他们对新生儿要求很高，有精心筛选的习惯，只要有下述情况之一，小孩便会危殆。[13]

第一种情况，天生畸形或孱弱的婴儿，出生后即会被立刻杀死。在非洲昆族，这个任务由母亲完成，她要负责处置有生理缺陷的婴儿，只将健康的孩子带回部落。昆族人认为，杀婴和杀人不同，孩子在出生后尚未命名前，还不是昆族人，杀死他们不算杀人，没有心理压力。

有些部落不是直接杀害有生理缺陷的婴儿，而是通过“善意的忽略”让孩子自然夭折，比如减少给他们哺乳和不理会他们的需求。在一个印第安人部落中，80%的残疾婴幼儿都是通过这些“善意的忽略”的方法淘汰的。“善意的忽略”这一做法的长期存在，决定了婴幼儿长得健康可爱对

12 戴蒙德（2014），第166—169页。

13 戴蒙德（2014），第141页。

自己的生存非常重要。

第二种情况，遇到饥荒，食物严重匮乏之时。出现这种情况，必须优先保证最强壮族人的食物供应，才有可能保证未来的食物供应。这时，一批婴幼儿会和老人一样，成为优先牺牲的对象。

第三种情况，怀孕过于频繁，孩子出生时间太接近。遇到这种情况，则不能让他们都存在。具体来说，如果母亲在2年内生下第二个孩子，这个孩子就非常危险，双胞胎更是如此。

两胎之间的间隔，最少2年，更理想的是4年。这是有其道理的。原始部落的孩子靠母乳喂养，2岁之前的孩子靠母乳为生，而母亲又经常营养不良，如果同时要给两个孩子哺乳，第二个孩子饿死的可能性就很大。反正无法养大，与其现在消耗资源等待将来饿死，不如现在了断。

还有，2岁后孩子才开始稳步走路，4岁的孩子才能勉强跟上大人的步伐。如果一个部落因为狩猎采集需要流动，母亲在流动过程中拿着食物和用品，再背着两个孩子长途跋涉，很可能三人都会丧命。等一个孩子大了自己行走，母亲只需要抱着一个孩子迁徙，就好多了。

动物界也会自然形成合理的生育间隔，防止种群过分膨胀。[14]黑猩猩的生育期是6年一次，巴诺布猿是5年一次。[15]从这些人类近亲形成的自然习惯看，原始人要求妇女至少间隔2年再生育下一个孩子不算过分。

第四种情况，双亲中有一方不在。这样的孩子缺少充分的保护，容易夭折。

如前所述，在人类学家考察过的一些印第安人部落中，正常情况下

14 Elton（1927）；Carroll（2016）.

15 德瓦尔（2015），第114页。

14%的男孩和23%的女孩会在10岁前死亡。但若双亲中有一人不在，孩子的死亡率会暴增4倍。看来，人们都会本能地优先关照好自己的孩子，即使在没有私有财产的原始社会，这也是惯例。

更严重的问题是，包括人类在内，动物界广泛存在杀婴的现象，即雄性动物杀死肯定不是自己后代的孩子，这让没有父亲的动物幼崽备受威胁。新狮王诞生后，做的第一件事即是将其他所有幼狮斩尽杀绝，腾出所有资源给自己的后代。雄性叶猴的做法也一模一样。熊、鼠、海豚甚至鸟类，也有类似行为。在黑猩猩的世界，人们不但经常看到雄性攻击和虐杀他人的孩子，甚至看到它们分食他人的孩子。《圣经》中有埃及法老和犹太希律王下令杀婴的记录。历史上将敌人的后代全部杀光的记录更是比比皆是。[16]

要避免动物本能带来的如此悲剧，除非大家都是孩子的亲生父亲。

但是，这怎么可能呢？一个孩子只能有一个父亲，这不是自然法则吗？自然法则和人类头脑中的法则经常不是一回事，这正是人类的特殊之处。

父亲与孩子之间的关系，只有在一夫一妻和一夫多妻制的部落中才是清楚的。在实行群婚，男女无固定配偶，或一妻多夫的部落里，人们都无法确认谁是孩子的父亲，多个男子都可能是一个孩子的父亲，同时关照一个孩子，也同时对多个孩子一视同仁，加以关照。

原始人不知道卵子受孕只需要一个精子，也只能有一个精子，不知道一个孩子最多只能有一个生理意义上的父亲。

在有些部落里，人们甚至认为，妇女如果在怀孕期间和多个男子发生关系，孩子就可以从不同男子那里继承他们各自的优点。在这些部落，希

---

16 德瓦尔（2015），第105—106页。

望生下更加优秀的孩子的孕妇会刻意和更多男子发生性关系。在这些部落，男子关照孩子，不是因为自己可能是孩子的父亲，而是认为自己就是孩子的父亲。歧视无父亲孩子的问题，在这些部落当然不存在。

从这个角度来说，杂婚制模糊了孩子的父亲，可视为人类进化对杀婴的反制措施。杂婚部落的孩子似乎具有更多的生存优势。

单口相声大师方清平在一次表演中回忆自己读小学时按老师要求用“陆陆续续”造句，他造的句子是：下班了，我的爸爸陆陆续续回来了……引起哄堂大笑。其实，这个句子不一定完全错误。在实行杂婚制和一妻多夫的社会里，爸爸真可能会陆陆续续回来。

这种优势带来的一个后果是，后世越来越多的人都带有“不专注”的基因。如果人类一直处于原始状态，这本来不是问题。[17]

后来，随着财产由部落所有制发展为家庭私有制，建立核心家庭以确定父亲的社会变得更有竞争力，更受欢迎。[18] 在文明社会，有父亲的孩子通常能更好地成长。父亲不仅会心甘情愿努力工作为孩子提供衣食和教育，还会用各种形式保护孩子，比如在遇到危险时将孩子抱起来快跑。在社会上，没有父亲的孩子更容易受人欺负。研究表明，继父虐待孩子的比例远远高于亲生父亲。[19]

从杂婚制过渡到一夫一妻制，从不确定父亲到确定父亲更有利于孩子的成长，给人类社会带来了一个挑战：携带杂婚基因的男男女女需要爱护家庭，因为家和才能万事兴，才能后代兴。为了应对这一挑战，人类建立了大量的法律和道德约束。

让父亲对孩子对家庭更加关爱、更加尽心尽责的方法很多，常见方法

17 巴拉什（2019）。

18 恩格斯（2018）。

19 德瓦尔（2015），第106页。

之一是人们反复确认："这孩子长得真像爸爸。"

原始人大概没必要用这种话安慰父亲。

## 2_部落外交：谈判与共生共存

部落之间如果发生矛盾，双方可以棍棒矢石相向，一决雌雄，解决方案视输赢而定。

打斗总有风险代价，诺贝尔经济学奖得主科斯认为，如果双方的矛盾冲突能和平谈判协商解决，避免打斗的风险与代价，对双方来说都是好事，可以取得帕累托改进。[20] 如前所述，王一江特别指出，愿意谈判不等于暴力不重要；实际上，谈判结果要依相对武力决定：在谈判桌上，决定结果的重要原则是，假如打，会有什么结果。[21]

事实的确如此，原始人在发生冲突时，并非一味打斗，他们经常会通过谈判解决问题，谈判结果通常由实力决定。

在新几内亚岛上有个部族，住在果堤村。该部族一直与周边四个部族互相仇恨，时常仇杀。时间久了，果堤村人渐渐感到难以支撑，很多人不得不离开故乡，躲进友好村落。

30多年后，攻伐逐渐缓和，外出避难的果堤村民慢慢回到故乡。又过了三年，村民希望与敌对部落和解。作为和解的第一步，他们给宿敌送上了几头猪和其他食物。在原始社会，送上猪和牛这类礼品，貌似比现代社会给人送钱还管用，这就是我们在第三章称食物为原始社会的"现金流"的原因。

果堤村有位叫皮乌斯的青年，父亲、哥哥还有亲戚都被宿敌所杀。有

20 Coase（1960）.

21 王一江（2019）。

人问他，为何要补偿杀害他父亲和兄弟的敌人，而不是向他们索赔呢？皮乌斯说，对方以前也有人被果堤村民杀害，世代的恩怨也未必送几头猪就能一笔勾销。他们的目的不是向对方索赔或复仇，而是建立和平关系，和睦相处，这样自己和族人就能无忧无虑地生活在果堤村。

经过谈判，双方终于达成满意的协定，同意不计前嫌，和平相处。果堤村人终于可以回到故乡，安心生活，不再时刻担惊受怕，害怕遭到仇家的攻击。[22]

当然，如前所述，背信弃义和反目成仇在原始社会并不少见，即使和解了，防范措施还是永远都不可少。

一方希望和解，谁来当中间人，居中协调呢？可以不用中间人，自己派人前往对方部落说明情况。也可以请双方都接受和信任的第三方充当中间人。在进化程度相对较高，族群足够大的原始社会，部落会组成酋邦，必要时酋长会在部落之间扮演协调人的角色。

苏丹努尔人就是这样一个进化程度相对较高的非洲原始人社会。努尔人总数大约有20万人，他们十分好斗，睚眦必报，复仇从不含糊。

在努尔人社会里，同一个村子的人通常不会互相打斗，这是全体村民不允许的。相邻村落发生争斗通常也会很快解决，看来大家都想清楚了，近邻长期冲突会产生很高的成本代价。但如果两个村子相距甚远，他们之间的冲突则很难和平解决，双方都会强调血债血偿，几乎没有机会修复关系。

在努尔人社会里，可以引起矛盾冲突的事情很多，比如偷盗、男女关系、离婚时退还聘礼，都是常见问题。杀人是最严重的罪行，通常会引起血腥报复。如果甲杀了乙，乙的亲戚不仅会追杀甲，还会追杀甲的亲戚。

---

22 戴蒙德（2014），第72页。

因此，杀人事件不止涉及凶手和被害人，还包括双方的亲友和各方村子的庞大群体。

努尔人知道，杀人之后想活命，最好的办法是躲进酋长家中。他的敌人会在酋长家外守候，只要他敢走出来一步，就要他的命。

酋长对此心知肚明，他会等一段时间，等到被害人的亲友冷静下来，再找双方代表协商赔偿。一般而言，杀死对方一人需要赔偿对方四五十头牛。

酋长在协商赔偿和解时，会请乙方即索赔方先提出和解要求。十有八九，乙方会拒绝任何和解的想法。但酋长会继续游说，乙方最后会显得无可奈何，勉强接受酋长的调停，坚持说是看在酋长的面子上才愿意谈判解决问题。在整个谈判过程中，酋长仅仅扮演协调者和仲裁者的角色，没有任何强制执行力。他的任务是让双方冷静下来，保留颜面，达成协议。[23]

原始人也注重人际关系的长期投资，这种投资在遇到敌对部落挑战和遇到自然灾害时会体现其价值。

原始人对人际关系进行长期投资的主要方法万变不离其宗，还是食物。分享食物是对人际关系最好的长期投资。

在非洲很多地方，食物供应和降水直接相关。和中国江南梅雨季节大面积稳定降水不同，非洲降水的一个特点是，即使是在降水相对充足的地区，地区内相邻地方的降水量也常常出现巨大差别，在某地某月降水超过250毫米时，附近一地的降水也可能为零。因为这种情况经常发生，部落之间互相帮助互通有无对大家都很有好处。[24]

在有些地区，某些食物会在收获期出现供应过多的情况。如果这些食

23 戴蒙德（2014），第76—77页。

24 戴蒙德（2014），第232页。

物不便保存，这样的收获季节正是原始人交友和加强感情的好时机。他们会邀请朋友过来做客，大家放开肚皮，痛痛快快地吃够玩好。当然，回请或某种其他形式的报答是不能少的。

### 3_贸易往来：为了生意，放下武器

除了避免战争的损失，原始人还能从和平的邻里关系中额外受益，受益的一个重要形式是建立贸易关系，互通有无。

考古证据显示，人类早在几万年前就有了商品交易。在欧洲内陆3万年前原始部落的遗址上，发现了来自波罗的海的琥珀，来自地中海和大西洋的贝壳，还有特别适合制作石器的黑曜石。这些来自几百千米，甚至几千千米之外遥远的物品静静地告诉我们，原始人几万年前即建立了相当发达成熟的贸易关系。[25]

同样的事情在世界其他地方也同样存在，甚至更加惊人。在马来群岛的一些岛屿上，考古学家和人类学家找到了黑曜石做的石斧，而这种石头肯定不是当地所产，而是来自几千千米之外的地区。

南太平洋的黑曜石大部分来自新不列颠岛。该岛在新几内亚岛东边，与新几内亚隔海峡相望。通过贸易，新不列颠岛出产的黑曜石向西流动，出现在3 200千米之外的加里曼丹岛，向东流动，出现在3 200千米之外的斐济。[26]

在伊拉克的洞穴里，也发现了来自四面八方的各种物品，有黑曜石，沥青和天然铜。[27] 黑曜石是火山爆发产生的一种石头，非常坚硬，适合制作十分尖利的石器。因为在原始时代石器的质量代表了生产力的水平，黑

---

25 赫拉利（2014），第36页。戴蒙德（2014），第49页。

26 戴蒙德（2014），第58页。

27《剑桥古代史》（2020），第259页。

曜石在世界各地原始部落中都很受欢迎，是原始人贸易中最重要的产品之一，大概相当于今日之石油贸易。岛屿之间的黑曜石贸易，涉及开采和制作的分工，也涉及贸易和运输的方法。[28]

到原始社会晚期，贸易的物品更加丰富，可以说是琳琅满目。对新几内亚岛、澳大利亚、非洲、亚洲、美洲一些部落的考察表明，他们交易的货品达数百种之多，既有生活必需品如盐、食品、弓箭，也有奢侈品如珠子、涂料、鸟羽、海象牙，还有介乎二者之间，在日常生活中既有实用价值也是奢侈品的物品，比如陶罐、木碗、狗。[29]

至于交易货品的来源，有些属于垄断性资源，比如盐和黑曜石的产地；有些则是独门绝技，比如有些部落能做出最好的陶器或最好的独木舟；还有一些则是普通的劳动产品，比如芋头、椰子、兽肉和皮毛。

也有一些部落，长期自给自足，几乎从来不和外界贸易往来。人类学家在西伯利亚和玻利维亚都发现了这样的部落。但总体来说，这样的部落非常少见。不能低估原始人行为中的理性和目的性，如果贸易带来了明显的好处，为什么不互相贸易互通有无呢？[30]

贸易之利如此之大，哪怕是仇敌之间也会做生意。阿拉斯加因纽特部落之间互相仇恨，战事频繁，平常杀红了眼。但他们每年都会在两个时间停战，化干戈为玉帛，不分敌友，开开心心做生意。一次是夏季商展，一次是冬季祭祀典礼，每次为期一到两周。[31] 这种做法并不让人费解，古希腊人在四年一次的奥林匹克运动会期间停止所有战争，现代人为了看足球比

---

28 赫拉利（2014），第36页。

29 戴蒙德（2014），第49页。

30 戴蒙德（2014），第59页。

31 戴蒙德（2014），第54页。

赛停战，均属同类行为。[32]

相邻部落之间也可能举办集市。举办集市贸易时，人们不是一对一进行交易，而是买卖双方各几十人同时来到市场，放下自己的货品，前来交易的外地人看到自己喜欢的货品，即会拿出自己带来的货品进行交易。马克思在《资本论》中描述了人们在没有货币的情况下如何交易，用斧子换绵羊，绵羊换器皿。原始人在集市上的交易行为就是如此。[33]

通过贸易，在一个地区的部落之间形成了一些分工，有的更多地做箭，有的更多地做网袋或陶器。这样的分工在新几内亚岛和美洲印第安人中都能见到。李嘉图的比较优势理论，在原始社会已有所体现。[34]

对原始人来说，贸易除了能让他们互通有无，改善生活，还有另外两个价值。

一是保险功能，无论是阿拉斯加西北部的因纽特人，还是菲律宾群岛上的居民，关系密切的贸易伙伴会在对方遇到天灾人祸时，提供住宿、食品等必要帮助，他们相信这样的事情谁都有可能遇到，互相帮助是必要的。

二是联络感情，加强联盟。世代相传的贸易关系、频繁的交易，会使相邻的部落产生更加密切的感情，甚至相互依赖的关系，当有战事发生，大家会更加信任，更加愿意结成同盟，抗击第三方。这对原始部落来说，也是生死攸关的大事。

怎么能知道除了获得交易物品的价值，原始人在贸易中还考虑到了感情投资的因素？

在原始部落中常常出现的一个现象是，即使是自己部落能够生产的物

32 盐野七生（2018），第Ⅱ卷，第141页。

33 马克思（2007）。

34 Ricardo（1817）.

品，也会从邻居那里购买，经常是同样的东西既自产也购买。人类学家发现，非洲昆族人身上背的箭，10几支箭很可能来自4～5个不同地方，有自己做的，也有别人做的，别人还不止一个人。很明显，互动本身是有意义的，哪怕自己会做的东西，昆族人也会交换，通过互动加强友谊。[35]

当足够多的原始部落都有互通有无的需要时，有些部落甚至发展成为相当“先进”的商贸专业户，靠贸易为生，充分享受贸易带来的好处。这样的专业户，后世习惯于称之为“商人”，在世界多个地方均有。

在世界第二大岛新几内亚岛附近，有个叫玛拉的小岛，名不见经传，面积不过0.82平方千米，岛上居民为锡亚西人，人口1963年就有448人，人口密度为每平方千米546人。欧洲人口密度最大的国家是荷兰，平均每平方千米大约400人，玛拉岛的人口密度高于荷兰。

按说，以玛拉岛的面积、人口密度和岛民的技术水平，仅靠岛上资源，当地人是很难养活自己的，就算勉强能活，生活也会相当艰苦。但实际情况是，岛上锡亚西人的生活水平相当高。登上玛拉岛，人们看到的是密集的房子，到处人来人往，熙熙攘攘，到访者很容易忘记锡亚西人还处于原始社会。

锡亚西人的优越生活，来自他们的商业能力。在他们身上，人们可以看到古代地中海东岸腓尼基人的影子。

锡亚西人深谙经商之道。他们会扬帆起航，载着猪从玛拉岛出发，先到A地，每头猪换10袋西米，再到B地，每10袋西米换100把壶，再到C地，每100把壶换10头猪。最后，他们带着比出发时多10倍的猪，回玛拉岛。凯旋之日，便是庆功之时，猪肉大餐是少不了的。

锡亚西人的货物品种多样，有猪、狗、壶、珠子、黑曜石等生活必需

35 戴蒙德（2014），第59—60页。

品和奢侈品，总计达20种以上。

锡亚西人的航海技术先进。他们使用的独木舟工艺精湛，双桅，长18米，吃水深1.5米，可载重两吨。驾驶着这样的独木舟，他们可以穿越惊涛骇浪，到四五百千米之外的地方进行交易。[36]

锡亚西人每年年终都要举行大庆，将一年贸易收获的猪一次宰杀，尽情吃喝。这种风格很像中国的农民，每年回乡过春节时，会尽情消费，将一年辛辛苦苦挣来的钱大大方方花个痛快，甚至可能在牌桌上欠下赌债。他们和锡亚西人一样，相信来年还会有同样的赚钱机会，尽情吃喝后，又会打点行装，告别父老乡亲前往外地，开始新一年的工作。

虽然贸易是一些原始人生活的重要组成部分，在原始社会晚期尤其如此，但是原始人的贸易与现代人的贸易还是存在明显差别，体现在以下几个方面。

首先，如前所述，原始社会没有货币，靠以物易物贸易。以锡亚西人为例，他们要获得最大的回报，必须准确知道谁需要什么，向不同的人提供他们各自需要的东西。有时，也会有一些物品象征性地起到金钱的作用，比如一些漂亮的贝壳、扁平的石头、有精致雕刻的木碗。[37] 在锡亚西人进行交易的地方，雕工精致的木碗相当于古代的金块、现代人的豪车，绝对是地位的象征。

其次，原始人基本上只和固定的对象做生意。如前所述，原始人普遍对陌生人抱有严重敌意，很多部落对进入自己地盘的陌生人格杀勿论。同时，原始社会战事频繁，去到陌生的地方，遇到他人交战，一定会被连累，落得人财两空。因此，无论是美洲的因纽特人，还是非洲的班图人、

---

36 戴蒙德（2014），第49页。

37 戴蒙德（2014），第51页。

俾格米人，都只和固定的对象交易，这种固定的交易关系非常稳定，可以做到世代相传。出于对安全问题的担心，即使很擅长贸易的锡亚西人，也只敢去几个与其有长期稳定贸易关系的村落进行贸易。若遇到不幸，船只被风吹离航道，被迫停靠在陌生的海岸，不要指望当地人会以礼相待，通常的命运是人财两空，货被抢走，人被杀害。

第三，原始人的交易更多是短距离在相邻部落之间进行的。锡亚西人之所以能前往数百千米之外进行交易，是因为他们住在玛拉岛上，有航海之利，而生活在内陆的原始人，则不敢轻易远行，冒险经过陌生人的地盘，而是只能和相邻部落交易。这意味着，从几百上千千米之外海边来的货物，很可能经过了多次转手，才到达内陆部落手中。[38]

第四，信用在原始部落的交易关系中非常重要，也非常可靠。部落之间的交易，既可以现场以货易货，也可以由一方先把货拿走，改日再把具有同等价值的货物送回来。一次来回的周期，可能是几天，可能是几个月，甚至可能是一年之后。一方先拿货时，不需要签合同，也不需要放任何抵押品，谁欠谁什么，大家都记得清清楚楚。都说好记性不如烂笔头，不知没有纸笔的原始人是如何记得那么清楚，总能将欠人家的东西按时还回去。

除了贸易，互相赠送也是原始部落之间友好交往的重要形式。在赠送关系中，一方会主动带上物品，送到对方的地盘，不直接索取任何回报。但可以想知，对方通常会有回赠。而且，回赠品的价值与赠品的价值会尽可能相当。有时，接受赠品的一方不一定立刻回赠对方任何物品，而是在下一次拜访对方时带上价值相当的礼品。有时，为了保证对方回赠合适的物品，赠送方会明确告诉对方自己希望得到的回赠品。双方礼尚往来，建立信任，加强感情。

38 戴蒙德（2014），第50页。赫拉利（2014）。

## 4_大师之谬：从霍布斯、卢梭，到追随者

原始社会是和谐友好的人间天堂，还是暴力充斥的十八层地狱？也许，二者皆非，或二者皆是？谈完原始社会的邻里关系，人们或许对这个问题会有兴趣。

至少，在370年前，在还没有考古学，没有任何考古证据的时候，就有人开始对这个问题感兴趣。1651年，英国政治哲学家霍布斯打响了关于这个问题的第一枪。

17世纪40年代，英国因为宗教和经济矛盾，冲突不断，最终爆发了内战。内战期间，国王或死或伤，或囚或逃，中央政府权威尽失，整个社会陷入无政府状态，战乱导致了10万人丧生。

巨大的社会代价，促使霍布斯思考暴力的代价和抑制暴力的社会机制。1651年，在《利维坦》一书中，他和大家分享了他的思考结果。书中指出，暴力是社会的最大敌人，唯有政府才能抑制暴力。因此，没有政府的社会是最令人恐怖的社会。对社会来说，有政府总是好过无政府。[39]

霍布斯进一步推测，在英国，短暂的无政府状态就使暴力失控，造成社会生命和财产的巨大损失，那么，在不知政府为何物的原始社会，暴力一定是社会常态。原始社会一定是人人都在战斗，人人都受到暴力威胁。最终，原始社会一定是无比血腥的人间炼狱。

《利维坦》一书对后世的影响很大，它的出版，使霍布斯成为西方现代政治学的开山鼻祖。在犹太传统的一神教世界里，唯一的立法者是上帝，神的法高于罪恶的统治者；国王没有立法权，其任务仅是恢复法的原初纯净。霍布斯认为国家是秩序的起点，视国家为秩序的创造者，将国家

39 霍布斯（1651）。

的作用上升到新的高度。[40]

辩论的另一方由法国学者卢梭领军。卢梭是一位影响力很大的跨界学者，他的代表作包括《论人类不平等的起源和基础》《社会契约论》《忏悔录》和在科学、艺术多个领域的著作。[41] 卢梭对社会秩序的探讨，起点是人和社会的自然状态。他认为，在人烟稀少的原始社会，人们生活的自然状态是孤独，人们的基本需要限于食物、异性和休息。自然人具有两种基本的情感，即自爱和怜悯心。人的基本情感使人不会加害他人，必要时会互相协助。

卢梭将这种自然状态的社会称为“伊甸园”，认为这是最美好的社会状态。他使用的“自然状态”这个概念影响很大，是一种重要的思维方法，后世人们在讨论社会问题时，经常会以“自然状态”为起点，考虑在没有任何外来干预时人们会本能地怎么做，这是西方讨论社会问题时的一个基本出发点。

卢梭会如何解释无可否认的人类暴力呢？他认为，那是文明的结果。随着文明的到来，私有财产和权力欲望等因素破坏了人类的自然状态，迫使人们离开伊甸园进入充满暴力的社会状态。就此，卢梭也首次挑战了文明社会一定比原始社会更加先进更加优越的观点。

自1651年后近370年来，历史学家、人类学家、考古学家、政治学家和政治家、哲学家、文学家、科学家纷纷加入这个辩论。辩论胜负的天平也在三个多世纪中几经反复，至今未见分晓。其中，生物学家达尔文属于霍布斯的阵营，强调弱肉强食自然淘汰的生存法则。历史学家普遍支持霍布斯，认为人类历史就是暴力史，人类具有暴力基因的历史学家大有人

40 阿克顿（1877），第13章。

41 卢梭（1997、2003、2008）。

在。历史学家莫里斯著书系统回顾了自原始社会以来人类战争的历史，解释战争影响历史发展的前因后果。[42] 哈特晚年倾心历史，在1972年出版的遗作中，直言人类带有暴力基因，或曰受“战争细菌”污染，提醒大家战争的细菌存在于人的身体之内，而不是经济、政治或宗教之中。[43]

颇具影响力的人类学之母米德属于卢梭的阵营，到处宣传她考察过的太平洋岛屿，宣传那里原始社会有多么和谐美好。后来的学者重返米德调查过的岛屿，做过认真的复查，发现米德观察和报道的美好社会并不存在，内容有相当虚构的成分。米德的支持者则继承卢梭的传统，宣称米德当年看到的是当地真实、传统、纯洁的原始生活，而她之后人们看到的是被文明人污染过的当地生活。

文学家也按照卢梭的说法进行了很多创作。《上帝也疯狂》（*The Gods Must Be Crazy*）这部电影，描写了一个非洲原始部落祥和美好的生活，怎样被一个文明人从天上扔下的可乐瓶子打破。自从有了这个瓶子，部落内部的关系开始变得紧张复杂，麻烦不断。最后，部落想尽办法扔掉了这个瓶子。

美国里根总统属于两大阵营之间的摇摆者。他在竞选总统时留下了一句名言：“最小的政府才是最好的政府。”他称，公民最怕的是政府敲门说这5个字：“让我来帮你。”他的言论表明他更认同卢梭，喜欢（几乎）没有政府的“自然状态”。但他后来经历了一次枪击事件，险遭暗杀，对公民自发的暴力有了切肤之痛，此后态度有了明显改变，认识到政府执法的重要性，强调政府有保护公民生命和财产安全的第一责任。

考古学自20世纪60年代和70年代走上快速发展轨道后，在随后几十

42 Morris（2014）.

43 Hart（1972）.

年里为我们认识原始社会提供了大量的宝贵证据，为这场跨越数个世纪的辩论加入新的元素。[44]

考古学和人类学的发现告诉我们，原始社会存在大量暴力，这个事实是无法否认的。但这也并非意味着霍布斯赢了。首先，人们也发现了一些原始部落长期处于和平状态，部落成员终生不知暴力为何物。其次，即使非常暴力的原始部落，无论是对内还是对外，也并非如霍布斯所说，人人都暴力，时时在战斗。在原始社会，和平和暴力并存，二者的存在同样不可否认。

换言之，卢梭宣传的伊甸园肯定不是常态。同时，霍布斯猜到了暴力，却无法解释和平。直至今日，这个跨世纪大辩论一如既往，胜负难分。

王一江从方法论上重新检视了对这个问题的跨世纪、马拉松式的讨论，第一次清晰地解释了，为什么这场辩论永远也不会有结论，不会出现胜利的一方或失败的一方。[45]

因为辩论双方在方法论上都存有严重缺陷，所以结论同样是偏颇的。

霍布斯和卢梭在方法论上的第一个问题是，他们没有区分能力和行为的差别。一个社会可能人人都有暴力的能力或曰潜力，但是不是使用这一能力，何时将潜力转化为行为，是完全不同的另外一个问题；能打和想打、真打完全不是一回事，一个是基因问题，一个是决策问题。

作为决策问题的暴力行为，即行使暴力还是不行使暴力，不是绝对的。我们知道，兔子是非常温和的食草动物，但俗话说，兔子急了还要咬人。在非洲草原上，野牛虽然属于食草动物，从来都不想吃狮子肉，但在受到狮子攻击时也会与之针锋相对进行战斗。在打斗中，有时野牛失败成

44 Morris（2014），第61页。

45 王一江（2017）。

为狮子的食物，有时狮子失败成为野牛的牺牲品，胜败都要打斗结束方才知晓。

区分了暴力的潜力与暴力的行为，我们可以符合逻辑地说，和平的现状不等于和平的恒态，即不足以证明卢梭的“自然状态”是永恒的状态。和平的部落不等于和平的人；和平的部落可能意味着这些人本质上是和平的，不知暴力为何物，也可能意味着这些人暴力的潜力还没有显现。

反过来，我们也可以质疑霍布斯：人类可能本质上非常暴力，有掠夺他人地盘、财富、食物和女人的动力，但怎么能肯定他们一定会将暴力的潜能转化成暴力的行为，使社会充满暴力，充满悲哀，一片混乱呢？

霍布斯和卢梭方法论上的第二个问题是，他们没有用清楚的行为动机解释暴力与和平的转化。

如果本质上暴力的人也可以选择和平，本质上和平的人必要时也可以选择暴力，像受到攻击的兔子和野牛一样选择暴力捍卫自己的根本利益，那他们选择的依据是什么？

无论选择暴力还是选择和平，原始人在追求什么？获得的回报是什么？这个问题霍布斯和卢梭都未提及。无论选择暴力还是和平，原始人付出的代价是什么？这个问题霍布斯和卢梭也都未提及。

既不谈战争与和平的成本代价，也不谈其回报，怎么讨论社会秩序、暴力与和平？看来，关于原始社会无政府状态下自然秩序的讨论，因为经济学家的缺席，难以走上正轨。

因为存在以上方法论缺陷，霍布斯与卢梭各执一词，将原始社会说成互不相容的两种极端状态，要么是暴力的炼狱，要么是和平的伊甸园。他们描述了两种原始社会，两种原始人。他们可能都对，有些原始人就是暴力，有些原始人就是和平。他们也可能都错，只有一个类型的原始人，这些人在某些条件下选择暴力，某些条件下选择和平，就像水在有些条件下是气体，有些条件下是液体，有些条件下是固体。形态是可以转换的，但无论处于什么形态，水还是水。

王一江指出，需要克服上述方法论缺陷，将暴力基因与暴力行为相区别，将暴力行为与和平视为原始人的决策问题，才能为370年前的大辩论提供新的视角和洞见。

在经济学家看来，暴力肯定是为了追求某种回报，暴力也肯定有成本，会导致人员伤亡和财产损失。同样，和平也有机会成本，和平的机会成本是丧失通过暴力可以获得的好处，比如更大的生存空间即狩猎采集的地盘。

暴力还是和平？需要通过成本收益分析，才能决策。

应该相信，原始人和文明人一样，既可能选择暴力，也可能选择和平。他们的行为存在目的性，他们的决策会基于成本收益概念。原始人会根据付出与回报的关系，根据暴力与和平哪个更加“划算”，以决定通过暴力还是和平手段实现自己的追求。

按照这个思路，王一江建立了一个博弈模型探索原始人类关于战争与和平的决策问题。模型假设原始人都具备暴力潜力，必要时可以将这一潜力转化为行为。模型还假设，原始人为财富（比如可以狩猎和采集食物的地盘）而战，暴力的回报是财富。同时，暴力有两类成本：一类是为准备暴力所做的投入，比如时间和物质的消耗；另一类是战斗时产生的生命和财产损失。暴力的成本取决于人们掌握的暴力技术（比如后勤和武器）。暴力带来的财富减去暴力的成本是暴力带来的净收益。原始人以暴力净收益最大化为目标，决定是战还是和。

模型显示，暴力与和平是博弈的两个均衡。均衡这个概念在物理学和经济学中经常用到，意思是自身可以持续，在没有外来作用时不会改变的一种状态。

具体来说，当对方拥有的财富对己方有足够大价值，己方又有足够的暴力技术优势使主动行使暴力的成本在可承受范围内时，己方会主动使用暴力，发起战争。当其中一个条件不满足时，己方不希望使用暴力，不会发起战争。当双方都不希望有暴力、不发起战争时，和平是这个博弈的均衡，否则暴力是这个博弈的均衡。

依据财富和技术水平，和平又可以分为两类。在对方的财富十分有限、己方技术十分落后的情况下，己方在任何情况下都不会试图通过暴力夺取对方的财富。如果对方也处于类似状态，双方的和平属于卢梭说的“伊甸园式”的和平，即任何一方都根本不用担心对方会使用暴力，都不需要准备战争。而在中等财富和技术水平时，对方发动战争获得财富的净收益，是我方战争准备程度的函数。这时，双方都需要通过备战抑制对方发动战争的企图，博弈的均衡是双方暴力互相遏制取得的和平。

这个模型的另外一个重要结论是，当暴力技术水平未达到足够的高度时，对方足够大的财富必然导致战争，因为对方足够大的财富意味着暴力的回报必然大于成本。

这个模型还告诉我们，当双方暴力技术都超过某个水平后，暴力永远不可取，因为每一单位的所得都会被足够大的破坏力带来的足够大的成本抵消。可以认为，核武器代表了这样的暴力技术，而原始人掌握的暴力技术远未达到这样的水平，因此，在原始社会，还有在人类拥有核武器之前的所有社会，拥有最优质资产（地盘）的部落或群体都容易遭受他人的攻击，陷入战争状态。[46]

这个模型分析的结果告诉我们，原始人关于暴力与和平的决策，存在着“囚徒困境”的问题，意思是，有时候，即使双方都知道“和”更符合自身利益，但因为怕对方“战”，也不得不拿起武器，进行战斗。

---

46 王一江（2017）。

既然“和”比“战”更好，如果双方都明白这个道理，部落之间能通过谈判达成协议，避免暴力相向吗？不能说完全不可以，但问题是，双方达成的协议由谁执行？这就是为何明明和平能带来科斯所说的帕累托改进，原始社会却战争不断，为什么进入文明社会后暴力程度会大幅下降。

王一江的分析告诉我们，除非能够由第三方执行，协议会非常不可靠。分析还告诉我们，原始人应该会非常欢迎有第三方执行协议。这个结论为原始社会向文明社会进化提供了理论依据：国家就是执行协议，让大家停止暴力的第三方。[47]

这个理论的预测在现实世界得到了充分支持。首先，我们看到，世界上绝大多数地方最终都选择了建立国家，而不是继续拥抱无政府社会，由政府作为“第三方”维持社会秩序是避免任何群体之间诉诸暴力解决冲突最有效的方法。

其次，我们看到，如果为当代仍然存在的原始社会提供机会，让他们选择是继续像过去那样生活，还是进入现代社会并按现代社会规则生活时，他们会选择遵守现代社会的游戏规则，支持第三方代表维持秩序。新几内亚、新西兰、非洲和北美部落都有这方面的经历，再早些时候，斯拉夫人从部落走向国家的历史也与此非常类似。[48]

如此丰富多彩的人类进化历史，当然不是霍布斯和卢梭各执一端、“非黑即白”的理论框架能够解释的。新几内亚和斯拉夫从氏族社会向文明社会转化的经验告诉我们，将暴力看成基于成本收益分析的理性决策问题，将“战”与“和”看成不同的均衡，对我们理解原始社会、理解原始

---

47 王一江（2017）。

48 普洛基（2019），第51页。Furtado（2017），第95页。

社会向文明社会的过度，甚至对我们理解现代社会，都很有价值。

霍布斯和卢梭在方法论上的不足，还可以放在更加广义的角度去理解。从达尔文到埃尔顿，从加农到凯罗尔，都从生物学角度告诉我们，无论在人体内部还是在整个生物界，都存在互相抵消的自然或本能力量，使生物的行为保持在一个受到规范的范围内。有导致血糖、血压升高的因素，就有抑制它们的因素；有导致动物种群扩大的因素，就有限制种群过度扩大的因素。当这种互相对立、将人体功能和生物界行为控制在一定范围的机制被破坏时，生命与种群即走向灭亡，不能继续存在。[49]但这些生物学知识，却未能纳入霍布斯和卢梭的思考。

我们在“前言”中提到现代人的知识结构问题，提到哲学家容易在讨论问题时不具备足够的专业知识。大师之谬再次提醒我们，现代人的知识结构问题确实存在，限制了人们的认知。

大师之谬特别提示我们，没有清晰的假设前提和结构化的分析框架，不讲现象产生和转换的条件，对人类行为和社会状态很难有准确可靠的判断和预测。

---

49 Darwin（1859）；Elton（1927）；Cannon（1929）；Carroll（2016）.

# 第七章

# _思之乾，信之坤_

# 意识的力量

人类为了生存，必须使用暴力，不断提高暴力水平。

最初，人类靠手中的简单工具和自然群体即部落的力量，抵消自己在暴力上的天生不足，包括力量和速度的不足，在暴力世界求得了一席之地，得以生存。但若仅限于此，人类是无法获得额外优势，成为世界主宰的。

原始人能够征服世界，在弱肉强食物竞天择的生存博弈中脱颖而出、登上食物链顶端，厥功至伟的是人类大脑的特殊功能，是人类意识的力量。意识的力量使人成为万物之灵，如神一样的存在。所以，对人的认识离不开对人类意识的认识。

## 1_思之伟大：人类封神

人类意识到底是什么，有那么厉害，让人具有神一样的力量？它是通过什么机制，将其威力体现出来的？

我们先来看前一个问题。每个动物的身体都是一个信息处理系统，这个系统包含三个子系统，即感应系统、传递系统和中心处理系统。脑是动物信息系统的中心处理器，负责对获取的信息进行处理，再决定身体如何反应。

意识是思维的成果，是人类对世界认知的体现。要产生意识，必须有很强的思维和认知能力，而这又需要有生理基础。

人类大脑的体积远远超过所有其他动物，是黑猩猩的3倍。人脑表面的回纹，进一步增加了大脑皮层的面积，使大脑能够容纳更多脑细胞。在大脑皮层中，脑前额叶与智商直接和密切相关，其占大脑皮层的比重，智人为30%，猩猩为20%，猴子只有10%。人类在进化过程中受到挑战，刺激脑前额叶变得越来越强大，具备了记忆、分析、思考、判断、总结、学习、规划和执行的功能。

如前所述，开发自己的大脑，对早期人类来说，是一个高风险的选择。因为大脑是一个高耗能器官，更发达的大脑意味着肌肉和力量的损失，意味着对食物的更大需求，而这些对原始生存来说，都非常关键。但暴露在草原上、濒临灭绝的人类，除了靠智慧，别无他法获得竞争优势，只能选择发展大脑。

人类选择发展大脑，虽然高风险，却也高回报。幸存的人类，一旦经历认知革命、越过认知的某个门槛，具备了强大的意识，便能凭借自己的意识，在地球上特立独行、为所欲为。他们征服世界，灭绝其他物种，将自己放在了地球主人的位置。

要理解人类意识的力量，先要理解人类意识的内涵。为此，需要抓住人类思维的虚拟性、逻辑性和概念性这三大特点。

**虚拟性**。7万年前的认知革命，赋予人类大脑一种新的功能，使人类大脑除了和其他动物大脑一样能获得感官收到的信息，调动身体做出反应，还能发挥想象力，获得额外的思维成果。要理解人类思维的特点，认识其伟大之处，首先要抓住这个关键词：想象力。想象力给人带来自我意识。如前所述，人之为人，在于意识之伟大。

所谓想象力，即具有虚拟性的思维方法。虚拟思维的意思是人类思维能够超越现实对世界进行构思。

虚拟性和逻辑性相结合，是人类科学探索的思维方法。虚拟性不受逻辑或任何条件限制，任意发挥，是人类创造虚拟世界的思维方法。

运用虚拟思维方法，人类可以想象未知，想象未来。人类想象未来的一个重要形式是表达愿望。愿望就是潘多拉盒子里的“希望”。人人都有愿望，每天都会表达自己的愿望。人们会说：希望我……希望我的家人……希望我们的事业……希望我们的社会……希望明天……

我们在第一章介绍了积极心理学家塞利格曼及其同事的观点，人类思维的最大特点不是智慧，而是想象和构思未来，对人类最合适的称呼不是智人，而是期望人。[1]

帕斯卡举例说，我们希望在地球毁灭时，人类还能找到生存之处。即使人类最终失败，人类还是最伟大的，因为他对未来有意识，有愿望，并为实现自己的愿望而努力，但人类的毁灭者对此浑然不知。

最近的一个例子也很能说明“愿望”之于人的意义。2017年5月，人工智能阿尔法狗和世界顶级围棋高手柯洁举行了三番棋大战，取得了完胜。阿尔法狗的功能太强大了，能短时间内读完数百万围棋棋谱，自我学习提升自己的对弈能力，它的胜利毫无悬念，完全是预料之中的事。

真正精彩和有意义的一幕，发生在赛后。赛后，柯洁哀叹人类围棋水平之低，落下了伤心的眼泪。柯洁的失落反映了他赛前想赢的愿望，体现了人类思维和心理活动的典型特征。但获得比赛胜利的阿尔法狗没有对应地表现出丝毫喜悦，将帕斯卡预言的“对自己的胜利毫无意识”表现得淋漓尽致。[2]

显然，阿尔法狗可以按人类设计的程序学会如何落下黑白子，完成指定的任务，却不能理解何谓胜负。因为“赢”不是它事先的愿望，所以它不能享受胜利的喜悦。这种不对称性说明，阿尔法狗不具备独立的自我意识，因此，无论它的功能多么强大，它仍然只能是人类设计与制造的器具。

**逻辑性**。除了虚拟性，人类思维的另外一个特征是逻辑性。正如我们在本书开始举例所言，小孩子虽然没有见过外婆的外婆，但他有逻辑能力，自然就能想到外婆也有外婆，外婆的外婆也有外婆。重要的是，人类

1 Seligman、Railton、Baumerster and Sripada（2016）.

2 Durant（1968），第14页。

的这种想象和逻辑能力与生俱来，随着在良好的成长过程中逐步展现，自然就具备了这样的能力。

我们要再次提示读者，当孩子提出各种简单幼稚初级的问题时，切不可小看他们。他们的问题可能是简单幼稚的，但喜欢这样问问题，则代表了人之为人最宝贵的一种能力。对这种能力的肯定和开发，是培养优秀下一代的起点，是父母老师和全社会不可推卸的责任。

当虚拟性、愿望与逻辑性相结合，会发生什么？首先是人类行为的改变。具备了想象力和逻辑思维能力的人类，不甘寂寞，不安分守己，开始试图构思未来，改造世界，掌握自己的命运。

其次是竞争力的改变。人类变得料事如神，预知未来。人类还能精心策划，做好准备，迎接未来，在未来获得最大收益。

为了获得竞争优势，人类会遵循以下规律思考问题。

首先，无论他们现时处于何种状态，都会发挥想象力，构思一个所想所愿的未来状况，我们可以称这个未来状况为C。

然后，他们会在现时与未来建立起一种逻辑关系，认识到先做什么，再做什么，就可以实现这一理想的未来状况，比如先做A，再做B，即可实现C。

最后，在建立起A→B→C的逻辑关系后，人们将所思所想付诸行动，从A开始，经过B，去实现C，完成A→B→C的过程。

A→B→C只有两个环节，是一个很短的逻辑链条。如果需要，人类可以将这个链条无限延伸，变成A→B→C→D→E→……

人们早就在问，地平线那边是什么，大地的尽头是什么。如此提问和追求，在人类征服五大洲四大洋的过程中发挥了关键作用，使人类能在原始时代就登上视野之外的岛屿。

人们还会继续问：朝一个方向一直走下去，会走到大地的边缘吗？如果从大地的边缘掉下去，会掉到哪里去呢？夸父追日，海龟驮地的故事，反映了人们对大地边缘的好奇与追问。

后来，人们从海平面上徐徐升起的桅杆，从不同地方（比如希腊和埃及）和不同季节木桩投影的长度，猜测到大地存在一定弧度，可能是球体，推测出球体的大小。凭借这种思维积累的知识，哥伦布发现了新大陆，开启了人类的大航海时代。猜测日落之处是大地尽头和猜测地球是圆的，结论虽分对错，思维却无高低。有能力推测猜想大地的“尽头”，才有能力推测猜想“球形”。

现代人也是一样，已经探索到宇宙的起源，还要继续追问，大爆炸之前存在什么，为什么会发生大爆炸。

人类的逻辑能力将人类带到宇宙、时间和事物因果关系的尽头，又在尽头之外重新开始。

其他所有的人类物种，其他所有的动物，碰到具有 A→B→C→D→E→……这种具备虚拟和逻辑能力的智人，除了自认倒霉，还能说什么呢？

其实，说“自认倒霉”已经抬举它们了。若它们的思维具有自认倒霉的能力，它们的命运或许还不会这么惨。

**概念性**。概念和语言是智人想象虚拟空间和进行逻辑推理不可或缺的工具。语言中的每一个词语都在表达一个概念。

经历了认知革命后，原始人的口语很可能已经相当发达。[3] 如前所述，原始人每天都花大量的时间聊天，交流各种信息。他们交流的信息，从狩猎采集、食物分配，到人际关系、危险规避，无所不包。这些交流使用了多少词，表达了多少概念，都不难想象。在非洲有些部落，人们给每只羊

3《剑桥古代史》(2020)，第132页。

都取了名字，方便对它们的管理。每个名字都是一个概念，给这么多羊取名，又需要创造多少概念。

难怪《剑桥古代史》将工具、语言和复杂信息传递，列为人类有别于动物的三大标志。[4]

人类后来延续了原始人开创的这一传统，语言和词汇都变得越来越丰富。如今，《新华字典》和《现代汉语词典》收录的汉字都超过了1.3万个，单词超过几十万个。《牛津英语词典》和《朗文现代英语词典》收集的词汇也是几十万计。

成年人掌握的词汇大概在6万个左右，可见人类对概念性思维之热爱。之所以需要掌握这么多词汇，是人类不断将概念细化，能够表达越来越丰富的情感和传递越来越准确的信息。我们在第一章提到，动物靠美艳的皮毛和狂热的舞蹈吸引异性，人类靠复杂细腻的语言获得友谊。

要知道虚拟思维和逻辑思维对人类生存竞争的意义，只需问一下，动物能够想象多么久远的未来吗？能建立起逻辑链条上的多少个环节，并将之付诸实践，去实现自己的所愿所想？能用多少单词表达思维中的相关概念？

何止动物，人和人之间，不是也存在想象力和逻辑链条的差别吗？不是也存在概念和语言丰富性的差异吗？

现在我们来看第二个问题：意识是通过什么机制体现其威力的呢？通过提高群体的协调能力和工具的技术含量，提高人类的暴力水平。

**群体协作**。在原始人生活过的地区，考古学家发现了大量动物遗骨，显然是智人对大型动物群体进行围歼后留下的遗迹。即使不知道原始人如何围歼动物的细节，我们也可以肯定，他们的收获来自想到、准备、实

4《剑桥古代史》（2020），第158页。

施，然后做到。

我们在第四章曾讲到蒙古人围猎的例子，这里再借助一个现实生活中的例子，来感受一下人类合作产生的力量。

西藏的雅鲁藏布江有条支流叫尼洋河。尼洋河流经林芝县那一段，河面很宽，河水不深，河床多石。每年夏季，河边村民会以村为单位，倾巢而出，到河里捕鱼，场面非常壮观。

捕鱼时，人们先在合适的地方用水中鹅卵石垒起一道临时河坝，在河坝上留下箩筐大小的缺口，再将箩筐口对准缺口。准备好以后，人在上游排成一行，踏着浅浅的河水往下游赶鱼。鱼到了坝边，无路可走，顺着缺口涌进框里，村民将一筐一筐的鱼往上提，忙个不停。这一天，村里的拖拉机、马车来来回回往村子里运鱼，村民将打到的鱼挂起来风干，够吃一年。

年复一年，满载而归的鱼都在见证村民的想到、准备、实施，然后做到。

很多动物都会借助群的力量争取竞争优势。如杜兰特夫妇所说，在生存竞争中，大自然喜欢数量超过喜欢质量。[5]一头体型庞大的野牛需要群狮共同努力才能被制服。落单的狮子会对成群的鬣狗感到头痛，放弃到手的猎物而去。其他人类和猩猩猴子一样，也以群的形式生活。

但在动物界，群的大小都是自然给定的。因为缺乏想象力和逻辑思维能力，动物想象不到，也不会根据任务的需要，实施跨群联合行动，获得最大回报。季节到了，熊也会来到河边，从河中捞起一条条的鱼，吃个痛快，但它们不会集体行动捕到成群的鱼。狮群能够集体行动，猎杀一匹斑马或角马，却不能建立超大规模的狮群，将一群斑马或角马一网打尽。

---

5 Durant（1968），第21页。

对猿类动物的研究表明，群的大小和脑容量的大小有密切关系。用脑容量预测群体规模，黑猩猩群大约是60个个体，南方古猿群大约是67个个体，而能人群体则达到81人。在考虑一定误差后，这种预测展示的关系与现实基本吻合。这说明猿类集体生活对脑力的要求。值得注意的是，在集体生活中，单独或少数个体超级聪明是不够的。集体生活需要有互动的规则，对这些规则的理解要求多数个体都有相当的理解力。[6]

唯有智人能够运用虚拟能力和逻辑能力，超越自然的限定，既意识到大群的力量和好处，也知道如何建立大群。如果需要，智人可以调动百万千万之众，建立起超级大群，服务于战争需要。

当然，对其他人类物种和其他动物，智人压根没有必要使用超级大群，几百人的群足矣。假设尼安德特人与智人一个部落的规模大体相当，10个智人部落联合起来，每次几百人对付几十人，则可以10倍之力量，按《孙子兵法》所说，做到十则围之。一次次这样的较量，必然将尼安德特人逼上死路，令其最终灭绝，使他们的地盘尽归智人所有。

组建无敌超级大群，只有在智人互相打斗时才有必要。智人打斗时，双方同样聪明，都能想到对方之所想，都想人多势众压过对方一头，结果是群的规模在互动中升级，直至人口的极限。所以，长久以来，在智人的社会里，人口规模就是竞争力，就是战争能力。《大秦帝国》一书中记录了秦惠王与张仪的一段对话，惠王在对话中详细解释了疆土、人口、产出和军队之间的关系，解释了为何还不能急于称王称霸的原因。[7]

智人对智人的暴力，才是棋逢对手，将遇良才。

**工具**。从金箍棒到原子弹，人类想象力对推动工具的发展也起了关键

6 费根（2017），第65页。

7 孙皓晖（2016）。

作用。且不说人类最终制造了枪炮甚至原子弹这样可以毁灭地球的杀器，即使在原始社会，人类也一直在运用自己的意识提高工具的效力。

人类的近亲，红毛猩猩、黑猩猩和巴诺布猿，也都会使用工具，我们可以比较一下黑猩猩和人类对使用工具有何差别。[8]

猩猩使用工具有两个特点：一是服务于特定目的，它们会调整树枝长度以够到香蕉，会去掉树枝上的树叶，再调整好树枝的长度，将树枝伸进白蚁窝掏白蚁吃。二是用完就丢。这两个特点说明，猩猩使用工具的机会主义性质，使得他们对工具缺乏深入理解。和人类相比，他们还太缺心眼，无法认识到工具是一个可以和具体任务相分离的抽象概念。

人类具备想象力和抽象思维能力，能认识工具的本质。这带来两个后果。首先，人类能够有意识地设计和制造具有通用性质的工具。开始，他们制造了锋利刃口的石器，既可用来狩猎，也可用来切肉、剥皮，还可以用来改变木头的形状。后来，他们又发明轮子，用以解决众多的交通和运输问题，也是遵循同样的思路。再后来，他们让各种工具层出不穷。

其次，人类会将工具保留下来，重复使用，甚至将工具携带在身，方便随时使用。考古证据显示，原始人将工具带到了离居住地很远的地方使用。

如果将工具视为技术和财富的体现，保留工具使知识和财富具备了重要的传承形式。正因为他们认识到了工具的长远价值，原始人在工具的制作上非常舍得投入，不论是工具的实用性还是艺术性都不断提高。

考古学家在原始人生活的遗址发现琳琅满目的大量石器。考古证据显示，人类制造工具的过程，本身也经历了一个从机会主义到越来越精心设计有意为之的过程。从260万年前最早的少量粗糙石器，到100万年前丰

8 阿克曼（2017）。德瓦尔（2015）。

富多彩精心制作的石器，再到最近10万年来越来越丰富多彩和越来越精细的工具，还有制造工具的工具，人类对工具的认识和制造技术，显然在不断进步。[9]

## 2_信之力量：人类造神

信仰是人类精神世界的重要组成部分。若无对信仰的认识，我们对"人为何物"的认识肯定是不完整的。

在现实生活中，我们处处感受到信仰的存在和力量。如杜兰特夫妇所说："即便其本人未必真信，历史学家也对宗教心怀几分敬畏，因为他能看到宗教的功能，能感觉到宗教的不可或缺，其存在穿越时空。"[10]

被同事称为20世纪真正的、纯中之纯的数学家，剑桥大学教授哈迪（G. H. Hardy）无比热爱阳光，所以他在晴天出门也要带雨具。原因是，他解释说，神认为他带雨具就是希望下雨，所以会故意出太阳。哈迪认为自己不信神，却也在认真地揣摩神的想法，与神斗法、开玩笑。[11]

什么是信仰？人类为何要创造信仰？信仰始于何时？原始人普遍有信仰吗？怎么才能知道？

### 2.1 什么是信仰：从虚拟思维到停止思考

要知道什么是信仰，首先要知道什么是虚拟世界。虚拟世界是脱离现实的世界，只在人类大脑中存在的世界。虚拟世界是想象力的产物。当想象力不受逻辑约束时，便可以脱离现实世界，创造一个虚拟的世界。虚拟世界不受现实世界的约束，其存在无须逻辑证明。

从天堂到地狱，从玉帝到阎罗，从神仙到鬼怪，从魔杖到金箍棒，从

9 费根（2017），第60—62页。

10 Durant（1968），第43页。

11 Hardy（2017），第44—45页。

人身狮头雕塑到狮身人面雕像，还有人身象头神，从龙凤麒麟到双头鹰，人类创造的虚拟世界无所不包，无所不在。

人类为什么要让想象力超越现实，不受逻辑约束，努力创造一个虚拟世界？他们这么做是纯粹无聊找乐，还是虚拟世界对人类生存一直都有实际意义？稍后我们会讨论宗教的现实功能，即对人类生存博弈的贡献。但从根本上说，人类创造虚拟世界的冲动还得用塞利格曼的期望人理论解释。[12]

设想这样一个场景，饥肠辘辘的原始人，知道附近有狮子，但打不过，知道附近有鹿，但追不上。饥肠辘辘又喜欢构思未来的原始人会想什么？

他们会不会想，将来自己手中有一根棍子，只要用它一指，什么野兽都得趴下，他们就可以开始会餐了？

我们无法确认原始人当年是不是真这么想过，但我们知道，后来西方人的故事中出现了魔杖，东方人的故事中出现了金箍棒。魔杖和金箍棒不就是这样的棍子吗？

有一个故事，可以佐证上文对原始人的猜想是完全可能的。邓榕在《我的父亲邓小平》一书中说到，当年在长征路上，红军战士缺衣少食，饿死冻死了不少人。每逢饥饿难当，邓小平和他的四川老乡便会开始精神会餐，来顿川菜大餐辣子鸡之类。[13]

人饿了，想美食；人有难，盼救星。这就是期望人的思维习惯。

若现实和逻辑说，美食和救星都不存在，也不可能存在，该怎么办？

这个难不倒充满想象力的期望人。超越现实，忽视逻辑，创造出自己

12 Seligman、Railton、Baumerster and Sripada（2016）.

13 毛毛（1997）。

想要的东西，在想象的世界里，问题解决了，未来是美好的。

虚拟世界是信仰的基层，但不等同于信仰。人们脑子里充满胡思乱想，比如在饥饿时精神会餐，大快朵颐，但那不是信仰。

我们知道，人类思维天天都在创造概念。人们将一部分概念转化成信念。信念的最高形式是信仰。将概念转化为信念，只需要一小步：停止思考。

概念是思维的产物，是思考的结果。当人们对一个概念不再做进一步思考，即停止思考时，这个概念即成为信念。

对一些概念停止思考，建立信念，即相信它是正确的，非常符合思维经济的原则，有利于提高大脑使用的效率。

人的大脑是一个宝贵的资源，如果使用每一个概念时都检验和确认，会大大降低思维的速度，占用稀缺宝贵的脑力资源，影响思维的效率。重复劳动，即反复验证别人已经验证过的概念，不如相信他人，接受和直接使用这些概念。比如，老师父母会要求孩子把乘法口诀背下来，需要时直接使用，而不是使用时先验证它。当然，乘法口诀为什么是对的，老师最初还会解释和说服学生，但对大多数人来说，相对论关于时空扭曲的概念，除了接受，还应该再重复劳动试图验证吗？

人们也会在一个动态过程中逐步停止对某个概念的思考。以人类祖先是谁，是从哪里来为例，最初这个问题被提出来，供大家讨论，也许有过不同说法。但在讨论结束时，一个说法占了上风，说祖先是神或女娲用泥土捏出来的。

再往后，人们便不再讨论这个问题，直接接受既成的说法成为最优选择。

为什么不再讨论了呢？一种可能是从牙牙学语开始，就听到大人这么说，从来没听到过其他说法，便自然而然接受，天经地义相信了这个说法。这时，从小获得的知识限制了人们进一步的想象力。

另外一种可能是，敢于怀疑这个说法的人被大家排斥诅咒，在遇到不测时被说成是背祖欺宗遭到天谴。这样一来，人们便不再敢质疑既成的说法。前文提到，有些印第安人部落，甚至直接立法，禁止基因测试，禁止对他们自认为已经清清楚楚地知道的“我是谁，从哪里来”再做进一步讨论。

再说了，质疑祖宗不是神或女娲用泥捏出来的，你有更可信的说法吗？当然没有。如前所述，关于人类起源的命说、运说和灵说，历来争论不休，至今仍各执一词，莫衷一是。这个争论要见分晓，在科学发达的今天仍遥遥无期，更不要说在原始时代。没有更好的概念替代既有概念，质疑只能是无效的。

再说了，你为什么要质疑它？祖先是哪里来的又不影响你的现实生活，有个说法就行。充满想象力的人类，喜欢在虚拟空间无限遐想，问外婆的外婆的外婆是谁，大地的尽头是什么。大脑爱思考，有如肠胃爱美食，都是与生俱来的生理功能，这些器官长期不能履行其功能时就会损坏。思考是为了获得答案，一个思考过程在获得答案时结束，但不一定需要正确的答案，就如吃喝为满足口舌肠胃之快，不一定非得有利于健康。

人的大脑如此热爱思考，如此热爱有答案，又如此受限于自身的知识和能力，经常不能获得既符合逻辑又可验证的答案，它只给自己留下了一条出路：编织无法验证的答案。

信念和信仰使这条出路得以通行，人们总能也总会创造出一些概念，貌似回答了问题，让人无法质疑。

### 2.2 最初的信仰：原始人都是哲学家吗？

人类是什么时候开始有信仰的？最初的信仰是什么？

以想象力和期望人的需要为出发点，可以合乎逻辑地相信两点：第一，自认知革命以来，人类即开始有了信仰；第二，信仰在人类世界普遍存在。

戴蒙德认为，人类的祖先在6万年前开始有了宗教信仰。这个说法很有道理，想象力与信仰的产生密切相连，7万年前人类认知革命以后，人类大脑突变获得了想象力这一特殊功能，信仰的产生完全有可能相伴而生。[14] 费根相信，当完全意义上的现代大脑形成后，智人的思维发生了根本变化，同时发展了复杂的语言、技巧、艺术和宗教信仰。[15]

信仰在文明社会普遍存在，这是肯定的。一神教的世界，有40亿信众。印度是多神教大国，去过印度的人，常常感叹那是一个神的国度，也是神奇的国度。在印度教徒眼中，从至高无上的梵天、毗湿奴和湿婆，到自然界的水火风雷电日月，再到身边的猴牛象鹏树草和远方来的客人，到处都是神，什么都是神。而日本人则相信万物有灵，冤魂永在，以“一花一世界，一叶一如来”这样的禅语，表达敬畏之心。[16]

原始人的信仰没有这么复杂。本书前言中提到，人类最关心的三大终极哲学问题是：我是谁，从哪里来，到哪里去。人类最早和最普遍存在的信仰，即是关于这三大哲学问题，关于人类起源的信仰。谁是这个世界的创造者？谁是世界上第一个男人和女人？从原始社会开始，每个族群，都有关于这些问题的神话。[17]

南美洲阿兹特克帝国的印第安人相信，世界曾经是一片黑暗。某次，众神在黑暗中举行聚会。在这次聚会中，他们争吵不断，互相问道：谁愿意去当太阳，让世界获得光明？争吵的结果就是有了太阳，世界每天可以

---

14 戴蒙德（2014），第108页。

15 费根（2017），第31页。

16 姜建强（2014）。

17 费根（2017），第4页。

迎来黎明。[18]

2002年，美国印第安人纳瓦霍部落颁布了一条部落法律，禁止人们通过基因测试寻找他们的根源。他们认为一切都是很清楚的，他们的造物主是变化女神（Changing Woman），任何关于他们起源的其他说法都是错误的。

亚马孙河流域的苏瑞部落也从来未怀疑过他们是谁创造的。按照部落世世代代的传说，神帕洛普（Palop）首先创造了他的弟弟勒列谷（Leregu），接着又创造了所有人。神帕洛普还教会苏瑞部落的印第安人制作吊床和首饰，文身和嘴唇穿孔。最后，神帕洛普教会了大家不同的语言，把他们分散到世界各地。[19]

在新几内亚原住民部落中，流传着这样一个故事。有个坏家伙看上了一位美丽的姑娘。他杀了女人的丈夫，横刀夺爱，占有了这位美女。后来，死者的亲戚前来报仇，追杀这个坏家伙。坏家伙爬上一棵大树躲避，追杀者也跟着爬了上去。这时，树下的人猛拉垂下的蔓藤，要把坏家伙拉下来。没想到，蔓藤折断，树枝巨大的弹力把坏家伙和追杀者都抛向四面八方，落到遥远的地方。从此，他们再也找不到彼此。随着岁月流逝，他们成为说不同语言、互不相识的陌生人。[20]

这个故事从一个漂亮女人开始，让我们想起希腊传说中的特洛伊战争的起因。说同样语言的人散落到四方，成为语言不同无法沟通的人，让我们想起《圣经》中通天塔的故事。

罗马人坚信自己的祖先是特洛伊战争英雄的后代，是狼带大的孩子。一神教传说是上帝造人，人类都是亚当和夏娃的后代。中华文明传说是盘

18 费根（2017），第35页。
19 赖克（2019），第181页、第189页。
20 戴蒙德（2014），第249页。

古开天辟地，造物造人。所有这些故事，异曲同工，一脉相承。

与人类起源密切相关的是祖先崇拜。在世界各地，人们对祖先有能力保护和关照自己，对失去祖先的庇护会有可怕后果，普遍信而不疑。在中国人的祭祀活动中，祭天祭地祭祖先是标准内容。信奉一神教的犹太人虽然除了全能的神不允许有其他任何崇拜，但神的关爱来自与祖先的合约，对祖先的教诲和特殊地位仍不可有丝毫疏忽。如前所述，在新几内亚的部落战争中，一个部落在连续遭受挫折时，人们会垂头丧气，怀疑祖先是否抛弃了自己。若在某次战斗中复仇成功，便会兴高采烈，感谢祖先恢复对自己的庇护。

相信祖先的庇护，首先要相信人生不会随着肉体的消失而完全终结。基于这一信念，从几万年前起，人类就开始厚葬一些重要的死者，并在其墓葬中放上生活中最有价值的重要物品。这意味着，原始人相信逝者在另外一个世界还在继续生活。[21]

考古学家曾经在埃塞俄比亚发现过三个保持相对完好的原始人头骨。头骨来自生活在19.5万年前的原始人，头骨的形状告诉我们他们属于解剖学意义上的现代人。与此处话题相关的信息是，这些头骨明显在人死后被石器修饰过，还因反复触摸变得非常光滑光亮，像如今一些热门旅游景点象征吉祥的文物，被人反复触摸变得油光锃亮。[22]莫非，这些头骨当时是故意保留下来作为祭祀用品供奉的吗？若真如此，人类信仰起始的历史，可就要重写了。

### 2.3 最初的信仰：原始艺术的表达

人类最早的壁画出自4.4万年前的原始人之手。这幅壁画在印度尼西

21 费根（2017），第92页。

22 费根（2017），第95页。

亚苏拉威西岛的洞穴中，画中有8个半人半兽的怪物，拿着长矛在追杀2只疣猪和4只倭野牛。

关于这幅壁画，有两点特别值得重视：第一，它告诉我们，艺术是想象力的产物，人类艺术从一开始就和虚拟世界紧密相连；第二，它来自东南亚一个岛屿，提示我们几万年前亚洲地区发展的水平可能超过欧洲，至少不低于欧洲。

人类最早的雕塑作品，已经发现并证实了其年代的是德国施泰德洞穴中的一尊人身狮头象牙雕刻，制作于3.2万年前。发现这尊雕塑的洞穴离法国不远，法国标致汽车的商标与这尊雕塑非常类似。

在俄罗斯松希尔的墓穴里，发现了成千上万的象牙和狐狸牙齿的艺术制品，这些墓穴建造于3万年前。如此豪华的墓葬，说明在原始人想象的世界中，人死后还会生活在另外一个世界。

法国西南部拉斯科洞穴壁画中，画有马牛等动物，还有鸟头人，壁画制作于1.5万年至2万年前，代表了原始人丰富的想象力，且颇具宗教色彩。

麦克尼尔展示了法国拉斯科洞穴壁画中牛马的惊人细节。对于人们普遍困惑的一个问题，即原始人为何要深入地下如此黑暗的地方创造这些壁画，他的解释是，原始人对这些动物很可能有着复杂的感情，它们既是围猎的对象，又非常强大，有令人羡慕的力量。晚期原始人已经知道戴上动物面具诱骗雄性动物。也许，在这样的黑暗之中，他们也会戴上动物面具，举行仪式，将自己带入最富想象力的虚拟世界。[23]

原始人还创造了图腾，来表达对祖先的崇拜。人类最初对“我从哪里来”的回答，很多都和动物有关，比如玄鸟和狼。为了纪念自己的祖先，

23 McNeill（1991），第7—8页。

也为了得到祖先的庇护，很多族群都创建了自己的图腾。

印第安人称图腾为totem，该词在西方最早出现于1791年在伦敦出版的一本书中，名为《一个印第安译员兼商人的航海探险》，书中记载了印第安人不同部落使用图腾计有几百种以上，最常见的是将猛兽拟人化。

在中华文化传说中，炎黄阪泉（今河北怀来）大战时，黄帝属下部落使用了熊罴貔貅貙虎六大图腾。亚欧大陆不同地方的古老图腾，后世人们熟知的有双头鹰、龙、玄鸟、凤凰等。和美洲的图腾一样，飞禽走兽在亚欧大陆的图腾中也是主流。

人类还创造了各种仪式，现代称之为行为艺术。在美洲印第安人、非洲和新几内亚部族中，占卜活动都普遍存在，虽然毫无根据，人们还是坚定地相信通过占卜可以预知未来。在美洲和非洲沙漠地区，人们打井时喜欢请巫师占卜，确定最有可能找到水的地方。虽然没有任何证据可以证明占卜的实际效果，但人们对占卜的作用毫不怀疑，绝对相信并继续使用占卜做预测。[24]

除了历史远古，这些艺术品、故事、图腾、占卜的另外一个引人注目的特点是它们散落在世界各地，其地域的广泛性与信仰是超越时空的存在这个说法非常吻合。

到原始社会晚期，宗教已经相当成熟。在安纳托利亚高原，即土耳其的亚洲部分，又称小亚细亚的地方，考古学家发现了新旧石器交替时代宗教活动的丰富证据，有固定场所、固定偶像和固定仪式的遗迹。这些偶像多为女性，与生殖有关。豹子是她们的座驾或宠物，不由让人想起太上老君的青牛和文殊菩萨的青狮，姜子牙的四不像和普贤菩萨的白象。[25]

---

24 戴蒙德（2014），第268页。

25《剑桥古代史》（2020），第320—321页。

这些艺术品、故事、图腾、占卜的一个共同特点是承认某种超自然神秘力量的存在，而这种超自然神秘力量的存在正是宗教的一个重要特点。1世纪罗马作家佩特洛尼乌斯（Titus Petronius）、杜兰特夫妇、麦克尼尔和其他一些人相信，宗教最初源于恐惧，出于人们对毒蛇猛兽、大地、河流、海洋、树木、风雨和天空中存在的神秘力量的恐惧。[26] 这些神秘力量的普遍存在，也说明了为何早期宗教普遍是多神教。

### 2.4 信仰的现实意义

让人类富有想象力的思维模式创造信念与信仰是顺理成章的事。

但光讲人有能力创造信仰，还只是解释了“供给”能力。信仰是精神产品，考察其产生，不仅需要理解其供给，还要理解其需求，需要确认信仰对人类生存的实际价值。这就如同在讨论经济物品时，萨伊说供给创造需求，凯恩斯说需求创造供给。[27] 供给和需求都有了，一个产品才有市场。

戴蒙德认为宗教具备满足人类需求的七大功能。这七大功能是：解释世界、消除焦虑、予人慰藉、规范组织、使人服从、生人相处、发动战争。[28]

七大功能中的后四个功能，即规范组织、使人服从、生人相处和发动战争的功能，对原始社会的重要性都有限。原始社会的组织形式简单，行为依据习俗，通过宗教规范属于多此一举。原始人通过部落内部民主参与形成共识，以此规范人们的行为，无须宗教告诉和强迫他们做什么和怎么做才能实现集体意志。原始社会的人基本不与陌生人来往，不需要通过宗教识别陌生人，判断他们的行为，帮助陌生人处理他们之间的关系。原始社会长期处于战争状态，不需要任何动员即人人都是战士，随时准备

26 McNeill（1991），第7页。Durant（1968），第43页。

27 萨伊（1982）。Keynes（1936）.

28 戴蒙德（2014），第283页。

战斗。

宗教七大功能有四个在原始社会缺失了，进入文明社会才显得更加重要，这或许能解释为什么宗教在文明时代才获得大发展。研究文明时代宗教的功能，必须考虑认识宗教这四大功能。

戴蒙德所列宗教七大功能中的另外三大功能，即解释世界、消除焦虑、予人慰藉，则是原始人迫切需要的，能解释人类对宗教的原始需求。

*解释世界*。如前所述，人类充满好奇心又具备想象力，经常会仰望星空问天上有多少星星，问月亮上面有什么。原始人和现代人一样，会提出各种各样的问题，但他们回答问题的能力远不如现代人。不会不问问题，又不甘于只问不答的人，便要通过想象力自己去创造答案。

*消除焦虑*。人在面临不确定性，面对风险时，会充满焦虑。“相信”的力量可以让人增加信心，而充满信心和热情的行动产生的反馈作用，使成功更加可能。

生活在新几内亚附近的基里维纳群岛的部落，有时在平静的环礁湖打鱼，有时去外海打鱼。去外海打鱼要冒更大的安全风险，收获也更难保证。这些岛民去外海打鱼时，要举行祈福仪式，在环礁湖打鱼时却不会举行这种仪式。同样，中国沿海渔民有妈祖崇拜，而内地渔民却没有。

印第安人在打井时，会碰到两种情况。有些部落居住的地区，打井的效果很有保证，打到一定深度肯定有水。另外一些部落居住的地区，则完全没有把握，成败全靠运气。在前类地区，人们打井时不会举行任何仪式，但在后面一类地区，人们会请来巫师，举行宗教仪式，判断最佳的打井位置。

*予人慰藉*。人在遭受打击挫折时，需要心灵的安慰。这种安慰有心理和生理的治愈作用，这对时时处在恶劣环境中，不断遭受饥饿、疾病和伤痛折磨的原始人来说，有着强烈的现实意义。人在面临死亡或失去亲人

时，这样的安慰对仍然活着的人也有重大意义。想到死不是永远失去，而是前往一个更好的世界，将来大家还会在另外那个世界再次相聚，逝者的亲朋好友的悲痛很大程度上会被希望和期待替代。

在弗洛伊德看来，幻想的王国是一个避难所，艺术家需要钻进创作的王国忘记人间的烦恼，普通人需要躲进宗教的世界忘记生活中的痛苦。

属于精神世界的信念、信仰和信心，也能反客为主，决定躯体的去向。它们不仅如戴蒙德所说能给人心理安慰，也能对人的生理状况和身体健康产生重大影响。我们在生活中经常看到的一个现象是，有人被误诊为不治之症，马上精神崩溃，健康恶化，一旦得知是误诊，身体状况马上恢复，健康如常。医学上，新药推出，要证明其治疗效果，一定要进行“双盲实验”，排除病人接受治疗时的心理状态对病情的影响，即有人相信自己在得到好的治疗时，身体即做出反应，病情即开始好转。

因为接受，所以相信。因为相信，所以看见。因为看见，所以坚定。因为坚定，所以成功。因为成功，更被接受。人类精神世界与人类生活于其中的现实世界之间，如此形成了一个自我实现的闭环。

建立信念、创造信仰、因信而义、依信而行、秉持信仰、不懈努力，这些都意味着信仰的力量能让人在艰苦的环境中越战越强，直至登顶。信仰与成功之间存在着很强的关系。通过对人们心理和生理状况的影响，信念、信仰和信心不仅如戴蒙德所说具有消灾避祸和心灵安慰的作用，还会对人们的生活和工作起到更加积极的作用，产生实际的正面成果。很多时候，信念、信仰和信心就是成功的原因。

小泽征尔是世界三大著名音乐指挥家之一，二战时期出生在中国，经常访问中国，曾经多次指挥中国的乐团排练和演出。有音乐界人士曾说，每次小泽指挥，乐团演奏水平立马提升不止一个档次。

为什么会这样？小泽超凡卓越的指挥，提高了乐团的演奏水平，这个原因大家立刻就能想到。还有一个原因也非常重要，却不一定能被立刻想起，即信誉效应。因为小泽在音乐界具有崇高的信誉，大家对他的大名倾心景仰，对他的指挥充满信心。如此一来，在他指挥时，每位演奏者都会全神贯注，全力以赴，奉献最好的自己，达到最佳的效果。

有一个研究要回答的问题是：茅台酒真的好喝吗？或者大家喝茅台，只是因为它的名气，为了彰显自己的社会地位？研究的结果是，当品酒师和周围的人都说茅台好喝时，大脑皮层的相应区间就会兴奋，准备感受"茅台好喝"，在这种心理状态下，茅台是真的好喝。本书前言中说的"镜面效应"，在此也得到体现。[29]

简言之，信念、信仰和信心会给人带来良好的心理和精神状况，会影响人们的注意力、血压、力量、反应速度、稳定性等生理指标，最终影响工作的实际成果。

信念、信仰和信心能给人们的工作效率带来明显的实际成果，这对生活中充满挑战、随时处于死亡威胁之中的原始人来说，不可能没有价值，无关紧要。

上面阐述了对信念和信仰的供求，论证它们存在的合理性与普遍性。最后要提示大家的是，在现代社会，成功仍然属于有信念、有信仰、有信心，始终保持良好的精神和生理状态的人。

正因为如此，进入文明社会，信仰不仅没有消失，反而蓬勃发展。在今日之世界，大多数人都有自己的宗教信仰，基督教、伊斯兰教和佛教三大宗教的信徒在40亿人以上，印度教的信众也将近10亿人。马克思主义虽然不是宗教，但属于当今世界最重要的信仰之一，曾经是世界上几十个国家占世界三分之一人口的官方信仰，今日仍然是世界上人口最多的国家

29 Brooks（2011）；Thaler and Sunstein（2008）.

的正式信仰。

人之所以为人，是因为躯体承载着精神世界，而精神世界是由概念、信念和信仰组成的。信念对人类的影响永远都不会消失。诚如所言，“人是要有点儿精神的”。

### 3_生来平等：现代征服之难

要说人类对世界的征服，从领土面积看，有史以来最成功的有两次：第一次是远古的智人，征服了整个世界；第二次是现代英国人建立的大英帝国，征服了世界陆地面积超过22%。比较一下这两次征服，很能说明人类意识和思维，尤其是学习能力在征服世界中的作用。

我们先简要回顾一下这两次大征服。本书第三章对智人的征服世界已有详细介绍。这次征服从7万年前原始人走出非洲开始，到1.2万年前原始人抵达美洲南端基本完成，历时5万多年。从成果上看，智人征服了几乎整个地球表面1.5亿平方千米的陆地面积。征服这么辽阔的土地后，他们的后代至今仍然生活在这些土地上，管理着这些土地上的资源。

大英帝国1607年在北美建立了第一个殖民地，二战前扩张达到顶峰，历时330多年。帝国控制的土地面积在二战前达到顶峰，为3 350万平方千米，占世界陆地面积的22%，分布在世界的五大洲四大洋，号称日不落帝国。

二战后，大英帝国已是千疮百孔，维持世界霸主地位力不从心。1947年印度的独立标志着大英帝国的世界霸权急剧衰落。

以领土面积计算，人类历史上第二大帝国是成吉思汗和他的子孙建立的蒙古帝国。成吉思汗于1206年建立大蒙古帝国，在征服欧亚大片领土后，于1279年崖山之战最终灭亡南宋。蒙古帝国的领土面积顶峰时接近但未超越后来的大英帝国，且帝国疆域仅限于亚欧，未能涉足世界上另外三大洲即非洲、美洲和大洋洲，没有达到“日不落”的水平。

原始人的征服与后世帝国的征服有几点明显区别。首先，从组织管理看，后世帝国的建立都是在政府的领导下，通过统一意志和集中使用资源完成的。原始社会没有政府，也没有世界性宗教，没有一只“看得见的手”统一组织、指挥和协调大家的行动。但在原始社会，财富这只“看不见的手”始终存在，自始至终指引着千家万户，各自为战，以小众自发行为，以财富为目标，完成了世界征服的大事业。

其次，从成果看，即使最大的后世帝国，最多也只征服了地球陆地五分之一稍多的面积，而原始人征服了地球上的几乎全部陆地。

马克思和恩格斯在《共产党宣言》中描写了以英国为代表的资本主义对世界的征服，他们写道：资本主义造就的强大生产力，带来了世界性的扩张，“整个大陆的开垦，河川的通航，仿佛用法术从地下呼唤出来大量人口……”[30]这句话，用来描述原始人在财富驱动下走向世界的景象，也相当贴切。资本主义的奇迹，原始人早已成功创造，有过之而无不及。我们在第三章还特别提到，原始人已经完成了环球航行，虽然是在漫长时间里逐步完成的，但终究是完成了。

第三，从速度看，后世帝国的征服，均以百年或更短的时间计，兴起如疾风暴雨。原始人征服世界，靠的是持之以恒，世代相传，是在一个以万年计的漫长时间过程中，经年累月，点点蚕食完成的，最终将整个地球收入囊中。

第四，从技术水平看，后世帝国都使用了发达的交通工具。蒙古人的马、英国人的船都有速度上的最大优势，都是当时最先进的交通工具。原始人征服世界无车无马，陆地上靠徒步行走，水上靠简单木筏，却完成了

30 马克思和恩格斯（1848）。

如此壮举，上演了一部行稳致远的历史剧。

我们可以用智人征服世界所用的时间，反推他们的前进速度。假设一个人群因人口增加每40年分裂成两个人群，其中一个将其居住地向外推进100千米，1万年后可以从东非推进到东亚。如果每40年推进50千米，则2万年后可以从东非推进到东亚。不算美洲，原始人7万年前走出东非，开始其征服世界的历程，东抵澳大利亚，西达欧洲尽头，用时差不多正好是2万多年。[31]

最后，从巩固成果看，来得快的也去得快，后世帝国统治世界的时间，以百年计，没有超过千年者。而原始人和他们的后代统治世界已不止万年，还看不到尽头。

原始人为何能征服整个世界，并成为世界永远的统治者呢？为何后世征服者却无法再次征服整个地球，其梦寐以求的千秋万代，也只能是一个表达愿望的形容词呢？

根本原因，还是对手不同。原始人征服世界的时候，没有同等智商的对手。不要说动物，就是其他人类物种，智商也无法和经历了认知革命的原始人相比。智商的天壤之别决定了博弈尚未开始，胜负已见分晓。

猩猩可以走过一座大桥，却绝对无法理解，甚至想都不会想，当然也不会问这座桥是怎么回事，遑论理解造桥的复杂体系和技术。其他人类物种至死也无法明白，智人为什么总能打赢他们。尼安德特人怎么也无法明白，当他们聚众与智人拼搏时，为什么智人总是能以数倍于他们的压倒性优势出现在他们面前。无法理解，无法学习，不能模仿，不会追赶，就没有翻盘的机会。大脑结构、意识和思维能力的差别决定了第一次世界大征服是绝对的，征服完成后，这个世界上再也不会有哪个物种来挑战智人的

---

31 赫拉利（2014），第48页。

统治。

后世帝国的创建者则没有那么幸运。他们征战四方，碰到的都是有着同样基因结构的智人同类，意识和思维能力属于同一个档次，可谓棋逢对手。尼斯贝特（Richard Nisbett）坚定地相信，世界上所有的智人，无论是新西兰毛利人、非洲昆族人，还是互联网企业家，都有同样的认知能力。[32]

同样的认知能力意味着，世界各地的人都可以通过学习模仿，融入现代社会，拉平他们之间的距离。

正因为如此，第二次世界大征服只能是相对的，他们的征服和亚历山大、冒顿、恺撒、阿提拉、成吉思汗的征服一样，属于历史长河中“风水轮流转”“你方唱罢我登场”的现象。

既然大家的意识、思维能力属于同一个档次，后世帝国凭什么能够攻城略地，征服他人呢？

后世的强者，优势只能建立在知识结构、技术水平、组织形式的差别之上，比如有人理解“比重”的原理，会用金属造船，而不懂这个原理的人不相信金属能浮在水面，只能根据直觉，相信木头的浮力，用木材造船。

但知识、技术和组织的差异不代表天生和无法逾越的思维能力差异，因此，它们带来的优势不能永久。因为征服者和被征服者有同样的大脑结构，在智商上属于同一等级，后者可以理解前者的优势所在，通过学习和模仿追平技术和组织上的差距，甚至转换位置。所以，后世帝国虽赢得辛苦，却去得很快，虽来之不易，却去之不难。

后世征服者知道自己的优势何在，会努力维护自己在知识结构、技术和组织上的优势，其方法之一就是不鼓励被征服人民学习先进的科学技

---

32 Nisbett（2003），第xiv页。

术，甚至彻底摧毁当地的教育和文化。当年西班牙殖民主义者在美洲和菲律宾之所为即是如此。日本人占领中国台湾，英国人占领中国香港期间，对教育发展和人才培养的方向，都有这方面的考虑，防止当地人自主意识的产生和发展，是其教育制度设计的一个重点。从2019年起，美国政府加大了对中国的技术封锁，大规模取消中美之间的学术交流，几乎完全停发中国留学生签证，反映了美国政府对中国人学习能力的担忧和恐惧。

但从长期看，这种文化和教育封锁难以成功。在历史上，被征服者还是一次次学习和掌握了征服者带来的先进技术和管理理念，用来反抗征服，重新崛起。

下面新几内亚、中国和日本的三个案例，能让我们感受到学习的伟大，看到人们如何通过学习将自己与征服者拉平。

**新几内亚**。如前所述，新几内亚直至现代还停留在原始社会的发展水平，岛上有些地方至今仍然如此。作为活化石，新几内亚为现代学者研究原始社会提供了宝贵的机会，众多学者曾前往那里实地考察当地原住民的部落生活。

如今，在新几内亚兴起的城市中，原始社会的痕迹已很难察觉。世界各地的人都可以乘飞机直接前往这个曾经神秘且难以到达的地方。飞机降落在首都莫尔斯比港机场，无论是旅游还是考察，人们排队过关，进入巴布亚新几内亚这个1975年才独立的年轻国家。旅游或考察结束后，人们回到机场，排队领登机牌，过安检、登机，走过熟悉的流程，没有任何违和之感。

在机场大厅，来自世界各地和几十个不同族群的原住民来来往往，熙熙攘攘。这些人外形各异，语言不通，素不相识，但轻松自然，和平有序。

看到这样的景象，这样的变化，人们不得不惊叹。短短几十年前，这些原住民还过着万年不变的原始生活。他们与外界完全隔绝，终生不会离开自己和祖先世世代代生活的小小地盘。他们世代打斗，见陌生人就杀，自己也随时可能被杀。他们不知道什么是衣服，不知道白人是人是鬼还是魂，更不知道什么是电脑和飞机……他们做梦也没有想过，生活不是这样还能是什么样子。

仅仅一两代人的工夫，当地人的知识、技能、生活经验和生活方式都彻底改变。在机场，来来往往的客人无论属于哪个部落，说什么语言，都守法有序，无须时刻担心来自他人的暴力，无须担心自己的安全。他们的穿着时髦又现代，举目四望，瞬间见到的陌生人数倍于过去在部落中几辈子见过的陌生人。在值机柜台，年轻人熟练地操作着电脑，为大家办理好登机手续，他们和机场安检、后台管理人员及技术人员在一个复杂的系统中互相配合，保证着一座现代化机场的正常运营。最终，当地年轻一代驾驶着飞机，腾空而起，将人们送往世界各地。[33]

现代人几十年前开始深入新几内亚，给当地带去了亚欧大陆在很多万年里积累的文明成果。新几内亚人在几十年的时间内就学习掌握了这些成果，适应了现代生活方式，完成了从传统社会向现代社会的转变。他们的经验向世人证明，新几内亚人的大脑结构，本质上与文明人无异。他们可以理解现代人，可以通过学习快速进入现代社会。

**中国**。在孕育了世界文明的亚非欧大陆，中国处于最东端，有高山沙漠海洋阻隔，地理上相对独立。地理上的阻隔使中国文明相对独立稳定，同一族群的人可以五千年不间断地生活在这块土地上，保留着自己的传统，同时也给信息交流带来了一定的困难。

1793年，英国著名的马戛尔尼使团来华觐见乾隆皇帝。从那时起到

33 戴蒙德（2014），第2页。

孙中山的百多年间，中国人都在努力搞清“英吉利”和“英伦三岛”是什么意思。1840年，中国在鸦片战争中惨败，割让香港。1844年（道光24年）粤海关官员梁廷枏在给朝廷的报告《海国四说》中写道：“国曰英吉利……三岛并悬……”还以为英格兰、苏格兰和威尔士是三个独立岛屿。

那时的中国人，不知道何谓微积分，不理解铁怎能做船还不沉入水中，梳着长尾辫，手持大刀片，以刀枪不入的血肉之躯与西方的坚船利炮对抗，令人啼笑皆非，感到绝望。

1911年，中国推翻帝制，走向共和。34年后（1945年），中国取得了抗日战争的胜利，成为联合国安全理事会五大常任理事国之一。39年后（1950年），中国军队在朝鲜与世界上最强大的战争机器进行了一场完全现代化的战争，取得令人瞩目、举世惊叹的战绩。53年后（1964年），中国成为世界五个核大国之一。21世纪，中国成为世界工厂，一如200年前的英格兰，100年前的美利坚。弹指百年，天翻地覆。拜学习之功，世界又被拉平了很多。

**日本**。通过学习，缩小与世界强国的差距，短时间内成为世界强国，日本的故事同样具有戏剧性。

日本地处中国东边海外，历史上通过向中国学习有了文字，进入了文明社会。朝鲜人喜欢挤对日本人，说日本人通过他们接触了中华文明，得到的是二手货，字里行间，颇有高人一等的意思。

在德川幕府265年（1603—1868年）的统治时期里，日本人闭关锁国，过着自己安稳的小日子。1840年，中国在鸦片战争中失败，犹如平地惊雷，震动日本：自己奉为宗师的中国，居然败于西方！

1853年，美国海军准将佩里率4艘军舰强闯东京湾，史称“黑船事件”。日本人第一次看到铁甲军舰，也第一次见到了火车机车模型和电报机，无比震撼，惊恐万分，被迫打开国门。

1868年，日本经历明治维新，实行君主立宪制，发展现代产业。27年后（1894—1895年），日本发动中日甲午战争，打败清朝，加入列强队伍。37年后（1904—1905年），日本打败沙俄，举国庆祝他们终于打败了一个白人国家！73年后（1941年），日本偷袭珍珠港，在二战的太平洋战场和印度洋战场上，横扫欧洲列强，势如破竹。

最终日本在二战中惨败，于1945年无条件投降，但没人怀疑日本已经是一个现代化强国。

斯坦福大学莫里斯教授2011年的大作系统阐述了不同族群互相学习和信息交流的力量。他的书名便一语道破天机：《为什么西方统治世界至今》（*Why the West Rules – for Now*）。在书中，他解释了东西方各领风骚的地理原因，解释了西方在大航海时代的优势和兴起，最后提醒大家，全球化和信息技术正在将世界拉平，西方的优势不能永久。该书出版后大受欢迎，获奖无数，冲击了西方中心和西方至上的思维定式。[34]

莫里斯教授的深刻见解，有如一剂清新剂，告诉世人要对历史保持清醒头脑，既不可妄自尊大，也无须自暴自弃。长期以来，西方有一种观点认为人类无法吸取历史的教训，以后做得更好，比如哈特就曾对此无比感叹。[35]《经济学人》在评论莫里斯的大作时直呼："自有此书，不可再言历史不能为镜。"[36]

莫里斯的观点能够成立，前提当然是原始人、古代人、现代人、东方人、西方人，只要是智人，就有同样的大脑结构，在理解能力和学习潜力方面本来就平起平坐。而其他物种，包括属于其他物种的人类，没有这样的大脑，所以永远也没有和智人拉平的机会。

34 Morris（2011）.

35 Hart（1972）.

36 "Global power: On top of the world", *The Economist*. October 7, 2010. Retrieved August 24, 2014.

类似的思维能力使智人对智人的暴力成为你追我赶、互相促进的游戏。这样说有一个问题，有些智人群体为什么那么擅长学习，虽然暂时落后，总能迎头赶上，而另外一些则没有体现出这方面的杰出能力呢？

下一节将解释概念数量对人类思维能力的重要性，解释谁的大脑才会获得更多和更强大的概念。

## 4_养而有别：教育的奇效

虽然人的大脑结构雷同，但为何有的人就显得那么聪明、不可逾越，而另外一些人则显得平平呢？

在国与国的比较上，在从传统社会走向现代化的路上，东亚文化圈就比其他发展中国家快，明显走在排头兵的位置，中国、日本，还有亚洲四小龙的例子，很能说明这个问题。

在个人与个人的比较上，中国家长经常羡慕和好奇别人家的孩子怎么那么优秀？

对这个问题的简单回答是：学习能拉平世界，但学习需要有外部和内部条件。外部条件主要是交流的机会，内部条件主要是孩童时大脑的开发。

**外部条件**。前文我们提到，殖民主义者知道被征服者有学习能力，会有意识地摧毁当地的教育和文化传统，在武力征服的基础上，实现和保持对被征服者意识的长期征服。有些当地的统治者也会通过对知识和教育的垄断维系自己的统治，比如婆罗门教，任由人口中的大多数不受教育，仅由上层垄断知识。一根枪杆子，一根笔杆子，抓住这两杆子，世界上的事就好办了。我们在本书前言中分享的这个观点，统治者都是熟谙于心的。

除了一些统治者有意为之，地理条件也为学习和交流设置了先天障碍，这在传统社会尤其如此。地理条件的限制决定了为何欧亚大陆会成为文明发展的核心地带，而世界其他地区却远远落后，直至进入大航海时代后被彻底征服。

原因是在亚欧大陆，交流和学习从未间断，学习潜力从未闲置。无论是农业的发展、商业的发展、文字的发展、文学艺术的发展、教育的发展、铁器的使用、骑兵的使用、军事组织和军事艺术的发展、国家的发展、文化体系和法律的发展，亚欧大陆主要地区都一直在交流中互相借鉴，互相促进。

亚欧之间辽阔的草原和南部海岸线为这些交流提供了方便。处于北半球的草原地带从东亚经中亚延续到东欧和西欧，一路过去，没有难以逾越的地理障碍，气候温度接近，适宜人类生存，方便人们东西方向旅行，互相学习交流，包括通过战争和互相征服来学习和交流。

南向交流就困难多了。从中国中原地区前往南方，不仅有群山峻岭，山道之难，难于上青天，更有湿热气候和蚊虫瘴气造成人们身体的不适，甚至致人于死地。这些问题，在秦始皇南征百越设置四郡，诸葛亮七擒孟获安定南方，元世祖忽必烈讨伐缅甸的故事中都有记载。好在，这些地方虽交通困难，尚不至完全与世隔绝。

从地中海一带往南深入非洲内陆更具挑战性。撒哈拉大沙漠是世界上最大的沙漠，长4 800千米，宽1 800千米，面积900多万平方千米，接近美国的国土面积，横贯整个北部非洲。沙漠中干旱无水，寸草不生，炎热难当，风沙弥漫，是地球上的死亡地带，无论是人类还是其他生物都难以在此生存。

越过死亡沙漠，进入中部非洲热带雨林，那里气候湿热，蚊虫遍布，疟疾、黄热病和其他致死率很高的传染病流行。非洲的地理结构还有一大特点，海岸线没有切割，大部分地区都远离海岸线，内陆地广人稀，与外界几乎没有交流，说与世隔绝毫不为过。

从这一对比，我们就知道，从古到今，就智人之间的交流程度而言，亚欧大陆东西方向的交流方便且频繁，南北方向的交流困难且稀少。随之而来的是，东西方向的发展容易同步，而南北方向的发展会形成很大的落差。

东西方向频繁交流的成果最终体现在亚欧大陆的主体部分，几乎同时进入文明时代，在农业、贸易、军事、人口增长、技术进步等各个方面，一直处于你追我赶的状态。

南北方向因为缺少交流，各个方面的差距越来越大。因为缺乏交流与学习，撒哈拉沙漠以南的非洲与远隔重洋的美洲、澳大利亚、四大洋众多岛屿，以及亚欧大陆核心区域发展的水平拉开了差距。进入大航海时代之后，欧洲人轻易且貌似永久地征服了其中大部分地区。

但是，欧洲在大航海时代对亚欧主体部分东向进行的征服，却是在重复历史，既不轻松，也难永久，属于你来我往，风水轮流过程中的一轮新循环。

**内部条件**。智人的大脑虽然有同等潜力，但对这个潜力的开发有天壤之别。养育之功在此尽显无余。

大脑在发育阶段，需要有充足的营养，这是不言而喻的。大脑是高耗能器官，营养不良会影响孩子的注意力、记忆力和理解能力。虽然现代人比原始人的营养条件已大大改善，但任何社会都有生活条件欠佳甚至恶劣的孩子。家庭和社会应该不计成本，竭尽所能改善这些孩子的营养条件。这里涉及社会福利和公共政策问题，对此王一江在《民富论》一书中做了详细探讨，在此不再赘述。[37]

早期大脑开发的另一大关键是社会和父母为其提供了什么经验，往大脑中输入了多少概念。

早期输入的概念对大脑发育起两大关键作用。首先，大脑是通过神经元获得和处理信息、进行思考的。神经元的数量、分布和连接，决定大脑

37　王一江（2010）。

处理信息的能力，即信息处理在大脑中的路径和速度。如果将人类大脑比喻成一台计算机，神经元的数量、分布和连接就是计算机中的线路网络。而神经元的产生和连接都是外界信息反复刺激的结果。早期接触到的概念越多，相关的神经元就越发达，连接就越紧密，大脑处理概念、进行思维的能力就越强。

其次，在大脑进行思维时，概念就是数据和软件。读者不妨自己感受一下，当你阅读一本好书，试图理解其精髓时，会接触到多少概念！丰富的数据库和强大的软件使这台计算机更加强大，若数据有限或软件不力，则计算机再强大的硬件也难以发挥其功能。如果读者未对这一段讨论觉得茫然，视之为无稽之谈，读者脑海一定储备了计算机、集成线路、软件和数据库这些概念。

我们说这种概念输入工作需要在孩提时候大脑发育的过程中完成，不是在提倡早期强迫式教育。概念输入要讲究方法，现代人可以参考原始人的教育经验，以符合大脑发育的自然过程去完成。有兴趣的读者可以参考布鲁克斯关于这个问题的讨论。[38]

语言对智力开发有不可替代的关键作用。概念通过语言表达传递，语言因概念而包涵丰富内容，难以想象离开语言的概念和离开概念的语言。所谓智慧就是概念的数量及其在大脑中的组合，这些都需要以语言为载体完成。

远在原始社会，人类即开始用大脑创造故事与传说。在没有文字的岁月中，这些故事与传说靠着智者个人过人的记忆、超群的口才，代代流传。

第一章中提到，原始人已经有分工，母亲会花大量时间陪伴孩子，跟

38 Brooks（2011）.

他们唠唠叨叨，说个没完。孩子大了一般不喜欢爱唠叨的父母，但在孩提时，这种唠叨对智力的开发起着不可替代的关键作用。

原始人还有部落成员一起聊天的习惯，他们每天聊天所用的时间，远远超过大多数现代人。通过听大人聊天，小孩也会学习到很多知识。[39] 小孩虽未必完全明白大人的谈话，但在似懂非懂之间，孩子的大脑已经受到了刺激，接触了新概念。

为了维护与传承这些精神产品，到原始社会晚期，智者逐步成为专业人士，他们主持宗教仪式，解释自然现象。有些成为巫师，有些成为酋长，虽然未必有多大权力，却德高望重，负责协调酋邦内部的关系。

原始社会对职业知识工作者的需要，在文明社会得到延续并发扬光大。在很多文明社会中，专业神职人员处于社会结构的顶端，宗教领袖也是社会的统治者，比如古代埃及的法老、古代以色列犹太大祭司、中世纪基督教教皇、政教合一伊斯兰教国家的宗教领袖。

在印度的种姓制度中，有四个等级的排序，第一等级僧侣贵族婆罗门，第二等级军事贵族刹帝利，第三等级普通雅利安民众吠舍，第四等级土著下等人首陀罗，此外还有未列入等级的贱民。处于最顶端的婆罗门，其地位相当于欧洲中世纪教廷的神职人员。

原始社会的精神产品均在小众范围内生产、维护和传承。到文明社会，随着人口增加和人际交流的扩大，精神产品的传播变得更加重要。基督教有个说法，基督教是耶稣基督和保罗共同创造的。原因就是，耶稣虽至尊至伟，但若无保罗的有效传播，耶稣的思想和精神很可能如诸多其他犹太教派一样，小而不广，孤芳自赏。

中国文化中没有强烈的宗教传统，但在儒家的伦理道德和理想社会秩

---

39 戴蒙德（2014），第xxx页。

序中，知识的传播者、传道授业解惑者居于很高地位，“天地君亲师”的说法得到社会的广泛认可。

## 5_人才辈出:《论语》《圣经》之神功，兼谈学数学

世界上有两个社会，能批量产出优秀大脑，这两个社会为我们理解语言如何影响思维提供了很好的案例，一个是《论语》社会，一个是《圣经》社会。

以《论语》和《圣经》标注这两个社会，目的不是为了特别推崇某学和某教，而是为了强调“经典”在智力开发中的突出角色。如果说，社会财富是社会整体智力水平的体现，就应该承认，经典书籍是一个民族最宝贵的财富。

《论语》文化圈的发祥地是中国长江黄河流域，孔子（公元前551—前479年）办学成为万世师表，开始形成儒家学说，《论语》记载了他的思想，是儒家学说的第一经典。

儒学后来成为中华文明的重要组成部分，也对中国周边国家产生了重大影响，形成了儒家文化圈。这一学说强调知书达理、知书尊礼，建立和谐社会秩序。在《论语》奠定的文化氛围中，中国的学者和思想家著书立说，历朝历代人才辈出，中国人将教育视为头等大事，从小读书蔚然成风。

儒家提倡的读书学习对提高中华民族的智商，开发中华大众的大脑起了不可替代的作用。中华文化屹立于世界几千年，在农业、技术、商业、人口和经济规模等各个领域长时间处于世界领先地位，各个领域的杰出人才，不胜枚举。儒家文化对推动好学上进、不甘落后的中华文明的成长，功不可没。

在近代，因为高山大漠，东亚地区与亚欧大陆文明核心地带相对隔

绝，儒家社会在大航海时代以来的现代进程中曾经落后。但如前所述，经过100多年的急起直追，儒家社会成为欧美文化圈之外唯一成功实现了现代化的社会，其崛起再次改变了世界经济和政治格局。

《圣经》文化以犹太人为源头，包括后来形成的基督教文化圈。《圣经》文化圈的发祥地是地中海东岸巴勒斯坦地区，以该地区的圣城耶路撒冷为中心，也包含了《圣经》中提到的很多其他重要城镇。

将《圣经》文化推向世界的一个重大历史事件是，罗马人于公元70年攻克并彻底摧毁耶路撒冷，焚烧第二圣殿，驱逐犹太人，不允许他们再拥有自己的家园。后来，随着基督教的广泛传播，尤其是公元380年基督教成为罗马帝国国教后，《圣经》更是随着基督教的传播走向世界。[40]

大家知道，犹太人为世界贡献了马克思、牛顿、爱因斯坦、弗洛伊德等最优秀的现代学者和思想家。犹太人只占世界人口的不到0.3%，却贡献了22%的诺贝尔奖，是全球平均水平的100倍之上。

《圣经》和这种人才辈出的现象，有什么关系呢？

《论语》文化和《圣经》文化有一个共同特点，强调读书要从牙牙学语开始，甚至是从牙牙学语前开始。儒家劝学，“少壮不努力，老大徒伤悲”和“养不教，父之过”的说法深入人心，从朗朗上口的“人之初”开始，大人小孩的生活都浸润在四书五经、唐诗宋词、成语典故的经典名句之中。《圣经》文化讲究虔诚，真正的犹太人读《圣经》，从牙牙学语开始，一辈子反复诵读，将丰富的词汇及其表达的概念和故事，都熟读牢记，了然于胸。

中国孩子从“人之初”到唐诗宋词，犹太孩子从“十诫”到律法（Torah），一读就是一辈子。能在大脑发育早期就往大脑中输入优秀的操作

---

40 水木森（2017）。蒙蒂菲奥里（2014）。

系统和数据库，又在一生中反复加强，优秀人才不批量产生才怪呢。

两个文化圈形成自幼读书的传统，各有其历史原因。

《论语》提倡“仕而优则学，学而优则仕”，将为官和好学联系起来。中国官方自春秋战国起就奖励策辩，对读书人择优录用，委以重任，知名人士有伍子胥、孙膑、商鞅、张仪、苏秦等。本书第一章曾讲到齐威王的孙子孟尝君儿时的一个故事，充分反映了其父田婴对策辩的重视。到隋唐建立科举制度，鼓励读书的体制更加成熟定型。在中国民间，穷人家相信读书才能改变命运，出人头地。富人家相信读书才能薪火相传，光宗耀祖。

中国人以读书为功业，视知识为安身立命之本，其中《论语》为书中之王，有“半部论语治天下”之说。犹太人则视《圣经》为灵魂之归宿。犹太人在公元70年被迫背井离乡，流落四方后，失去了祈祷朝拜之地，便誓言将《圣经》作为心中的圣殿，无论身在何方，世世代代都要认真学习。换言之，犹太人认为，若不读《圣经》，便会失去自己的灵魂，若不读《圣经》，失去家园的犹太人便会消失在历史长河中，荡然无存。

不论什么原因，从小读书，大脑的潜力就会得到应有的刺激，得到极大的开发。我们一再强调，想象力、虚拟思维能力是人类大脑最突出的功能；概念是想象力最重要的产品；词汇量和逻辑链的长短是衡量大脑思维能力最重要的指标。原始人在蛮荒时代的万类霜天中脱颖而出，靠的是想象力，是概念、逻辑以及表达概念和逻辑关系的语言。

教育学研究反复证明，早期教育的一个关键是增加儿童的词汇量。研究表明，儿童在6岁前掌握的词汇量，决定了他们一生的智力水平和成就水平。

词汇量很重要，口头交流很重要，但回到几千年前，谁有那么大的词汇量？谁能用大量词汇和概念丰富的故事和儿童频繁交流？

《论语》和《圣经》对智力开发的重要性在于，它们使人有书可读，有内容丰富、词汇量庞大的好书可读。

重要的不是哪一本特定的书，而是有好书。从智力开发和批量产生人才的角度来说，一个社会有没有经典，有没有好书，会造成社会整体智力水平的天壤之别。这种现象，称之为“一本书主义”未尝不可。从不同社会人才涌现的经验看，哪个社会有好书，哪个社会读了好书的父母和老师多，他们能和孩子使用概念丰富准确、逻辑性强的语言进行沟通，哪个社会就在儿童智力开发方面具有优势。《论语》和《圣经》的初衷是为了建立行为规范，却无心插柳柳成荫，同时也为社会提供了词汇、概念和智慧宝典，成为智力开发的利器，成就了强大脑、高智商的社会。

解释完《论语》和《圣经》对智力开发共有的奇妙功效，还可以注意到这两本书造成的差异。简单来说，以《论语》为基础的华人文化在社会管理方面体现出相当的优势，对华人社会实现人丁兴旺、香火不断做出了贡献。而以《圣经》为基础的犹太文化，则在科学思维方面别具一格，为世界贡献了超比例的思想家和科学家。对此下一章第五节还会详细讨论。

这两本经典对社会人才的影响，再次说明我们在本书前言中讲到的一个重要观点：人因意识而尊，终于自己的知识结构。

谈完经典对儿童智力开发的决定性作用，我们再来聊聊如何开发儿童的数学头脑。

数学这门学科，有些人如鱼得水，热爱痴迷于其中，数学好的孩子让人夸奖和羡慕。另一些人颇感神秘、困难，敬而远之。

以我们对人类意识和智力的理解，怎样才能提高孩子的数学能力呢？

首先要看到，数学是一种语言。数学是用高度简洁的符号表达概念，用严谨的逻辑关系连接概念的语言。

数学的精髓是逻辑，生命力在于符号，目的是用一套最简洁的语言表达概念和概念之间的逻辑关系。因其符号之简洁和逻辑之严谨，数学可以让人在逻辑链上走得很远很远，走到其他语言难以到达的地方。在逻辑链尽头，很可能会有意想不到的结果。

没有简洁的符号，就没有真正的数学，因为数学有很强的逻辑性，很长的逻辑链，需要认真思考才能遵循其逻辑前进。正如康纳利所说，在人们思考的过程中，“任何占据工作记忆空间的东西都会降低你的思考能力”。[41] 所以，简洁体现思维能力。莱布尼茨是历史上少见的通才，被誉为17世纪的亚里士多德。莱布尼茨是运用符号的大师，他非常重视符号的简洁性，善于创造和使用简洁符号讨论数学问题。他发明和完成了2进制，还创建了微积分。他使用的微积分符号远优于牛顿使用的符号，被后世普遍采用。

基于以上认识，要想教孩子早早掌握基本的数学能力，就要教会他们学会用简单符号表达概念，用逻辑关系连接概念。家长和老师不妨尝试，在孩子成长的早期，就让他们用拼音字母和图形符号表达概念，用字母和符号的组合变化表达概念的变化。当然也可以提醒孩子注意日常生活中使用的简洁符号，比如简单明了的交通指示符号。

我们来看一个例子。

你觉得多大的孩子能理解 $(f_n)^2 = (n^2+2n+1)=(n+1)^2$ 的意思？

有些晕？

你觉得多大的孩子能玩好下面这个游戏？

把加号左边的方块放进加号右边的方块的缺口，让等号成立。

41 卡尼曼（2012）。

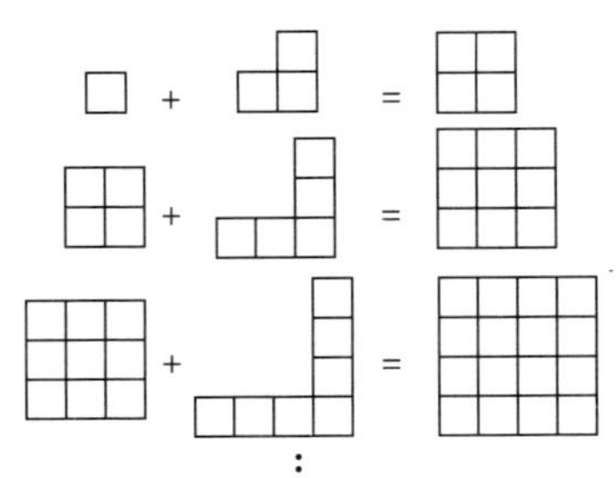

这个游戏中涉及的概念和逻辑，和上面那个2次方公式是一回事。这说明，那个公式的挑战主要是在数学语言，而不是概念和逻辑。

这组图是哥伦比亚大学一位优秀学者、终身教授画的，目的是让自己7岁的孩子对2次方公式有直观理解。

所有正常智力的孩子都具备学好数学的潜力。何以见得？大家知道，因为接触得多，接触得早，正常发育的孩子学说话都无特别的困难，有些孩子甚至自然而然就口才过人。这里的关键，不是特别的语言课程和训练，而是早期的接触与熟悉，做到习惯成自然。依同样的规律，孩子也可以顺利进入数学的世界。

一个人要成为优秀的数学家，肯定需要具备更多条件，包括天分。但通过早期接触，做到熟悉和习惯于使用简洁的符号表达概念，克服进入数学世界的语言障碍，打下学好数学的基础，是普通人就可以做到的，就像人都会说话一样。

## 6_本末倒置：从安慰到终极安慰

本来，人的所作所为一切都是为了在生存博弈中取得更大优势，为了更好地生存和发展。

后来，人类运用大脑无比强大的功能，运用独一无二的想象力，在现实世界之上又建立了一个精神世界，用概念、信念和信仰支撑起这个精神世界。

这个精神世界对人类十分重要，因为有它，人成为万物之灵、世界主宰。

再后来，对一些人来说，这个精神世界的重要性超过了现实世界。对这些人来说，活着是为了这个虚构的世界，失去这个世界，生命便失去了意义。这样看待精神和现实世界的人，很愿意为他们的信仰付出自己的生命，因为信仰比生命更加重要。

这些人为概念而活，为信仰而死。我们可以用一个买房的例子快速测试概念的力量。假如有一个居民区的房屋在出售，小区名字叫火葬场，猜猜谁会去那里买房。即使这个小区坐落在全世界最好的位置，有全世界最好的质量、最好的物业管理、最高的性价比，对这个小区感兴趣、考虑购房的人必然寥寥。这个小区的名字太不吉利。

这很可能不仅仅是心理作用。如果一个垂垂老者住进了这样的小区，天天被提醒他快要去火葬场了，那一天到来的时间很可能真的会提前。

动物从来不给住地取名字，它们依据生活条件选择住所，和概念无关，也就是说，动物选择居住地和安全性，和周边的水草有关，和地名无关。

不知从什么时候开始，人们相信存在独立的精神世界。在古希腊的哲学文献中，精神世界的存在与灵魂不灭是一个重要课题。苏格拉底认为精神世界能够独立于物质世界而存在。依据这个理念，灵魂永恒，肉体只是灵魂短暂的载体。原始社会没有文字记载，但从实践看，有相当多的原始人也心甘情愿为信仰牺牲生命。

在墨西哥尤卡坦地区，有很多玛雅印第安人的文化遗产，包括金字塔和运动场。其中有个运动场是印第安人举办类似足球比赛的地方。在每年举行的比赛中，人们奋力拼搏，想要获胜，因为赢家可以将自己的生命奉献给神，无比荣耀，而输家则无比失落，要等来年再次争取这份荣耀。人们至今不能理解一度辉煌的玛雅文明为何会消失得干干净净。但有人指出，玛雅人实行逆向淘汰，首先牺牲最优秀的成员，长此以往，部落能不退化和衰落吗？而在世界其他地方，原始部落普遍实行正向淘汰，努力淘汰老幼弱病残，保留最强大的成员，使部落更加强大。

在新几内亚岛有一个部落，长期以来就有妇女为夫殉葬的传统。部落的妇女对此不仅从不质疑，从不挑战，反而会因为不能及时随夫而去感到痛心疾首，苦苦哀求亲朋好友一定要帮忙，尽早动手了结自己。所幸，现代人进入新几内亚开始管理这个地区后，强制结束了这个原始落后的残酷习俗。

原始社会这些古老的传统，在文明社会中没有消失，人们继续为精神的需要牺牲自己的生命。苏格拉底本人即拒绝宽恕，以死证明他对希腊民主制度的批评是正确的。亚伯拉罕虔诚地将自己的儿子奉献给神，成为神的选择。圣战斗士前仆后继，成为进入天国的烈士。日本人悲壮切腹，以践行高尚荣光的武士道精神。在文学与学术界，为义而生，因理念破灭而放弃生命的也大有人在，可以列出一份长长的清单。

信仰的意义超过肉体存在的意义，精神世界的重要性超过现实世界的重要性，对于将信仰上升到这个高度的人来说，他们的行为顺理成章。在这一点上，文明社会与原始社会一脉相承，都能造就这样的人。

因为精神世界的重要性超过现实世界，在犹太—基督教社会，还产生了一个医学现象，叫“耶路撒冷综合征”。

耶路撒冷是宗教的圣城，在很多人心目中具有独一无二的崇高地位，“世界若有十分美，九分都在耶路撒冷”。来到耶路撒冷，人们心怀虔诚，反省人生，对生命和生活的认识有可能会彻底改观。1869年，奥地利皇帝约瑟夫一世来到耶路撒冷。他在回忆中写道：当大卫塔上的礼炮鸣响时，“我跪在路边亲吻着土地”。他被一种特殊的情感征服，直言“每件事物看起来都像儿时故事和《圣经》中跑出来的那样”。约瑟夫曾经建立奥匈帝国，兼任奥匈帝国皇帝，发动第一次世界大战，1916年战争未结束即病逝，是现代史上的一个重要人物，其所言所感代表了很多人对耶路撒冷的感受。

耶路撒冷的神奇感染力让有些人去后产生奇怪的变化，思维和行为变得让他人难以理解。英国犹太裔历史学家蒙蒂菲奥里（Simon S. Montefiore）在《耶路撒冷三千年》一书中，记录了此症的一些病例。[42]

1837年，美国高官的女儿利弗莫来到耶路撒冷，等待将于1847年到来的世界末日。在此期间，她沦落到靠乞讨为生。

1848年，生长于俄罗斯帝国的大文豪果戈里到一生向往的耶路撒冷朝圣。看到现实的和心目中向往的耶路撒冷的差异，他回去以后拒谈耶路撒冷，烧毁了他的著作《死魂灵》第一卷和第二卷手稿，然后拒绝进食，将自己活活饿死。

美国领事克雷森在耶路撒冷被认为精神失常，也因此被妻子起诉，要求离婚。他赢得诉讼后，回到耶路撒冷，在附近开辟了一个犹太模范农场。

《美国精神病学杂志》将对耶路撒冷的歇斯底里与加利福尼亚的淘金热相比，二者皆见证着人们的痴迷与疯狂。

美国领事赫尔曼·梅尔维尔看到“荒谬的犹太躁狂症”，该症状“一半忧郁，一半可笑”。一些来耶路撒冷的人，他们脑子中都抱有奇怪的观点，认为我们的救世主在这一年要降临。“没有哪里像巴勒斯坦，尤其是耶路撒冷，能更快驱散人们心中美好的期望。对一些人来说，这种失望是锥心刺骨的。”

威尔逊（Edward O. Wilson）将耶路撒冷综合征一般化为宗教对人的影响，认为这种普遍存在的影响是消极的。[43]

---

42 蒙蒂菲奥里（2014），第412页、第413页、第417页、第439页。

43 Wilson（2014）.

以死明志，在中国传统文化中也备受推崇。屈原的故事，最典型地体现了这一文化。2 300多年前，楚人屈原在千古绝唱《离骚》中叹道：“长太息以掩涕兮，哀民生之多艰。”屈原是楚王之后，楚国高官，血统高贵，家族富贵，生活条件一定非常优越。他的痛苦是精神上的。正如他在《离骚》中所言，他要“屈心而抑志兮，忍尤而攘诟”。秦军攻陷楚国郢都后，屈原深感绝望，痛苦至极，在湖南汨罗抱石投江，以死报国。中国人将屈原投江的日子定为端午节，每年端午节都要赛龙舟、吃粽子纪念屈原。

屈原的行为说明了精神世界对人的重要性。对构建了理想内心世界，即具备了坚定信仰的人来说，最大的痛苦、最不能容忍的，莫过于外部世界的发展有违自己的内心世界。

以上故事告诉我们，从原始社会到现代社会，因概念而苦闷，为信仰而献身，是人类行为中的一个重要现象。生命给人类开了一个很大的“玩笑”，“玩笑”的起点是，为了获得在自然界的竞争优势，人类发展了强大的大脑，使人获得了意识。“玩笑”的终点是，在人类意识中，有一个强大的虚拟世界，这个为人类带来竞争优势的虚拟世界，同时也让人对现实世界的存在和意义发生动摇。

最终，生命的意义是什么，成为一个世代相传的问题，人们对这个问题各执一端，争论不休。

一方面，有人说，好死不如赖活。人类是生物界万类霜天的一员，万类霜天都在为生存而奋斗，活着本身不就是生命的意义吗？人类做的一切不都是为了活着吗？生死之外，别无大事。

另一方面，有人说，只有为某个崇高事业而活，生命才有意义。没有理想、抱负和事业的人，被称为活死人或行尸走肉，用文雅些的话说，就是："有的人活着，他已经死了。有的人死了，他还活着。"[44]《钢铁是怎样炼成的》一书借主人公柯察金之口说："人最宝贵的东西是生命……一个人的一生应该这样度过……在他临死的时候，能够说，我把整个生命和全部精力都献给了世界上最壮丽的事业——为人类的解放而斗争。"柯察金是苏维埃革命英雄，他的这句名言广为人知，影响深远。[45]

很多人相信，生命的意义在于投身于一份伟大的事业，柯察金说出了他们的心声。

很多人相信，生命的意义就是生命本身，不是其他，不是事业。

讨论生命的意义，不仅是学术和认识问题，也是我们认识人类暴力的一个重要角度。用概念赋予生命新的意义，对提升人类暴力水平，有双重作用。

首先，比较直接和明显的作用是，赋予生命超越生命的意义后，人们会更加勇敢战斗，更加不畏牺牲，愿为事业献出生命而含笑九泉。结果是，这样的集体更有可能取得战争的胜利，整体的生存概率反而上升。这个原理与"置军死地而后生"类似。

其次，不那么直接但可能更加重要的作用是，赋予生命超越生命的意义后，人们因共同信仰互相认同，同时也在共同信仰的总原则下建立起一套共享的语言体系，使人和人之间具有很多共同的概念，更容易沟通，更加信赖，更加服从。这样一个群体的规模和黏性意味着更加强大的战斗力。

这样的例子很多，在共产主义事业中，马克思主义是最高指导思想，《国际歌》让人在世界各个角落找到知音，一声"同志"温暖人心。在这种精神力量的支持下，共产主义从无到有，从小到大，成为有亿万人参加、19世纪和20世纪最有影响力的事业。

---

44 臧克家（1949）。

45 奥斯特洛夫斯基（1933）。

早在1 300多年前，阿拉伯人就用自己的行动证明了理想的力量。公元7世纪伊斯兰教兴起后，默默无闻的阿拉伯人的战斗力突然大爆发，所向披靡，建立了西起地中海西岸西班牙和摩洛哥，向东穿过伊拉克、伊朗、印度河，直至中亚南亚，横跨亚非欧三洲的伊斯兰帝国，创建了其后千年一个接一个的伊斯兰帝国。

大航海时代到来后，西班牙人征服了美洲大片土地。霍华德指出，西班牙人的成功，既要归因于武器优势，更要归因于他们的狂热、自信和坚毅。这些卡斯蒂利亚人是1 000年前闯入欧洲的游牧民族后裔，又在伊比利亚半岛与伊斯兰教徒进行了700年的战争，饱受锤炼并刚刚取得了最后胜利。他们带着同样的宗教狂热前往美洲，显示了超常的冒险精神和战斗力。[46]

46 霍华德（2017），第56—56页。

# 第八章

# 天堂上，地狱中

# 人类心理世界

本章在前文讨论知识与信仰的基础上，集中讨论人类心理世界，讨论人的情绪感受、喜好欲望。人类的精神世界由知识、信仰和情感三大变量决定，这三大变量紧密关联，互相影响，缺一不可，组成人类意识。

我们不打算将读者带入心理学的知识海洋，仅以四组八大心理特征为例，说明人类心理与生存博弈的关系，说明人生痛苦的一大源泉是人类心理世界固有的矛盾与冲突。这些矛盾和冲突的心理特征能够解释为何苦谛是人生真谛。

我们即将讨论的四组心理特征是：向往和平的暴力基因、热爱集体的自私基因、热爱贪婪的恐惧基因、热爱快思的慢想基因。

## 1_向往和平的暴力基因

大文豪托尔斯泰以《战争与和平》为题，讲述了反抗拿破仑入侵的战争时期，俄国人的精神和生活状态。[1] 这本书是文学作品的巅峰之作，书名正好代表了一组人类最重要的心理特征：暴力倾向与和平愿望。

这是一对看似完全矛盾，水火不容的心理特征。它们同时存在吗？如果是，为什么？

### 1.1 暴力倾向

人类天生就有暴力倾向，这一倾向源远流长，也并未因文明的到来而改变。

我们在前文曾经说明，黑猩猩非常暴力，原始人非常暴力。文明人完完全全地继承了原始人的这一遗产。在中世纪欧洲，骑士是贵族的起阶，是平民成为贵族的唯一通道，代表着主的荣光和贵族的荣誉。在上流社会中，贵族的标配是军服佩剑，三角恋最公平的解决方案是公开决斗，死而

1 托尔斯泰（2003）。

无怨，强者才配美女。这样的文化足见上流社会对暴力基因的肯定与欣赏。这种文化传统使欧洲畅通无阻地成为无数次现代战争，包括世界大战的发源地。

在日本前后三个幕府时代，武士统治着国家，武士道精神作为崇高的道德规范，统治着日本人的精神世界。这种精神铺垫了现代日本的军国主义道路。[2]

政治家能够煽动全民战争狂热，是因为暴力有基因基础：在任何社会，人们都普遍携带暴力基因。

作为常人，要知道自己身上是否携带暴力基因，不妨试问，自己是否有过暴怒的经历，在暴怒时是否很想打人，或者真的动了手。

要知道你周边有多少人携带暴力基因，不妨观察一下，有多少人打过人或打过架，无论是家暴，还是街头火拼或学校打架。多少人虽然未曾动手，却有着咬牙切齿、强烈的“恨不得……”的冲动。

还有，有多少国家经历过战争，有多少人会在战争中经历“杀红眼”。

如果这些问题的答案告诉你人类很暴力，不要奇怪也不要埋怨，是几百万年的进化过程，在太多人身上都留下了暴力基因。靠着这个基因，人类才生存发展到今天。

如前所述，人类社会发展的历史与暴力密切相关。无论是开疆拓土，还是狩猎捕食，无论是对待其他人类物种，还是智人手足之间，无论是处理内部关系，还是邻里关系，无论因为食物分配，还是男女之间争风吃醋，无论是理性的算计，还是热血复仇，人们总有诉诸暴力的本能倾向，总能找到暴力的理由。

人类遇到不可调和的矛盾时，终极手段就是暴力打倒对方。

---

2 姜建强（2014）。

也有一些原始部落显得特别和平，没有暴力和战争。在一些因纽特人部落，人们避免有敌意的话语，有人胆敢提高音量即有可能被放逐，相当于现代人被判处死刑。[3]在亚洲的西伯利亚和马来西亚、美洲的秘鲁、澳大利亚和非洲，也都发现过一些非常和平的部落。有人以这些部落为依据，认为原始社会是和睦和平的社会。

持这一看法的人忘了，首先，这样的部落实在少见，他们一般都生活在资源匮乏、人烟稀少、与世隔绝的地区，鲜有机会与他人发生冲突。

其次，未使用暴力和没有暴力能力、没有暴力倾向完全不是一回事。生活在马来西亚山区的塞芒族，部落之间从未有过战争，若看他们自己的传统生活，可以认为塞芒族是非常和平的人。但在20世纪50年代，英国人曾将塞芒人征集入伍，和马来西亚共产党军队作战。进入战争后，塞芒人也和其他士兵一样，一旦杀红眼，就变得非常暴力，忘我地投入到战斗中。[4]

塞芒人的故事提示我们，即使看到显得非常和平的人，也不可轻易断言他没有暴力基因，缺乏暴力的能力。一个人可能因为环境、教育或任何其他因素，显得非常和平，却完全有可能由外力将其暴力基因激活，将被抑制了的暴力本能释放出来，变得和其他人一样暴力。正因为如此，德瓦尔说，文明只是一层薄膜，里面包裹的是人类的攻击性基因。[5]

要证明暴力基因的普遍性，除了上面提到的“常识”判断，还有两个更加科学严谨的方法：一是数理统计，二是逻辑推理。

**统计方法**。我们可以通过实际观察或者问卷调查，知道周边有多少人有过暴怒的经历，有多少人在暴怒时很想打人，发泄自己的情绪。这样的

3 德瓦尔（2015），第20页。

4 戴蒙德（2014），第123—124页。

5 德瓦尔（2015），第21页。

统计能告诉我们，现代社会有多少人身上携带着暴力基因。

在这样的观察和调查中，需要统计的是“想”，即暴力的冲动，而不是“做”，即真正动手施暴。很多时候，人们会将自己的暴力冲动付诸实践。我们看到的家暴、学生打架、黑帮打斗以及国家之间互相发动战争，都是将暴力冲动转化为暴力行动的例子。

更多时候，冲动不会转化成真的动手。现代人多数都在不同程度上知道个人文明行为准则，受到法律的威慑，文明守则和法律威慑使很多人自我克制，没有将自己的暴力冲动转化为暴力行为。但若离开警察，礼崩乐坏，社会秩序瓦解，则更多人会立刻将“想”转化成“做”，社会便会很快被暴力吞噬，暴力相向夺人性命的便不会只限于黑帮和犯罪分子。同样，若无学校维持秩序，学生之间也会被暴力吞噬，学校不再是读书的地方，而是实战的练兵场。

**逻辑推理**。如前所述，在原始人部落中，很多男人都会对部落内部的弱者施以暴力，包括杀死老幼妇弱残。进化给施暴者的回报之一是让他们获得更高社会地位，也获得更多交配的机会，生育更多后代。如前文所述，在印第安人亚诺玛米部落中，有五分之二的男人参与过各种各样的内部谋杀。最终，参加过对部落内部妇幼老弱病残施暴的男子，生下的孩子比不杀人者多3倍。

如果最初部落中携带强烈暴力基因者与非暴力基因者人口相当，在下一代人中，二者的比例为3：1，再下一代中，比例为9：1，然后是27：1，81：1……10代之后，便几乎是人人都携带强烈暴力基因了，更不用说经过几千几万代人的进化。

反过来说，如果强烈暴力的男人总能比其他男人的后代多3倍，用不了多久，世界上不携带强烈暴力基因的人便寥寥无几了。

我们再做些时空穿越的比较，看看暴力基因的遗传优势有多大。

成吉思汗生活在1162—1227年，以征服的土地面积和发动战争导致的死亡人口看，他都是人类历史上最大的征服者。无独有偶，他也是后代最多的男性祖先之一。2004年开始的一个测试表明，时至当时，他的后代达1 700万人，从英国王室、欧洲、高加索地区，到蒙古高原，都遍布着他的后代。成吉思汗被誉为人类历史上最成功的父系祖先之一。

在推翻成吉思汗后代建立和统治的元朝后，明朝开国皇帝朱元璋也展示了和成吉思汗不相上下的繁殖能力。明朝（1368—1644年）初期，朱元璋有儿孙将近50人。到明朝末期，朱元璋的后代已有百万人之众，增加了2万倍。同期，全国总人口只增加了2～4倍，和朱家的繁殖力简直是天壤之别。如果明末总人口为1亿人，这意味着每百人中即有1人是朱元璋的后代。如果明末总人口为2亿人，这是历史学家估计的明朝人口上限，则明末每200人中有1人为朱元璋后代。当然，朱元璋想不到的是，他的后代在明末被大量杀害，九九归原，他的基因复制能力也回归到那个社会的长期平均水平，那是后话。

暴力基因的传播超乎想象地快。沙特阿拉伯于1932年从奥斯曼帝国获得独立，伊本·沙特经过多年征战成为国王。他有38个妻子，70个子女。仅80多年后，伊本的后代，在沙特阿拉伯有“王子”头衔的人，已经多到难以统计，至少有5 000多人，有可能超过1万人，增加了70～100倍。

在欧洲，战士家族的后裔把持着土地的支配权直到16世纪，把持着政治上的统治权直到18世纪，而他们对社会的支配则一直延续至现代。[6]

日常经验、统计和推理告诉我们，我们生活的世界充满暴力基因。如何抑制暴力，包括如何抑制家庭暴力、社会暴力、职场暴力和国家间暴力即战争，都是人类社会管理中最长期、最重要、最具挑战性的任务。

6 霍华德（2017），第7页。

这个认识对我们有两点提示。首先，在日常生活中，遇到他人暴怒和暴力，不要太感奇怪和意外，重点要放在如何保护好自己，免受暴力的侵害。遇到真正温和善待自己的人，一定要好好珍惜。

其次，更重要的是要知道，我们能生活在一个安全的环境中，无须时刻担心暴力的侵害，主要是因为国家、法律和执法机器的存在。在普遍携带暴力基因的人类社会，在暴力的丛林世界里，多数个人都无法真正保护自己。若黄钟毁弃，失去国家的保护，人人都可能是暴力的牺牲品。

### 1.2 和平愿望

原始人也热爱和平，渴望和平。

前文第二章说到，黑猩猩尼奇和叶伦联手，在一个月黑风高的晚上，将英俊帅气的国民老公路维特残酷折磨致死。

第二天，所有的黑猩猩都没有吃早饭，他们陷入悲哀，鸦雀无声，让时间静静流逝。见到这种情景，想到黑猩猩是人类的近亲，德瓦尔感叹道，人类就像凶猛的猿类，一方面有杀戮倾向，全身沾满鲜血；一方面又渴求心灵上的平静，希望岁月安好。[7]

最能既满足人类的杀戮倾向又给人带来心灵安宁的是攻击异教徒。如果对异教徒的讨伐还能带来财富，满足人的贪欲，那更是锦上添花。历史上的“十字军东征”、科特兹率领西班牙人征服印加帝国，都具备这些要素，都是最有号召力的宗教战争。正因为宗教战争能如此完美地满足人的多种心理需求，我们看到，宗教既是最大的和平倡导者，也是最强有力的战争动员令。

要知道人类热爱和平到什么程度，可以看看这个现象：哪怕是最疯狂的战争贩子，也不会承认自己好战，失去进行战争的道德高地。他们会

---

7 德瓦尔（2015），第42页。

指责他人将战争强加于己，要说自己是为了捍卫和平，别无选择，被迫战斗。

耶路撒冷是一神教世界的圣城。希伯来语中“撒冷”是和平的意思。这座数千年来冲突不断充满暴力和血腥的圣城，名字竟是“和平之城”，可见人们对和平的渴望。同理，在强敌环绕，随时需要为生存而战的以色列，日常见面问候语就是“撒冷”，即和平的意思。无独有偶，带领以色列军队打赢第三次中东战争的英雄沙龙将军，其名字Sharon也是和平的意思。

原始社会是一个暴力世界，遗传早已让人类充满暴力基因，人类怎么还会赋予和平这么高的地位呢？这不是严重的自相矛盾吗？

并不矛盾。和平不是基于基因的选择，而是一种现象，是暴力未转化为实际行动时的一种状态。王一江讨论了和平成为均衡的条件。[8] 杜兰特夫妇认为，和平只是一个不稳定的均衡。[9] 均衡本来是一个物理学概念，意思是一个状态自身可以持续在没有外来作用时不会改变。不稳定均衡的意思是，外力很容易改变这种状态。杜兰特夫妇的意思是和平是脆弱的。

和平与暴力的微妙关系，类似于光明与黑暗的关系。从表面上看，光明与黑暗是对称的两个现象。但从物理世界的本质看，光是一种物质，黑暗只是一种现象。在有光这种物质的地方，我们看到光明，当光这种物质缺失时，我们感受到的状态为黑暗。所以，要解释黑暗，不能直接研究黑暗，而要聚焦光明，研究是什么导致了光的缺失，如西谚所说，“与其诅咒黑暗，不如点亮一支蜡烛”。

同理，暴力是一种基因推动的行为，而和平只是暴力基因潜力未转化

8 王一江（2017）。

9 Durant（1968），第81页。

为现实时的一种现象。

是对暴力的恐惧，导致人们渴望安全，选择和平。人类社会的悖论是，暴力基因越是弥漫，暴力手段越是强大，人们越是渴望和平，选择和平。以暴制暴，以暴止暴，成为人类通向和平的华山之路。这也是人们研究暴力达成的一个共识。[10]

携带暴力基因的人类对和平的热爱是真诚的，但我们对“热爱和平”的理解，不像卢梭及其追随者那样，视和平为基因驱动的“自然状态”。理解人类抑制暴力选择和平的真实原因，理解暴力与和平的转换，我们才能在现实世界中创造条件，采取措施，更好地促进暴力向和平转换，防止和平向暴力转换。

既然和平是选择，原始人热爱什么样的和平？谁在什么时候会选择和平？

战争有三种情况。一是己方占据绝对优势，在这种情况下，战争的风险和代价很小，己方可以随意打击敌人，敌人却难以伤害自己。这时，人的暴力基因会充分释放，大家会敲锣打鼓，送夫送子参军，意气风发地奔赴战场。战争狂热、军国主义狂热会成为全民的选择。这种感觉，就如小孩子看战争电影时，己方战士拿着机关枪扫射，敌人一片片倒下去，尽感酣畅淋漓。

在这种情况下，胜利带来和平。正如麦克阿瑟在密苏里号上举行受降仪式时对全世界说：美国人和日本人曾经对世界有不同看法，今天，这些不同已用枪炮消除了。

二是己方处于劣势。在这种情况下，面对优势敌人，被迫战斗，伤亡惨重，毫无取胜的希望，大家对战争的感觉只能是忧伤悲壮。这时，大家

10 Morris（2014）。

对战争的态度可能会分化。前方战士杀红了眼，不惧一死，渴望为战友复仇，为国捐躯。后方亲人则希望眼前一幕尽快结束，参战的家人能尽快安全回到家中团聚。这时，投降或灭亡带来和平。

二战晚期，日本军人、民众和天皇对战争的态度体现了这种分歧：军人疯狂，叫嚣全民玉碎；平民则千家万户因失去亲人而悲痛，更多人日日牵挂前线亲人，希望早日结束战争。最终，天皇和平民的意愿占了上风，结束了战争。很多当年准备“玉碎”的军人，事后回想起来，也感谢当年的决定，让自己能活着见到战争结束。

三是敌我力量接近，战争旷日持久。这时大家对战争的感觉，要视武器的杀伤力和战争的代价而定。在武器杀伤力有限的情况下，旗鼓相当的战争会长期持续。在杀伤力巨大的情况下，人们会想办法尽快结束战争。

在原始社会，部落之间的战争若能世世代代打下去，当属于第三种情况。原始部落之间，双方的武器、训练和参战人数很可能均无太多差别，所以难以有绝对优势的一方。加上原始社会武器落后，杀伤力有限，原始部落之间的战争能旷日持久。

虽然武器落后，杀伤力有限，旷日持久的战争带来的死亡率并不低。如前所述，暴力造成的死亡率，在原始社会远远高于文明社会。

在第一种和第二种情况下，和平最终到来，意味着占绝对优势的一方已经取得胜利，劣势一方已被打败投降或被消灭。在原始社会，没有投降一说，和平的到来意味着劣势一方已被消灭。

综上所述，准确地说，原始人热爱的是两种和平，一是打败对手后的和平，二是因对持久暴力的恐惧而选择的和平。

下面的问题是如何实现和平。有了和平的愿望，如果没有实现和平的手段，还是没有和平。世代相传的战争和为此付出的巨大代价证明，原始人经常陷入这种“双输”的局面。

和平作为一个均衡，在两种情况下会出现，一是分出胜败，二是双方势均力敌，暴力代价太高。

和平均衡之所以是脆弱的，有两个可能原因，一是弱小臣服的一方强大起来，而强大的一方衰落下去，双方力量对比发生变化，崛起的一方于是跃跃欲试，要通过战争改变现状。

另外一个原因是，即使双方势均力敌，谁也不能从战争中获得好处，但因为存在囚徒困境，仍然有可能打起来。囚徒困境的问题，在存在"先动手为强"，即在对方没有准备时先动手能获得优势的情况下，尤其严重。事实上，因为双方都知道先动手能获得优势，最终谁也占不到便宜。[11]

原始社会的故事确实如此，部落之间未必总是想打，但事实证明他们还是一直在打。

战争与和平问题上的囚徒困境，有时需要通过第三方干预才能解决。大航海时代欧洲人与美洲、非洲、新几内亚和大洋洲原始部落的互动，提供了很多生动的案例，告诉我们近几百年来世界各地的原始部落是如何走出这种"双输"局面，逐渐摆脱战争，走向和平的。

**新几内亚**。在新几内亚，部落曾经世世代代互相打斗，造成了生命与财产的巨大损失，也使每个人时时刻刻都生活在恐惧之中。当地人希望结束这种状态，但苦于没有能力做到。

20世纪60年代，澳大利亚人受联合国委托，管理新几内亚。他们做的第一件事，就是告诉当地原住民，立刻停止暴力，停止互相攻击。

为了显示自己的执行力，澳大利亚人买了几只猪，开枪将猪打死。枪的杀伤力对原住民产生了震撼性效果，持续了千万年的战争很快就消失了，新几内亚第一次进入持续和平的时代。

11 王一江（2017）。

澳大利亚人的要求得到了各个部落的拥护。强大的威慑力加上土著的合作，产生了很好的效果，从此以后，岛上暴力几乎绝迹，说各种不同语言的人都可以齐聚一堂，相安无事。在新几内亚，外来第三方力量改变了原住民部落决策的均衡点，改写了千万年的暴力史，将当地社会带入和平的新时代，实现了全社会的帕累托改进。

后来，原住民告诉前来考察的人类学家，自有人来此维持秩序，他们的生活得到大大改进。过去他们经常需要战斗，其实每次作战时内心都充满了恐惧。现在，战斗停止了，他们吃饭时无须再提心吊胆，怕人从背后攻击；早上出去方便时，也无须惧怕遭人暗杀；走在路上，也不怕因为落单而永远回不了家。

当地居民感受到和平带来的好处，热爱这种和平生活，支持维持秩序的警察。在新几内亚高地一个2万多人的地区，只需要一个澳大利亚巡逻官带着几个本地警察，便足以维持秩序。要知道，即使巡逻官和他的手下有让人恐惧的武器，原住民如果想挑战他们，还是有很多办法的，他们可以一次出动多人伏击巡逻官，或在巡逻官晚上睡着时偷袭他，但是原住民没有这么做。

**非洲**。同样的事情也发生在非洲昆族人身上。20世纪50年代以后，他们接受了用警察和监狱而不是复仇和战斗来维持秩序，停止了暴力。虽然谋杀和其他治安事件作为个人行为仍然存在，但族群之间成规模的战争却不再有。最终，为了保证多数人的安全，警察将破坏治安的少数人投入监狱，治安问题在昆族中也日益少见。

**新西兰**。欧洲人于1642年首次来到新西兰，20世纪90年代开始在此殖民。欧洲人带来了两样当地毛利人从来没见过的东西，极大地刺激了他们，加剧了当地的战争。这两样东西就是步枪和土豆。

最初接触欧洲人的毛利人发现，步枪的威力远远超过他们的原始武器。他们很快获得并学会了使用步枪，不仅对其他毛利人射击，也对欧洲人开枪。这里，我们看到优势武器如何刺激战争，导致更加频繁的战争。

后来，几乎所有毛利人部落都获得了步枪。部落之间交战，互相用步枪射击，带来死亡率的大幅上升，毛利人对战争的恐惧感也随之上升。随着时间的推移，战事逐渐平息。可见，在势均力敌时，战争与和平取决于武器的杀伤力，高杀伤力的武器，会让人更加厌恶战争，促进和平。

步枪对战争的影响很好理解，土豆为何也会影响战争呢？毛利人的传统食品是木薯，土豆远比木薯更加高产。有了土豆，毛利人可以花更少的时间寻找食物，将更多时间用于战争。

充足的食物，使毛利人可以驾驶满载土豆的独木舟，远征1 600千米之外的地方。代表地中海古典文明最高水平的雅典也曾仗着财大气粗，千里远征西西里。毛利人装满土豆的独木舟远征他乡，距离甚至超过了雅典人。

毛利人、土豆和战争的故事告诉我们，兵马未动，粮草先行，吃饱了才好去打仗。打仗离不开经济基础，若不能保障后勤，饿死的可能性会超过被打死的可能性。

毛利人和步枪的故事告诉我们，武器对战争的影响是非线性的。当武器能让一方变得更加强大，获得绝对优势时，更好的武器导致更多战争。当武器让双方同时变得更加强大，谁也不能获得优势时，更加强大的武器能起到抑制战争的作用。

毛利人和步枪的故事也印证了前文所说的，热爱和平这个概念，不能包装得过于高尚神圣。原始人追求和平，并非基因驱使热爱和平，而是害怕失去太多。当强大的武器让人们更加恐惧时，和平的动机会得到强化。

**北美。**北美洲阿拉斯加的因纽特人有部落之间互相打斗的传统。其中尤皮克人和伊努皮克人这一对老冤家，长年打斗，永无休止。但他们的打斗在欧洲人到来10年后结束了。

结束的原因，首先是欧洲人将天花带去了当地，尤皮克人被天花灭绝。其次，欧洲人对皮毛的需求很大，买个不停。随着皮毛贸易的日益兴旺，伊努皮克人对贸易的热情也不断高涨。对他们来说，与邻居打仗有双重成本。一是直接成本，即自己随时都可能丧失生命，会担惊受怕，生活在恐惧之中。二是机会成本，即战争会耽误做生意。因为伊努皮克人非常不愿意让战争打断贸易，失去宝贵商机，和平的愿望占了上风，因此，伊努皮克人停止了和其他部落的战争。[12]

因纽特人的故事告诉我们，疾病对战争与和平有决定性影响。因纽特人的故事还告诉我们，原始人对和平与战争的选择，有很清晰的成本收益考虑，非常理性。

**斯拉夫人。**远在人类学家田野考察现存原始部落，观察总结他们如何接受第三方干预，结束他们之间的战争之前，亚欧大陆的一个主要民族斯拉夫人就有过类似的经验。

关于斯拉夫人的历史，最早见于12世纪成书的《往年纪事》，作者涅斯托尔是基辅罗斯公国的修道士。书中根据传说记载，斯拉夫人在早年氏族社会时期，部落之间长期互相打斗，饱受暴力折磨。各部落不堪其苦，于6世纪商定邀请一个第三方担任他们的管理者，负责维持秩序。他们邀请了一位北欧瓦良格人（Varangian）王子管理他们，结束部落之间无休止的战争。瓦良格人即英语世界更加熟悉的维京人（Viking），也称北方人（Norseman，诺斯人），其名声与强悍好战的海盗相连。

这个传说广为流传，但其历史真实性难以确定。《往年纪事》中更加确凿可信的记载是，后来是瓦良格人留里克（Ryurik）于9世纪带军队进

12 戴蒙德（2014），第118—120页。

入诺夫哥罗德，建立留里克王朝，开始了东斯拉夫人的建国史和文明史。他的后任奥列格进入基辅，建立了基辅罗斯公国。[13]

在东斯拉夫人中，罗斯与斯拉夫等价，同时使用。罗斯在斯堪的纳维亚语中是划或划船的意思，相当于英语中的row。基辅罗斯是从北欧划船过来的瓦良格人在斯拉夫部落中建立的国家。后世东斯拉夫诸国，都属于"罗斯"系统的分支，都源于当年基辅罗斯公国王子们建立的公国，乌克兰和俄罗斯这些国家，经常争执谁是基辅罗斯公国的正统继承人。

**20世纪。**20世纪的战争与和平在相当程度上重复了原始人的故事，使得在这个刚刚结束的世纪有1.6亿人死于战争。

1914—1918年，人类陷入第一次世界大战。战争旷日持久，双方打得筋疲力尽，但都不肯认输结束战争，一方试探结束战争的努力也每每被另一方的好战派破坏阻挠。这时，西班牙流感意想不到地暴发，使双方大批官兵丧失战斗力。很快，战争就结束了。

和平来之不易，有时需要借助第三方的干预。没想到，病毒也能扮演第三方的角色，帮助人类停止一场前所未有的战争浩劫。

第二次世界大战打得更加残酷。进入1945年后，日本人颓势尽显，却仍在冲绳给美国人造成了巨大伤亡，还在准备全民玉碎，顽抗到底。最终，长崎和广岛的原子弹促成了日本人放下武器，无条件投降。

一战终于流感，二战止于核弹，人类在20世纪又再次见证了疾病和武器对战争的影响。

同样在20世纪，欧盟的建立，德法两国经济的融合，使这两个世仇之间再次发生战争的可能性不复存在。这个故事非常类似北美因纽特人选

13 Cross and Sherbowitz-Wetzor（1953）.

择贸易而不是战争的故事，人类在20世纪再次见证了商业关系对战争的影响。

太阳底下无新事。

## 2_热爱集体的自私基因

在利己与利他、个人与集体的关系问题上，曾经有两本畅销书。一本是1976年出版的《自私的基因》，作者是道金斯（Richard Dawkins）。此书出版后立即成为当年的畅销书，43年来热度不减，总计销售达数百万册。道金斯在另外一本书中，特别分析了基因发展的长河如何决定人类特征。[14]

另一本是35年后，即2011年出版的《社会动物：爱、性格和成就的潜在根源》，作者是布鲁克斯（David Brooks）。该书一出版也立即成为畅销书。[15]

这几本书经久不衰，长期畅销，成为经典，这告诉我们，读者对个人存在自私基因同时也存在社会基因是高度认可的。按照道金斯的说法，自私使个体能够存在，利他使基因的长河能够流淌不息。

常识告诉我们，一方面，人们自利的动机和行为比比皆是，显而易见，无法否认。另一方面，属于和来自社会，回馈和奉献社会，自我牺牲，集体主义，助人为乐，也是确确实实、普遍存在的人类行为。人们会为他人的奉献、分享和自我牺牲感动，也会为自己有这样的行为感到自豪。

前文说到，人既有暴力倾向，也热爱和平，但暴力倾向源于基因，而和平只是符合某种条件下的选择，人们如果在暴力冲突中不具备绝对优

14 Dawkins（1976、1995）.

15 Brooks（2011）.

势，害怕失去时，会选择和平。利己与利他这一对概念之间的关系，是否也如此呢？利他是不是人们在某些状态下一种迫不得已的选择，而非基因驱动？抑或，利他主义、集体主义和自私自利一样，也有基因基础？

有理由相信，利他主义和集体主义也有基因基础。

### 2.1 利己主义

人类的利己动机和行为如此明显，已无须再作证明。如前所述，在人类学家考察过的原始部落中，争夺食物和配偶是部落成员发生争执第一位和第二位的原因，占内部争端的绝大多数。

争夺食物包括多吃多占，偷吃抢吃。争夺配偶包括抢妇女，杀情敌。

原始社会生产力低下，饥饿成为死亡的最常见原因，遇到食物匮乏的时候，生死存亡很可能就在多吃和少吃一口之间。不会争夺食物者，自然淘汰，最先饿死。久而久之，剩下的就是爱抢食物，会抢食物的人了。

常言道，人为财死，鸟为食亡。其实，蛮荒时代的人，也像鸟一样，是为食亡的。进入文明时代，才如司马迁所说："天下熙熙，皆为利来；天下攘攘，皆为利往。"[16]

原始社会生产力低下，导致普遍营养不良，生育率低，同时危险很多，婴幼儿死亡率奇高。在成活率没有保障的情况下，繁衍后代的最佳策略是靠数量取胜，这决定了人们争夺配偶的行为。

在争夺配偶时，男性和女性的策略是有差别的。男性会通过抢妇女、杀情敌等各种手段，让更多妇女成为自己孩子的母亲。女性则受限于生育周期，难以扩大"产能"，不能如男人那样追求数量。她们必须重视质量，选择能给自己和孩子提供更好保护和更多食物的男子，也就是既强大又能专心爱护自己和孩子的男性。久而久之，经过长期自然淘汰，剩下的男性

16 司马迁，《史记》。

是有多配偶倾向的男性，剩下的女性是崇尚强者，同时具有强烈排她倾向即嫉妒心的。男女之间一个永恒的矛盾，就这样埋下了基因的祸根。

需要强调的是，作为现代人，行为倾向由基因驱动，将倾向转化为行为却要受道德与法律制约。所谓文明，包括社会在道德和法律多个层面都建立行为规范来约束人的行为，不许人的原始基因任意发挥，任由损人利己的行为泛滥。

就如几乎人人都携带暴力基因，但现代社会治理的千头万绪是如何压制这个基因的呢？这种防范的难度，与原始生活塑造的利己基因有多强大成正比。

### 2.2 集体主义

前文有一个故事讲到，尼奇在和叶伦分裂后，失去了权力。国民老公路维特取代尼奇，成为这群黑猩猩的领袖。但路维特有一个致命弱点，这个弱点，后来真要了它的命。

这个弱点就是它太优秀，无论是个人素质，还是为人处事，它都太优秀。它英俊威猛，处事公道，治群有方，深受大家爱戴。它有资格有理由藐视他人，忽略他人，它充满自信，挺胸抬头，独往独来。

尼奇和叶伦为了夺回权力，重归于好，结成联盟。在那天夜晚二对一的搏斗中，路维特不仅失去了权力，而且失去了生命。[17]

“古今天下之才人，皆以一傲字致败。”路维特若知道曾国藩这一教导，或许会意识到自己的弱点。可惜它做不到，大猿虽有与人类同样的本能，却没有人类的智慧，那不到2%的基因差异在人猿之间造成了永远不可逾越的鸿沟。

路维特事件告诉我们，利他才能利己，不利他者，自绝于人。人和猿

---

17 德瓦尔（2015），第55页。

一样，靠集体才能生存，靠结盟才能获得竞争优势。在原始人的生存博弈中，我中有他，他中有我，必有一些你我他，要共生共容，成为不可分割的生命共生体。因此，和利己的动机一样，利他的动机也是基因驱动的本能。

道金斯对此有非常清楚的认识，他直言，他的畅销书虽名为《自私的基因》，书中内容其实更多是在讨论人的利他主义动机和行为。[18]

利他能给个体带来生存优势，归纳起来有对内和对外两大原因：对内不结盟不团结，就没有权力和地位。对外不结盟不团结，就没有地盘和空间。

利他的一个重要功能是能够在内部政治中获得更多人支持，从而获得权力，获得更高的地位，享受权力和地位带来的资源优势。

权力必须通过奋斗获得，获得后也需要用心守护，守护的方法就是维护好盟友关系，而在盟友关系中，没有永久的友谊，只有永久的利益。不具备强烈的同理心，不能兼顾好他人利益，就会失去盟友，失去权力，走向失败。马基雅维利（Niccolo Machiavelli）的政治理论在猿的世界和人的世界同样适用。从权力的逻辑来说，利他是权力的基础，能带来竞争优势。[19]

利他的另外一个重要功能是团结一致对外，争夺更大的地盘和生存空间。如前所述，在自然界，人类既无力量优势，亦无速度优势。部落要在狩猎和与其他群体的战争中取得优势，就必须团结，也必须建立更大和更团结的联盟，更加充分有效地放大和发挥群体的力量。利他主义精神是建立这种集体的基本要素。

所以，在原始社会的生存博弈中，你我他是生死存亡的命运共同体，

---

18 Dawkins（2016），第viii页。

19 Machiavelli（1532）.

集体是个人生存的前提，离开了集体的个人必死无疑。长期的生存博弈和自然选择，毫无悬念地把世界留给了关心你我他的人，留给了有集体主义基因的人。

所以，与和平的选择不同，利己与利他、个人主义与集体主义精神，都有基因基础。因为这一基因的存在，归属感和友谊都是不可或缺的本能需要，都是人类获得安全感和幸福感最重要的来源。

为了获得更多的友谊，人类发展了笑的功能，会笑成为被接纳、招人喜欢的一种天赋。婴儿在开始对外界有反应后，很快就有笑的表情。研究人员发现，生来双目失明者，从来没见过别人的笑，在向他人示好时也会笑，而且笑得恰到好处。这证明了向他人示好，希望被他人接纳，是与生俱来的本能。

你对集体、对归属感、对友谊有强烈的需求吗？不妨回忆一下，自己是否有过以下体验。

体验1：在电视上观看大规模阅兵仪式，雄壮的乐曲和人们的欢呼声响彻云霄，千万只鸽子和气球飞向天空，军人们迈着雄壮的步伐，观众挥舞着手中的鲜花。看到这样的场景，感觉震撼、感觉激动吗？

有人将这种场景与“鼓动民众”联系起来。在研究人类心理时，重要的问题是，这种方法为何能达到鼓动民众的效果呢？

体验2：在奥运会开幕式上，伴随着欢快的进行曲，一个个国家的运动代表团相继列队入场，会场上群情激奋，人们欢呼雀跃。

你最热爱哪支队伍？这支队伍登场时，你会更加大声欢呼吗？

体验3：在重大足球比赛中，人们情绪激动，自己的球队赢了，球迷们通宵达旦狂欢闹事，以表庆贺；自己的球队输了，球迷们通宵达旦狂欢闹事，寻求发泄。

“自己的球队”意思是自己喜欢的球队，完全是一种感情上的认同和归宿，其实自己对球队既无产权，亦无控制权，对其输赢没有任何直接贡献，也不承担任何后果。

体验4：在参加重大宗教或庆典仪式时，看到人头攒动，看到大家在主持人的带领下，整齐划一地唱起歌，做着一些动作，气氛庄重，满心虔诚，是不是感觉充实良好？

体验5：在公司的年终总结大会上，领导致辞，表扬和感谢大家一年来的辛勤付出，祝贺大家取得的成就，指明下一年奋斗的目标。领导致辞完毕，轻松的娱乐节目相继登场，同事们频频碰杯。生活在一个强大成功、温暖安全的集体中，是不是让人感到幸福自豪？

这种幸福和自豪感，来自人们的集体主义基因。

反过来，你是否也有过以下经历？

体验1：在被同事、同学、亲友误解和排斥时，是否感到彷徨失落苦恼，甚至想到过以死证清白？

体验2：为了被一个群体接受，是否曾经尽力表现真诚友好？为了证明自己的忠心和价值，甚至不惜伤害自己或他人？

为了被群体接受而害人害己，甚至违法乱纪，这样的行为比比皆是，是社会管理中一个令人头疼的问题。林冲为了被水浒梁山接受，只好按“杀人入伙”要求，夺取无辜路人性命。地下组织成员为了表忠，文身、自残或一起吸毒。青少年成群结伙，霸凌同学，就为了在同伴面前逞能逞英雄，获得认可。

体验3：因为不愿得罪大家，即使有不同意见，也不敢发声？听了《皇帝的新衣》这个故事后，你改变了吗？是不是宁可得罪人，也打算直抒己见？

从现实体验看，人对群体的需要、对归属感的需要，都是永恒、不可或缺的，不似对和平，拾之弃之，全看方便。

你或许好奇，在那个月黑风高的晚上，黑猩猩路维特怎么会落到尼奇和叶伦手上，无人救援，被活活折磨死的？

原来，黑猩猩首领有个习惯，当其他雄性聚集在一起时，一定要凑上前去，加入它们之中。这是一种本能，目的是防止他人背着他结盟，联合起来推翻他。那天晚上，尼奇和叶伦坚持要被关在一个笼子里。路维特本能地也坚持要进入那个笼子。饲养员费了好大的劲，也无法将他们分开，只好迁就它们。没想到，就在那天晚上，孤独的个人和集体的力量发生了对抗，酿成悲剧。[20]

在现代社会，孤独的个人也许在安全和物质方面都没有问题，不会像在原始社会那样必死无疑。但经历过长时间孤独的人都知道，那种经历会给身心带来什么样的痛苦。人们相信，长期孤独会给人的身心造成极大伤害，甚至造成致命伤害。很多人将现代社会的很多身体和精神健康问题，归咎于现代生活造成的人与人之间的隔阂。

有些老北京人特别难舍四合院，集体基因也是一个重要原因。住在四合院的几家人，若能处好关系，就像是原始社会的一个部落，给人带来厚重的归属感，能很好地满足人们的感情需要。在这个部落中，邻居几十年在一起，抬头不见低头见；大人们看着孩子出生长大，上学工作，结婚生子；今天张家送饺子，明天李家送包子；男人们在院子里老槐树下喝口酒，妇女们在邻家聊会家常，年轻人在一起分享工作学习的信息；逢年过节，打躬作揖，互相庆贺；有事帮忙，无事套近乎。这样的生活，让人觉得非常充实，很有感情，充分体现了“远亲不如近邻”的内涵。

后来，随着城市的发展，很多人离开了四合院，住进了高楼。一些老北京人发现，将市内房子高价出租，“部落”的哥们儿姐妹再一起去京郊

20 德瓦尔（2015），第70页。

租个农家大院，比邻而居，再续前缘，既划算又充实，一举两得。

理解现代人的归属感和集体主义基因，还有两点值得重视。

**东西方文化对比。**有人喜欢将东方的集体主义精神与西方的个人主义精神做对比，情不自禁地流露出对个人主义的崇尚和对集体精神的贬低。对东西方文化的这种理解和褒贬，是毫无根据，毫无道理的。

别忘了，民族国家、爱国主义精神、教会都是源于西方。

在西方的中世纪，被教会宣布为异教徒，被革出教会，会令人失去一切，生不如死，类似于在原始社会被逐出部落。正因为如此，即便贵为神圣罗马皇帝，亨利四世还是得承受卡诺莎之辱，1077年冬天在雪地里匍匐3天，跪请教皇格里高利七世原谅，恢复他的教籍。

在美国的总统竞选中，一个最熟悉的场景，也永远好用的标准动作，就是大肆渲染爱国主义。在挂满美国国旗的会场，政治领袖高调攻击美国的敌人，发誓增加军费，发誓让美国更加强大，听众则群情激奋，欢声雷动，将亢奋的气氛一次次推向高潮。

在西方社会中，过去曾有《皇帝的新衣》《灰姑娘》《白雪公主》这样的故事，现在则有时髦、时尚、政治正确等社会规范和概念。在电影《憨豆先生》中，憨豆与泰迪熊为伴，独居一室，出门时不忘往自家门里塞几封信，为的是回家能推门见信，产生一丝错觉，感受片刻喜悦。这个幽默小情节，反映了人们害怕孤独生活和被人遗忘。

熟悉历史的人都知道，如原始人的崛起，现代西方的崛起从精神世界到现实世界，都离不开组织的力量、集体的力量和国家的力量。

《皇帝的新衣》虽然是西方故事，反映的是西方人的心理，我们在此要强调的是，故事里描述的是一种有心理基础的普世现象，无论在西方和东方都普遍存在，且不会因为有人讲了这样的故事而消失。

以上提到的西方集体主义精神的各种表现并不奇怪，错误的是忽视这些现象，将西方人包装成个人主义的社会，忽视西方人的集体主义精神。要知道，追根溯源，所有的人，无论是西方人、东方人还是其他人，祖先过的都是部落生活，离开了自己的群体只有死路一条。这样的生活，人们过了几百万年，直到昨天还是这样，什么人可能没有集体主义精神呢？怎么可能没有归属感的需要、没有抱团谋利的认知呢？

可以相信，西方人、东方人、所有人都一样，身上携带着集体主义的基因。虽然西方人和东方人表达归属感和集体主义精神的形式有所不同，但大家对群体的依恋，对归属感的需求，却同样源于基因，在生活中不可或缺。任何人，无问东西南北，在被自己所属的群体排挤时，都会感到痛苦甚至绝望，为了避免这种痛苦，都会有从众心理，会通过扭曲的语言和行为向群体表达自己的忠诚。

谁叫集体对个人生存如此重要，谁叫现代人是原始人的后代，身上都携带着“从众”的基因呢？

**人生选择**。和谁在一起，决定一个人是谁。和谁在一起，决定一个人一生的命运。

既然从众难免，从哪个众才是个人一生最重要的选择，所谓良禽择木而栖，就是这个意思。若加入一个正确的团队，即使个人资质平平，人生也容易显得更加丰满有成。若加入一个衰败的团队，面临一个“呼啦啦似大厦倾，昏惨惨似灯将尽”的局面，即使英雄盖世的个人，倾尽全力，也会独木难支，只好一起殉葬。

这个选择的困难之一是集体主义精神可以服务于不同的事业。经过检阅台的队伍，可以斗志昂扬走向保家卫国的战场，也可以斗志昂扬走向侵略战争的战场。在日常生活和工作中，强大的集体可以是成就个人的平台，也可以是压抑甚至碾压个人的机器。

对原始人来说，个人属于哪个集体是无法选择的。每个人的归属都是

"被选择"的结果，即父母决定孩子属于哪个部落。个人命运从出生那一刻起，便与部落的兴衰息息相关，所以忠于部落总是最正确的选择。现代人则需要做出更多选择，决定自己将归属于哪个群体，比如读哪个学校，从事什么专业，去哪家公司工作，加入哪个政党，等等。

人类普遍存在的归属感需要和从众心理，也决定着领导力和领导艺术。无论是谁，要成就一番事业，都必须大造舆论，动员大家投身于正义与光明的事业。在这个意义上，领导力就是社会影响力，就是群众动员力。

理解从众心理的基因基础和普世性质，才能深刻理解人生悲剧的两大根源。

一是，人之悲哀绝望，莫过于孑然一身，形影相吊，无家无友无归属，无亲无故无人情。

二是，从众本无过，过在不从众，从众是必然，难在从何众。"过在不从众"的意思是，从个人幸福和社会效果的角度来说，孤僻、自我隔绝和反社会的心理状态才是真正的心理问题，才是让家庭和社会头疼的异类。

## 3_无限贪婪的恐惧基因

贪婪与恐惧都是蛮荒时代留给人类的遗物，是决定人类行为的又一对既重要又强大的心理特征。贪婪时过度贪婪，则会被贪婪所害，恐惧时过度恐惧，则会被恐惧所伤，世上人间，很多人都不同程度遭受过此类折磨。

投资大师巴菲特（Warren Buffett）用"在别人贪婪时恐惧，在别人恐惧时贪婪"这句名言，总结了自己的投资经验，意思是他相信大多数人在大多数时候会不理性地过度贪婪和恐惧，只要能利用好大众的这种情绪，把握机会，逆势而行，就能获得很好的投资回报。

## 3.1 贪得无厌

“人为财死，鸟为食亡”这句老话描写了人的贪婪。

人类贪婪的基因，始于贪食贪吃。在原始社会的恶劣生存环境中，食物是人类生存的第一大挑战。如前所述，原始人的食物相当于现代人的现金流，采摘狩猎生活的地盘相当于现代人的财富。对现代人来说，断了收入来源便会生活困难，度日艰难。对原始人来说，吃了上顿不知何时有下顿是常态，饿死鬼就在身边，司空见惯。长期生活在这种状态下，大家养成了习惯，有吃就得拼命吃，宁愿撑死，不愿饿死。贪吃才有吃，贪吃才能活。久而久之，贪吃成为一种生存本能，深深地植根于人类基因。

现代人完全可以体验到原始人对食物的渴望和贪婪。“人是铁，饭是钢，一顿不吃饿得慌。”人被饿怕了的时候，“贪吃”的冲动压倒一切，会让人失去控制付出生命的代价。经历过大饥荒的人都知道，饥肠辘辘的人，若有饱食一顿的机会，绝不能让他们放肆饱食，怕他们放开猛吃把自己吃进急救室，甚至把自己吃死。在日常生活中，情况不是那么极端，但“贪吃”带来的健康问题，也在困扰着很多人。

如此说来，在贫穷的社会，吃是问题。在富裕社会，吃也是问题。没吃是问题，有吃也是问题。几百万年的进化过程，已经将“贪”的概念牢牢地植根于人的基因，一边倒地推动人们“贪吃”。

这就是为什么中国人说“民以食为天”，把吃看得高于一切。饥馑之年，容易盗贼四起，天下大乱，需要政府出手，保证人们有饭吃。政府也知道，无粮则乱，粮食问题是事关社会稳定和国家安全的大问题。

贪吃肯定不是中国人独有的现象。从宏观数据上看，在西方发达国家，肥胖早已成为社会健康问题，至今难以找到有效的解决办法。

人们有一个印象，法国人是很浪漫的，香水、服装等与浪漫有关的产品都做得很好。但有一句话，体现了法国人对“吃”看得比浪漫还重，法国人说："肚子充实，才爱得踏实。"一次在朋友家聚会时，各路来宾对法籍女主人的高超厨艺赞不绝口，法籍男主人说了这句话，用它来解释他们夫妻关系为什么那么融洽。男主人虽有玩笑幽默的成分，但如此幽默，本身也反映了对吃的重视程度。在法国人看来，浪漫和吃是不能分的，保证吃好，爱情的根基才牢固。这样的幽默，也提醒了我们原始社会烤肉与爱情之间的密切关系。

何止爱情，法国人甚至觉得"吃"比生命还重要。他们说："英国人食以为生，法国人生以为食。"这个说法，将"鸟为食亡"反转为"鸟为食活"，充分表达了法国人认为爱吃会吃，生命才有乐趣的态度，捎带着也贬低了英国人，说他们食物乏味，生活乏味，人也乏味。这句话也说明了贫穷社会形成的贪吃基因如何决定了富裕社会人们的生活态度，很富哲理，耐人寻味。

在现代社会，至少在经济已获得初步发展的社会，人类已经解决了食物供应问题。现代社会的饥荒主要是分配问题，而不是真的没有了食物。诺贝尔经济学奖获得者阿玛蒂亚·森（Amartya Sen）认为，饥荒导致大面积死亡，主要是穷人的权益（entitlement）未得到保障，是制度问题。[21]

基因使贪婪成为本能，权益问题使"拥有更多"仍具现实意义。如前所述，在原始部落中，引起矛盾与冲突的第一大原因是偷吃多吃。但因为没有私有权，所有食物天然属于集体所有，个人偷窃和占有太多食物也没用，只有吃下肚子的才真正属于自己。而在确立了私有产权的社会里，只要不被抓住，所得便转化成受到法律保护的永久私有财产，当然是多多益善。

现代社会还创造了另外一个条件，使人类变得更加贪婪。现代社会的

---

21 Sen（1982）.

生产率高度发达，个人创造的财富远远超出个人的基本生存需要。如何分配这些财富，成为社会矛盾和冲突的最大根源。用经济学的话来说，财富的增加、分配和再分配空间的扩大，使贪婪的边际回报率更高。这意味着，虽然基因未必变化，但从行为上来说，现代人会比原始人表现得更加贪婪。

贪婪的基因、私有产权和社会富足，这三力合一，使现代人即使不愁吃穿，也会继续贪婪，甚至变得前所未有的贪婪。

更多时候，现代人将原始人对食物的贪婪转化为对功名利禄的贪婪。在《红楼梦》中，曹雪芹写下了广为流传的《好了歌》，其中有两句话，感叹世人对功名利禄的贪恋："世人都晓神仙好，唯有功名忘不了，古今将相在何方，荒冢一堆草没了；世人都晓神仙好，只有金银忘不了，终朝只恨聚无多，及到多时眼闭了。"

推到极致，现代人的贪婪，体现了横向无限度和纵向无限度两大特点：什么都贪、无限贪。

**横向无限度**。原始人的贪婪以食为主，以色为辅，对其他东西的想法不多。现代人生产力强大，享受着丰富的各种物质。现代社会体系庞大复杂，充满了权力和荣誉地位的诱惑，给人提供了想象和追求的无限空间。在贪婪基因的驱动下，现代人存在"什么都想要"式的追求，人们工作越来越努力，手段越来越丰富，当然也越来越累，在压力下承受着精神与体力的透支。

**纵向无限度**。在原始社会，人们的占有欲受到自然、社会和制度条件的约束，实际能占有的财富非常有限。在原始社会，财产属于部落所有。在部落里，大家朝夕相处，知根知底，谁分配到多少、还剩下多少食物，都是透明的。部落食物的总量有限，一个人过多占有，即意味着其他人食物短缺问题更加严重，这个人的日子一定会很难过。

现代社会就不同了。人们发明了钱，无论多少钱，都可以安全方便永久地保存下来。金银可以偷偷埋在地下，只要不写“此地无银”，便可在需要时慢慢取出使用。发达的银行体系使财富的保存几乎零成本，再多的财富也就是银行账户上的一个数字，就是后面添几个零的问题，都可以没有任何负担，安全存放在银行里。放在银行的钱，不会像存在家里的食物那样发霉变质。

现代社会各家关起门来吃饭，关起门来过日子，谁家买了股票，谁家买了房子，谁家赚了多少钱，邻居都无从知晓。

财富持有的低成本和良好隐私为现代人提供了占有天量财富的条件，调动了现代人占有天量财富的意愿，使现代人可以贪得无厌，对财富的占有采取“越多越好”的态度。

走进贪官或毒枭的房间，看到堆积如山的钞票、金条、文物和房产证，执法人员经常难以相信眼前的景象。清点这些钞票，点钞机也要烧坏很多台，运送这些财产，要用大卡车一车一车拉。而这些巨大的财富，绝大多数除了满足贪婪的心理需要，对生活并无任何实际意义。

清朝有“杀了和珅，吃饱嘉庆”的说法。显然，和珅以后的和珅，比和珅更和珅。在私有产权制度下，随着社会财富总量的增加，人类的贪欲还会被不断放大。

### 3.2 惊慌失措

能够抑制贪婪的只有恐惧。原始人即使饥肠辘辘，想狮口夺食，却怕自己成为狮子的食物。他们必须耐下性子，忍住饥饿，等狮子吃到几分饱，不会再为了多吃一口跟他们拼命时，再出手恐吓驱赶狮子。

人为何会恐惧？在原始环境中，处处都有敌人，时时都有威胁，若不小心规避风险，就很容易丧失性命。因此，原始人在生活中必须小心谨慎，什么都怕，怕风雨雷电，怕干旱炎热，怕冰雪严寒，怕高山流水，怕杂草大树，怕蛇蝎虫蛾，怕狮虎鬣狼……原始人在恶劣的生存环境中进化出了恐惧基因，通过恐惧本能地规避各种威胁。

正确行为的范围很小，只要稍微出现偏差便有可能酿成无法挽回的大错。原始人喜欢花大量时间聊天，就是要广泛和反复分享过去的经验，比如谁被蛇咬了，谁被水冲走，谁被冻死，谁被劫持，谁迷失在野外再也未回来，谁受伤后无法再恢复……

最让人恐惧的当然还是人间暴力。暴力是人类这个物种的标签，在我们身边，在我们中间。长期以来，人类相互施暴造成的伤害远远超过任何其他动物给人类造成的伤害。即使人类互相施暴的致死率1万年来的长期趋势是持续下降的，在今日美国，2年内被枪击犯罪致死的美国人超过10年越南战争；被判处死刑最终得到执行的可能性是2%，这意味着待在死囚监狱里比待在充满暴力犯罪的社区更安全。[22]

生活在一个充满暴力和危险的世界上，恐惧给予人类很多避免危险的生存本能。平时，恐惧告诉我们，充分吸取他人的经验教训，害怕变化，不敢冒险，墨守成规，才是最安全的做法。关键时候，恐惧让我们尽早感受到危险，采取行动规避危险。

原始人必须在贪婪与恐惧之间找到平衡，在足够饥饿时，冒着生命危险，去重复他人已经犯过的错误。为了不被饿死，非洲原始人必须冒着被吃的风险从狮子、花豹和鬣狗口中夺食；因纽特人必须冒着淹死的风险踏上浮冰捕猎海豹；热带雨林的原始人必须冒着摔死的风险爬到高高的树上采摘果子或蜂蜜……[23]

戴蒙德曾经多次去新几内亚实地考察和研究当地原住民的生活和自然

22 de Becker（1997），第6—8页。

23 戴蒙德（2014），第219页。

环境，也多次与死亡擦肩而过，这些经历使他慢慢理解了原始人为何什么都怕，小心到神经质的程度。有天下午他去新几内亚附近的一个小岛，风大浪高，翻船了！他泡在海水里，想到生命即将终结，想起家乡和亲人，严重质疑自己的行为，心中涌现出一万个“为什么”：为什么不等到明天再走？为什么事先没有充分调查这条船，调查这几个船员？为什么要冒险到这样的地方做这样的研究？为什么……[24]

在《一千零一夜》中，辛巴达七次出海，几经生死，每次走到死亡边缘都后悔不该出来冒险，发誓若能获救一定老老实实待在家中。可以想象，泡在海水里的戴蒙德，那一刻真正读懂了《一千零一夜》，体会到了辛巴达的心情。不过，他也和辛巴达一样，每次事后都会忘记自己的誓言，再次前往自己神往的地方，也再次经历各种冒险。

在中国网络上，流传着一个“雷探长”去世界各地探险的视频系列。其中有一个是他前往新几内亚食人族部落探险。进入部落前，雷探长提心吊胆，反复在问，我能安全回来吗？食人族人倒是没有为难雷探长，反而对他非常友善，教他射箭，与他分享美食，还在一次娱乐活动中将雷探长选为最美帅哥，将部落的“公主”许配给了他。但是，丛林中的昆虫可不认识谁是最美帅哥，雷探长被毒蜘蛛咬伤，从他发布的照片看伤得很厉害。若非有现代的治疗手段，雷探长恐怕以后就没有机会再去探险，再去恐惧了。

最大的恐惧，还是来自人类互相施暴。暴力环境给人带来巨大的心理压力和健康问题，导致更高的死亡率。黑猩猩和巴诺布猿的生理条件近到难以区分，但一个残暴如雷，一个温和似水。观察表明，野生黑猩猩男女比例为1∶2，而巴诺布猿为1∶1。这两种大猿的男女出生比例都是1∶1，

---

24 戴蒙德（2014）。

这说明，好战使雄性黑猩猩死亡率远远高于雄性巴诺布猿，导致了性别比例的差别。战死未必是造成这一结果最主要的原因，紧张、恐惧、各种心理压力及其带来的生理指标变化，也是导致雄性黑猩猩死亡率更高的重要原因。[25]

不过巴诺布猿有一个问题，对外战斗力太弱。随着森林面积的缩减，巴诺布猿成为濒临灭绝的物种，他们能否像鬣狗、狮子和600万年前的南方古猿那样，在开阔地区打出一片天地，值得怀疑。

和平虽好，江山却是打出来的。

在政治人物身上，也存在同样的压力和同样的健康问题。莎士比亚在《亨利四世》中留下了名句：头戴王冠，心神难安。良好的睡眠是对自己最大的温柔，而戴着王冠的头却总难安睡。

男人普遍都有权力欲，也有意无意地承受着权力欲带来的压力。医学和心理学告诉我们，良好的语言沟通、多与人分享自己的情绪和情感，对人的健康大有裨益。但在男人的世界，人们提倡的是隐忍、沉默是金和深藏不露这类行为，提倡男人遇事自己承担，给男人造成了额外的压力和健康问题。

这种行为固然存在文化差异，比如日本人即可谓隐忍和沉默是金的极致。但同时不能忘记，男人是山，应该承担也是一种世界性文化。在二战最艰苦的时候，德国人仍然不让妇女外出工作，遑论让她们上战场作巾帼英雄。在泰坦尼克号失事时，让妇女和孩子先逃生，也是符合道德规范的标准行为。

为何男人要承担恐惧的代价，独自生活在恐惧之中呢？对黑猩猩的研究给了我们关于这个问题的答案。对黑猩猩来说，权力和地位意味着利

25 德瓦尔（2015），第66页。

益，雄性黑猩猩因此会使用各种手段争权夺利，获取更高的社会地位。

权力带来的利益使群体中总有潜在的竞争者，虎视眈眈，等待高位者出现衰老疲惫或哪怕是轻微受伤不适的时刻，伺机而动，改变排位。身处高位的雄性则需要随时警惕周边的威胁，尽力掩盖自己的问题，越是困难的时候，越要越虚张声势，行为夸张，打消他人夺权的念头。

在长期的博弈过程中，这些习惯成为雄性本能。他们必须恐惧和警觉，才能保住自己的地位。他们愿意，也必须承担恐惧带来的心理和生理压力，保住自己的地位，才能享受权力带来的利益。[26]

有一个鲜活的例子，也很能说明恐惧与暴力的关系。2020年，新型冠状病毒席卷全球，造成了大批的感染和死亡。一时间，美国成为新冠病毒最肆虐的国家之一，很多军人也被感染甚至丧命。一时间，战后从未出现过的一幕发生了：所有美国航母都处于非执勤状态。这让美军感到非常紧张，他们频频向外界强硬喊话，又在疫情稍微受控、航母恢复执勤后，将恢复执勤的全部航母，一共三艘集中起来，在西太平洋进行了一次大规模战斗演习。在此后一段时间里，美军也明显比平时活跃得多，频繁地在敏感地区演习，甚至拿出最先进的武器挑战对手。

美军在2020年的行为，就是猿类动物雄性统治者的标准行为。因为恐惧，更加暴力。在缺乏安全感时，更要向人宣示自己实施暴力的能力和决心。

## 4_热衷快思的慢想基因

我们反复说到，人类在原始生存博弈中，并无力量与速度上的优势。最初，能够弥补人类力量与速度之不足的，是群体的力量。最终，让人类

---

26 德瓦尔（2015），第48页。

取得对其他所有动物压倒性优势的，是人类的思维能力。

人类大脑如何工作一直是个谜。大脑中神经元的数量和它们之间连接点的数量，超过地上的沙子，超过天上的星星。这些神经元如何产生，如何连接，如何建立起各种信息通道，对信息进行导流、甄别、分类、储存、提取、决策，直至最后如何发出指令，转化为行为，这一切都是具有挑战性的研究课题。[27]

卡尼曼（Daniel Kahneman）因为对大脑思维方法的研究，获得了2002年诺贝尔经济学奖。在《思考，快与慢》一书中，他告诉我们，大脑实际上拥有两个运行系统，并解释了这两个系统如何工作。[28]

卡尼曼称这两个系统为快思和慢想系统，也称第一系统和第二系统。人们通过第一系统综合处理所有信息，快速决策，通过第二系统慢慢将复杂问题理清思路，想清想透。

我们感兴趣的问题是：大脑建立两个工作系统对人类在暴力环境中的生存博弈有何意义？

### 4.1 第一系统：快思

一间厨房起火，消防队员接警后进入厨房，很快就将火扑灭了。这时，队长突然高喊："所有人，立即撤出！"大家撤出后，厨房的地板很快就坍塌了。

队长并不知道厨房的地板会坍塌，为何要果断命令大家撤出呢？他回忆说，自己经历过无数次火灾，进入厨房后总感觉这场火和他熟悉的场景有什么不同。但多年战斗在救灾前线，他知道怕。出于谨慎，有不祥预感时，让大家先撤出再说其他。

---

27 Brooks（2011）.

28 卡尼曼（2012）。

仔细回想后，队长才意识到，是那天厨房火场显得特别安静，没有平时火场燃烧时发出的熟悉声音。原来，那天的火源是在厨房楼下。消防队长凭着丰富的经验，感觉事出反常必有妖孽，果断决定撤离，避免了不必要的伤亡。[29]

一位飞行员那天感觉机场大厅有什么不对，赶快离开，躲避了随后在那里发生的一场恐怖主义袭击。事后他慢慢回想，才明白了当时为何有不祥的感觉：走过停车场时，他看到两个无所事事的人开着引擎坐在车里；柜台前看到有人大热天穿着宽大夹克衣的怪现象；当然还有那段时间频繁的恐怖事件……[30]

这些案例告诉我们第一系统如何工作。快思是人们综合运用储存在记忆中的知识，在潜意识中判断形势，用直觉做出决策的过程。它的特点是自动启动，无成本或低成本快速运行。

第一系统为什么存在，它对人类在暴力环境中的生存博弈有何意义，很容易理解。在原始人的世界里，无论遇到猛兽还是敌人，在暴力对抗的关键时刻，反应速度意味着一切，生死就在电光火石的一瞬间。在这种情况下，人们往往来不及思考，便要在最短时间内做出决定，采取必要的行动。为了达到这个效果，大脑开发了第一系统。大脑的第一系统充分体现了动物竞争的本能，对残酷环境中的生存博弈来说，不可或缺。

第一系统的工作效率，无论是决策速度还是质量，都取决于大脑中现存的知识。储存在记忆中的知识对直观判断起决定性作用，这些知识可以来自自己的经验，也可以来自他人的分享，包括文字和口头分享、行为示范等。

---

29 卡尼曼（2012），第21页。

30 de Becker（1997），第24—25页。

因此，训练在第一系统的开发中极其重要，因为它同时包含了他人的分享和自己的体验，为人们在最短时间内做出最正确反应提供了最好的保证。这也是为什么刻苦训练对于军队的战斗力，对于运动员取得优异的比赛成绩，都绝对重要。

在文明社会，人们知道怎样将快思的功能发挥到极致。前文曾经说到，原始社会的战争是人人皆兵、乌合之众的战争。人类社会进入文明阶段的一个重要标志，是军人都必须经过专业训练，在心理和技能方面都具备良好的职业素养，战争成为专门的艺术。[31]

实际上，即使在科研工作中，第一系统也非常重要。优秀的研究成果经常是凭直觉先猜到的，至少是先猜到一些可能性。在一项研究工作中，如果对结果和对取得结果的路径都毫无感觉，连猜想都没有，这项研究几乎不会有成果。

那么，谁能猜得更快，猜得更准，显示出科研的天分呢？前文讲到，知识的积累决定第一系统的效率。要在研究工作中找到好的感觉，研究者需要有丰富的知识储备，做到思路开阔，触类旁通，还需要与相关问题长期接触，做到熟能生巧，信手拈来。如此说来，科研工作的天分也是孜孜不倦长期投入的结果。

情绪是影响人们投资决策的重要力量。在一个实验中，一些投资人原本对一些科技项目的估值很低，风险评估很高，也就是说认为这些项目不值得投资。这些人被分为两个阅读小组，一组读的是如何做项目风险分析，读完后他们认识到项目的风险其实不高，这些人同时对项目的好处也有了更加充分的认识。另外一组读的是这些科技的好处，读完他们更加喜欢这些技术，这些人对项目风险的评估也自然下降了。这个研究说明，在

31 Morris（2014）.

风险和回报潜力两个方面，只要能从一个方面入手，让人产生好感，这个好感就会外溢到另外一个方面。[32]

通过一个点影响人们的情绪，从而改变人们对一个事物的整体判断，也是优秀的销售人员常用的技巧。这些优秀的销售人员从来不急于向他人全面分享一个产品的所有信息，那样做往往会断绝成功的销售之路。他们总能找到一个点，让人进入一种愉悦与感觉良好的状态。有一位优秀的销售人员，敲开人家的门，总是先掏出自己的杯子，向主人讨杯水喝。有机会帮助他人给主人带来愉悦，他人的感谢给主人带来满足，喝水时大家再随意聊聊拉近距离，潜意识中，主人已经准备再次帮助这位客人了。这时，销售的大门已经打开。

情绪，比如紧张、愤怒和激动，还能推动人们更加充分地发挥自己的潜力，释放出额外的力量和速度。飞将军李广射虎穿石，张翼德长坂坡一声怒吼让河水倒流，鲁提辖嫌乌鸦呱躁倒拔垂杨柳，这类故事固然夸张，但受人喜爱。人们相信，情绪亢奋可以让人超常发挥，创造奇迹。

加农（Walter Cannon）的研究证实了人们的常识，并告诉我们，当人体受到外界刺激产生紧张、激动和愤怒情绪时，身体会自动将血液输送到最需要的器官，比如需要行动的肌肉，让相关器官实现平时难以达到的高水准发挥。当然，身体的过分反应也会让其失去平衡，造成自身的损害，严重时造成死亡。[33]

经验也告诉我们，调动和把握人的情绪，是实现社会目标的重要技能。

政治人物必须先将人们带入某种情绪，才能领导大家实现某个政治目

32 卡尼曼（2012），第190页。

33 Carroll（2016），第21页。

标。希特勒先要煽动复仇，让德国人亢奋起来，再跟着他走向战争。罗斯福在20世纪30年代大危机时告诉美国人民："我们唯一需要恐惧的，是恐惧本身"，让美国人先摆脱焦虑，再支持他推行新政，开始国家大规模干预经济的历史。

战士们走向战场前，运动员开始比赛前，先要誓师动员，立下军令状。

高明的销售人员知道，销售的秘诀不在于努力卖货，而在于调动情绪，建立好感，打开与客户友好互动的大门。

人是情绪动物，绝大多数时候凭感觉决策。调动了一个人的情绪，就调动了一个人。而诉诸理性者，在与人互动时，更有可能处于不利地位。

掌握了一个社会的情绪，就掌握了一个社会。

### 4.2 第二系统：慢想

卡尼曼用另外一个例子告诉我们，什么是大脑工作的第二系统。[34]

你能一眼看到就立刻回答这个问题吗：17x24=?

你能在开车找路、赶时间、心急如焚的时候回答这个问题吗？

你能在参加足球比赛，鏖战正酣的时候回答这个问题吗？能在正和人激烈辩论时回答这个问题吗？

如果不能，你要什么时候、怎样才能回答这个问题？

大脑的第二系统，就是要坐下来，静下来，才能专门启动，慢慢思考，把一个问题想明白的系统。

这里要特别提醒大家，要用好自己的第二系统，把一个复杂问题想明白、处理好，就一定要静下心来，不能指望在风风火火、忙忙叨叨、心烦意乱时处理好复杂问题。

---

34 卡尼曼（2012），第38页。

前文说到，华人和犹太人都是世界上突出的优秀民族，他们智慧的文化基础是他们各自的经典书籍提供的丰富词汇、故事和概念。华人和犹太人从小读经典圣贤书开发大脑，就似向计算机提供丰富的数据库和强大的工作软件，使计算机的功能变得更加强大。

但犹太和华人文化还是有一个重要差别，造成了两个民族的重大差别，两个民族不同的优秀。

我们知道，在犹太人文化中，有个重要的节日，称为安息日，亦称第七日，是每周——注意是每周——的第七日。这一天，犹太人必须放下一切工作与日常事务，甚至不能开火做饭，只能休息。

华人的习惯呢？一年到头，一辈子到头，一周七日（恨不得八日），一日24小时（恨不得25小时），都勤勤恳恳，忙个不停，甚至瞑目之前，还牵挂着未竟之志，未了之事。

世人经常好奇地问，为何犹太人做科研那么厉害？从牛顿到爱因斯坦，从马克思到弗洛伊德，从卡门（火箭专家，钱学森先生的老师）到西蒙（计算机科学奠基人和诺贝尔经济学奖得主），还有其他不胜枚举的许许多多，犹太人怎么能为世界贡献这么多优秀的学者呢？原因肯定不止一个，安息日或许也起了关键作用。

如前所述，科学思维是想象力和逻辑能力的结合，而虚拟思维则不受逻辑限制。科研除了要有想象力、直观和灵感，还需要将问题结构化，建立起一个思维架构，再耐下心来，顺着这个架构，一步一步深究一个问题。虽然直观和灵感体现了大脑第一系统的力量，但将问题结构化，再按部就班、循序渐进、深入系统地进行探讨，使用的却是第二系统。而要启动大脑第二系统，使之进入状态，有效工作，则需要有一段安安静静、专心致志的时间。

安息日强迫人们放下日常工作，休息与思考，不正好有利于人们进入这种状态吗？如此想来，安息日对犹太人不仅有宗教意义，还有思维贡献，有利于他们更多更好地开发和运用大脑的第二系统。而日日夜夜都忙忙碌碌的中国人，则更多时候在依赖自己的直观处理问题。这种处理问题的方法，快捷方便，特别适合处理软件关系，但对于搭建一个科学架构进行结构化逻辑性思维，则没有什么优势。

人类大脑为什么要开发第二系统呢？起因大概和人的贪心、贪欲有关。欲望是前进的动力。

动物的贪欲有限，就是眼前的猎物，猎物到手，吃饱喝足，便心满意足，开始玩耍或睡觉打盹。等到饿了，又去捕食，再次重复上次的经验。

人类呢？吃完这个想那个，吃完今日想明日，恨不得酒池肉林，都在身边，伸手可及，天天享用，日日尽欢。如前所述，人类有无止境的贪心贪欲，哪怕吃不完，还是想得到更多。

我们无法考证原始人是不是也喜欢做梦，晚上睡觉时是不是也会有梦中情人，或梦中美食，有山珍海味，随时有，随便吃。原始人如果也爱做梦，梦见美食应该比梦见情人更有可能，因为人缺什么就想什么，食色之间，原始人缺食的问题要严重得多。

我们知道，原始人的后代是很喜欢做梦的，他们编造的故事中，西方有魔杖，东方有金箍棒，神器一指，即能降服任何毒蛇猛兽。这些神器，代表了人类的梦想。

魔杖和金箍棒这样的梦幻创意，后来还真实现了。棍棒长矛，步枪手枪，人类用这些神器一指，野兽就危殆了。可见，梦想还是要有的。在这个意义上，不妨说，梦想就是长远奋斗目标和长远规划。

原始人要怎样才能将贪心贪欲转化为现实呢？怎样才能将梦中美食转化为口中美食呢？这可不是靠本能和直观、靠勇敢和力量可以完成的任务。

要满足巨大的贪欲，做到锦衣玉食，需要有很强的想象力和逻辑能力。以大规模猎杀野兽为例，原始人需要发挥想象力，虚拟假设在特定场景可能发生的各种情况，将各种要素完整并有逻辑地连接起来，形成完整的围猎计划。什么时候，在哪里，围猎什么，多少人参加，各持什么器具，如何分工，怎样协调……这是需要运筹帷幄，精心策划，才能实现的。

如前所述，原始人已经有相当规模的围猎。到了后世，蒙古人可以组织几万人，横跨千里，历时经月，去完成一次宏大的围猎活动。[35]

正是为了完成这样的任务，大脑开发了第二系统。第二系统的任务是全面系统地获得、吸收、消化和使用信息，全面深入细致地思考问题，寻找符合逻辑的整体解决方案。

一旦人类大脑开发了这个第二系统，自然界关于暴力的游戏规则就彻底改变了。从此以后，暴力不再仅仅是本能，同时也是谋略，是关于未来的构思和有计划的行为。

这个改变的后果是人类变得无比强大，动物开始被大规模猎杀，人类的肉食开始丰富起来，蛋白质摄入更有保障。

第二系统虽然强大，却是一个高成本运行系统。首先，启动这个系统非常耗时费力。其次，其运行时需要调动整个身体的资源，全神贯注，聚精会神，逻辑严谨。对源于动物本能、习惯于随意懒散和本能反应的大脑来说，对此天然不喜欢。有鉴于此，若非遇到真正的困难和重大问题，迫不得已，人们不会轻易启动第二系统，即“慢想”系统。

这决定了，人类思维和决策主要依赖本能、情绪和已有知识。这也决定了，在思想产品市场上，“快餐”有竞争优势，在提供和获得“快餐”式答案时，供求双方都在运用节能模式获得满足感，各取所需，相得

35 赫拉利（2014）。

益彰。

“快餐”的优势意味着，在思想市场上，“快餐”越多，“慢想”系统就会越少启动，提供深层次答案的“正餐”就会越少，因为从原始时代起，人的大脑即已设定好程序，在没有答案时启动程序寻求答案，而一旦自认为已获得答案，便不再浪费能量去重新启动程序寻求答案，人们日常生活中“不求甚解”和崇拜迷信的习惯，都反映了这种规律。

我们的时代让“快餐”越多、“正餐”越少这一规律大行其道。在大脑不堪负荷的信息时代，在信息充斥的大环境中，所有试图影响人们思维、制造社会影响的人，都需要用好“快餐”类精神产品。

### 4.3 完美的缺陷：两个系统的代价

两个系统并存进化貌似给我们留下了一个完美的大脑，在需要快速决策时，我们可以依靠第一系统，果断决策；在需要深入思考和长远策划时，我们可以启动第二系统，耐心细致，有条有理，寻找最佳方案。

有什么问题吗？问题出在两个系统不能同时工作，即“一心不能二用”这个规律上。当一个系统工作时，另外一个系统即处于关闭状态。

查布利斯（Christopher Chabris）和西蒙斯（Daniel Simons）在一个实验中，播放了一段黑白两队在进行球赛的视频，要求参加实验者忽视黑队，记录白队队员的传球次数。其间，一位女孩穿大猩猩服出现在视频中，呆了9秒钟才消失。

曾经参加过实验的有几千人，其中一半没有看到大猩猩，出现了典型的“视而不见”现象。如果不要求数白队传球次数和特别关注视频中的任何事，则几乎所有人都会注意到视频中出现过大猩猩。[36]

这个实验告诉我们，大脑在工作时，会屏蔽与工作无关的信息。类似

36 卡尼曼（2012），第43页。

的体会大概每个人都有过。专心阅读时，没注意水烧干锅冒烟了，陷入沉思或与人交谈时，忘记到站下车……这种屏蔽，说明大脑在一段时间内处于一个封闭独立的世界，失去与外部世界的必要联系，给人造成损失。

这种两个系统互相排斥、互相封闭的状态带来双向的问题。一方面，人在集中注意力陷入深思的时候，会忽视周边的动向和身边的危险。另一方面，人在直观处理问题时，会丧失理智。

这两种危险，我们会喜欢哪一个呢？相对来说，前一种风险，是比较少见的。长时间使用第二系统，陷入沉思，忽视周边的动向和身边的危险，这种“书呆子”型的人，在现实生活中并不多见。启动和运行第二系统是一个高耗能的过程，很多人对此会感到困难甚至痛苦，多数人多数时候不会使用第二系统，更不会长时间使用它。只有少数生来别异，并经过长期训练的人，才会成为这样的书呆子，例如姜尚、苏秦、张仪、韩信、岳飞 。

而后面一种风险在日常生活中则比比皆是。使用第一系统，凭感觉凭直观非理性处理问题，是所有人的本能。大家喜欢读英雄好汉的故事，猛张飞、莽李逵，他们无脑的粗话和无礼的鲁莽，让众多读者觉得痛快淋漓，这在一定程度上也反映了读者自己的偏好。

大脑将第一系统设定为默认系统，遇到问题时总是自动启动第一系统寻求答案。除非第一系统确认自己找不到答案，除非环境和条件正好可以让人安下心来，细思慢想，否则，大脑不会自寻烦恼，费力地去启动第二系统。也就是说，大多数人在大多数时候，根本就没有启动和使用第二系统，就会自以为是，草率决策，采取行动。

这使我们的决策难免谬误百出，给个人和社会带来无数问题。试看下面这些熟悉的例子。

依赖第一系统草率决策，人们快速进入愤怒状态。当你看到人们情绪激动，大声争吵，恶语相加，愤怒指责对方时，他们的第一系统正在努力工作。在这种状态下，人们不问问题的缘由，不想解决问题的最佳方案，为争吵而争吵，为打斗而打斗，没事变有事，小事变大事，甚至大事变血案。

大脑的这种工作方式，更是一次次将社会推向无谓的暴力。费迪南王储在萨拉热窝被刺杀固然是悲剧，复仇的狂热给他送去了几千万人陪葬。“让德国再次伟大”（这句话的格式模仿了美国现时一个时髦的说法）的狂热，将德国再次推向战争，推向毁灭。“扬皇威于四海”的狂热，导致东京被夷为平地，长崎和广岛成为原子弹的牺牲品。我们一次次看到，民众不会想清楚谁代表他们的利益，再去理性地决定应该支持谁，而是凭感觉投票。一次次，政客通过调动民众的狂热获得选票，也被民众的狂热裹挟走向极端政治，形势最终失控，走向疯狂、走向暴力。

大脑的这种工作方式也给社会研究带来了难堪。以经济学为例，经济学家以理性行为为出发点，建立了很多描述经济行为的模型。遗憾的是，这些模型虽然漂亮，却鲜有灵光，既不能准确预测风暴的来临，也拿不出解决问题的好办法。20世纪30年代，世界经济陷入前所未有的大危机，擅长理性思维的经济学家一筹莫展，不知所措。幸有凯恩斯挺身而出，以人们内心深处的乐观主义情绪和动物精神为出发点，建立起一般均衡理论，开出了用财政和货币政策刺激经济的药方。[37]他的分析基于人性的本能和直观而不是理性，他的药方虽有“头痛医头，脚痛医脚”之嫌，但总算应了一时之急。

近年来，经济学界充分考虑人类非理性行为，将行为科学融入经济学理论架构，取得了不小进展，西蒙（Herbert A. Simon）的有限理性理

37 Keynes（1936）.

论，卡尼曼的快思慢想理论，塞勒（Richard Thaler）的助推理论（Nudge Theory），都曾经获得诺贝尔奖，代表了经济学的重大进步。[38]

大脑为什么要给我们设计这种问题多多的工作方式呢？为什么不让理性主导我们的思维和行为呢？

因为我们大脑的工作方式是为原始人设计的。在原始生存博弈中，将第一系统设定为默认系统，给予其启动和使用的各种便利，是完全合理的，原因有二。

**其一，**原始人生存的环境非常恶劣，他们的生命随时受到威胁。在这样的大环境中，快速反应以求活命的重要性压倒一切。深思熟虑，追求严谨和完美，属于锦上添花，不是天天面对的挑战。在原始时代，第一系统不发达，行为像"书呆子"的人，可能活不过今天，不需要用第二系统设计更美好的明天。由此可以认为，在进化过程中，大脑将第一系统设定为"默认系统"是合理的。

问题就出在这里。星移斗转，时过境迁。时至今日，文明社会大多数人已经生活在制度化的有序环境之中。在环境已完全改变后，仍然带着植入我们基因中的紧迫感，依赖为应付暴力环境而开发的第一系统处理问题，已是刻舟求剑，谬误百出。

不幸的是，严重依赖第一系统处理问题，这是"幸福来得太突然"带来的问题，人类一时还无法纠正。正如我们在第一章中介绍的，人类经历了250万年漫长的原始进化，文明从昨天刚刚开始，心理状态一时半会还调整不过来。人类文明浅薄的外衣，还难以掩盖其野蛮的本性，只能身不由己，随着惯性，按原始人的习惯处理问题。

**其二，**我们知道，第一系统决策的质量，取决于大脑中储存的知识和

38 Simon（1982）. 卡尼曼（2012）。Thaler and Sunstein（2008）.

问题的复杂性。

我们在第一章说到，原始社会信息简单，人际关系简单，决策简单。同样的人、同样的地方、同样的事反复出现，储备的知识正好对路、够用。同时，大家语言相同，理念相通，对问题的认知基本相同，还有大量时间在一起反复沟通。在这样的大环境下，使用第一系统决策不容易出大错。

而在现代社会，科技进步、知识爆炸，社会关系和家庭问题（比如小孩教育问题、家庭经济问题）都变得非常复杂。不同宗教、不同语言、不同职业的人，或比邻而居，或一地工作。在这样的大环境中，凭借个人的有限知识和特定经验拍脑袋决策，很可能大错特错。

有智者言，不可与夏虫语冰，这提示我们背景差异给沟通带来的挑战。在电影《国王与我》（*The King and I*）中，泰王聘请了英国家庭教师安娜给孩子们上课，安娜告诉孩子们，在她的家乡，冬天水会变硬，硬到人可以在上面行走。孩子们听了，惊讶得发出一片呜呜声，感觉像天方夜谭，不可思议。若非师生之间有基本的信任和尊重，“脑残”和“白痴”这类互联网上常见的暴力语言恐怕会从孩子那里脱口而出。这种因知识鸿沟导致的无法沟通，引发的冲突和矛盾，原始人难得碰到，现代人则难以避免。

而现代社会的一大特点恰恰就是这样，有着巨大文化和知识背景的人要在生活和工作中频繁接触和互动，有时还要共同决策。因为知识和文化背景差异，人们之间的误会和不理解必然频频发生，愤怒和对抗在所难免，影响个人的心情和生活质量，威胁社会的安宁与稳定。在这样的大环境中，依赖第一系统处理问题，进行判断与决策，就有严重问题了。

大脑优先使用第一系统，这个工作原理告诉我们，早期教育和“先入为主”非常重要。人在早期教育中都会接受一套知识和概念体系，比如历史上发生过什么，上帝是否存在，人生是否有轮回，今生还是来世更重要，生命还是自由更重要，人生来平等还是不平等，诚实是美德还是傻，谦和是美德还是傻，谁可爱谁可憎，大众在社会管理中应该扮演的角色，如此等等。一旦这套知识和概念体系建立起来，形成世界观，则难以改变。硬要改变的话，个人会感觉极其痛苦，社会也会感觉无比艰难，而待到人们最终改变了自己的知识体系，能从一个全新的和更加广阔的角度看问题时，却发现亡羊补牢，为时已晚。

# 第九章

## _总结_

## 问世间，“人为何物”？

我们在这本书中讨论了“人为何物”问题。很可能，书中的内容和思想给读者带来三大挑战。

一是记忆的挑战。当读者百般耐心读完此书，准备掩卷熄灯时，很难说到底记住了书中多少内容。按照人类记忆的规律，恐难乐观。

二是理解的挑战。对书中的故事、概念和逻辑，很难说个人会做何理解。如我们在书中所说，每个人对每件事的理解，都会以自己已有的知识为出发点，限定在自己的知识范围内。因此，大家将同一本书读成不同的书，也是常理常情；为一本书的不同理解而争得死去活来，也是常规常事。

三是“百尺竿头，更上一层”的挑战。爱学习、博闻强记的人，要做到知识广博、思泉如涌或许不难，难的是做到简洁、严谨、有穿透力。常言道，读书难，难在把书读薄，大概就是这个意思。

我们在本书结尾部分采取两个补救措施，来应对这三个挑战。

一是回放各章节主要内容，帮助大家抓住要点，把握关键，重温全书脉络。

二是推出一个3×3结构模型，或曰三环模型，用这个结构化模型简洁、形象、准确地回答“人为何物”问题，将千言万语凝聚在一张结构化表达的图中。

## 1_全书要点回放

在前言部分，我们提出了“问世间，人为何物”的问题。

答曰：人是一个独特的暴力物种。这么说有几层意思。

首先，人因暴力而生，即人是在暴力环境中由暴力催生的物种。

其次，人为暴力而长，即人的进化是为了更好地运用暴力、更加强大。

第三，人依暴力而强，即人依靠暴力优势，成为世界最强者，世界主宰。

第四，人赖意识而尊，即人赖意识之功，将暴力无限放大，实现了从暴力世界脱颖而出，一枝独秀。

无论从生理还是心理特征来说，现代人都不过是刚刚穿上文明外衣的原始人。

现代科技与原始人性的共存意味着，对人类的最大挑战来自人类自身。

始终不变的是，人类一直生活在暴力的阴影中。时至今日，社会治理的核心问题，仍然是如何以暴制暴，以暴止暴。

在第一章中我们简要回顾了人类进化的历程。人类祖先南方古猿是在600万年前与其他猿类分道扬镳，开始独立进化。世界上第一批人出现在250万年前。人类历史之悠久，超过了千秋万代，超过了海枯石烂。

冰期森林退化，迫使一部分猿走出森林，来到草原上生活。在草原上，它们在觅食和自身安全两个方面都遇到更大挑战。

暴力的挑战在森林中就存在，在草原上更是加倍。生活在草原上，南方古猿需要更加高效强大的暴力，才能幸存。从猿到人的历史告诉我们，人类诞生于一个暴力环境之中，由暴力催生，从出生第一天起就和暴力相伴，并在整个进化过程中发扬光大了这个传统。

从进化的角度来说，最初选择优先进化大脑，是否正确值得怀疑。原因是，大脑是一个非常高耗能的器官。支持它，人类需要找到更多食物，也牺牲了很多肌肉，这增加了古猿和原始人觅食的要求，也削弱了他们的暴力水平。牺牲肌肉发展大脑，有违“打得赢”才有生存权这一基本原理。

红毛猩猩和人类的体重相当，力量却是人类的7倍，一个不经意的玩笑动作即可让人受伤。

面对各种挑战，缺乏力量和速度方面的优势，南方古猿的唯一生存之路是变得更加智慧。它们的脑容量不断扩大，同时也进化出更加适合直立行走和发声的器官。

原始人的历史可分为早期、中期和晚期三个不同阶段，每个阶段都以原始人生理上和工具上的关键事件为标志。

早期原始人的标志是人类获得了超越其他动物的脑容量。同时，人类进化出不同物种的人类，不同物种的人类普遍使用越来越复杂的工具。

中期原始人的标志是出现了解剖学意义上的现代人类，出现了现代女性的共同祖先夏娃，以及火的普遍使用。

晚期原始人的主要标志是认知革命，产生了具备想象力功能的智人。智人征服了世界，创造了艺术，创新了工具。所有这些，让智人获得巨大的竞争优势，开始主宰世界。其他人类物种在这一时期全部消失。

所谓认知革命，是指足够多的一部分人因为大脑生理结构的改变，使大脑功能发生了质的改变，在想象力、逻辑能力和情感能力这三个方面，具备了前所未有的强大功能。

想象力、逻辑能力和情感能力，都要通过语言能力实现。语言是人类思维和情感能力的载体，代表了人类在认知革命后获得的神力。

一个人想谋定而后动，他靠什么来谋？人类若无丰富细微的语言，如何才能进行逻辑推理，思考问题？

动物靠美艳的皮毛和狂热的舞蹈吸引异性，人类靠复杂细腻的语言获得友谊。

当人类发展了成熟的语言能力，开口说话时，我们所知的宇宙中真正的神诞生了！

掌握巨量日常不使用的词汇，可以让下一代更安全。

人类真正的特征不是超级智慧，而是能够构思未来。“智人”不是一个准确的称呼，人类应该称自己为“期望人”。

7.35万年前的某日，多巴火山爆发，全球降温，大批原始人像蝼蚁一样消失，世界人口总数下降到不足1万人，育龄妇女的总数可能仅剩4 000余人。

恶劣的自然环境创造了语言发展所需要的社会环境和生理条件。人类再次转危为机，实现进化过程中的一次新飞跃。

原始人的工具、居所、社会关系、劳动分工都很简单。唯一的问题是食物。为了活命，他们必须什么都吃，乌龟王八兔子贼都不能放过。

原始社会晚期的人类已经强大到让所有动物恐惧：所有动物都学会了躲避人类，而缺乏这个常识的动物，则自身命运堪忧。

原始人死亡的第一大原因是暴力，而引发暴力的第一大原因是食物。谁吃谁的问题在那个时代非常严重。为了群体的生存，他们会杀老和杀婴。

世界人口总数，7万年前约1万人，2万年前约50万人，1万年前约为500万人，现在约80亿人。

现代人通过考古、化学测年、基因测试、解剖学、哲学等方法，重构了原始人的进化和流动过程，重构了他们的生活和社会。

科学家为认识原始社会提供了专业信息，哲学家则提供了大家感兴趣的重大主题。霍布斯与卢梭的追随者用错误的方法论辩论了3个多世纪。弗洛伊德关于一位男性“播种大王”的故事，看似荒诞，却反映了一个客观规律：暴力是基因延续的先决条件。

第二章讨论人类作为一个物种，与自然、与其他动物的关系。

宇宙诞生于138亿年前的大爆炸。地球诞生于45亿年前。生命有机体诞生于38亿年前。三生万物，包括人类。人类诞生于250万年前，是宇宙中的迟到嘉宾。

人类是地球生命体系的一员。智人是不同人类物种中唯一的幸存者。

按生物学分类体系，人类属于动物界，脊索动物门，哺乳纲，灵长目，人科，人属，智人人种。

对生命和物种起源问题的讨论，各种意见归纳起来，可以分为三大学派，即神灵说、天命说和时运说。“神灵说”认为神创造了人。这个古老的说法，存在于许多文化之中。“天命说”试图科学解释自然规律，试图证明人是自然进化的结果。达尔文的《物种起源》将天命说推向顶峰。“时运说”认为生命和人类的诞生，是“时来运转”的随机事件。

性、暴力、复仇、阴谋、结盟、欺男霸女、深夜谋杀……黑猩猩的行为是不是太像人？巴诺布猿雌性则通过优秀的社交能力，包括同性恋行为，联合起来制服和统治雄性。在雌性的统治下，巴诺布猿内部关系平和，但对外暴力能力大打折扣，不利于它们开疆拓土，获得更大的生存空间。

人之为人，因有意识。人之为尊，因宇宙间唯其有意识。意识是人对自我和外部世界的认知。几万年前的人类已经创造了丰富的艺术作品，表达了他们的意识。

一个古老的哲学问题是：存在决定意识，还是意识决定存在？认为这不是问题的人忘了，只有意识才能意识到宇宙的存在。若不被意识所意识，宇宙存在与不存在是一个意思。帕斯卡说：“即使宇宙将人类粉碎，人类仍然比粉碎者更加高贵，因为人类能意识到自己的灭绝，而宇宙却对自己的胜利毫无意识。”

第三章描述人类走出非洲，征服世界的过程。

认知革命后，智人走出非洲，征服了世界。如此壮举的动力是什么？是好奇心？是“世界这么大，我要去看看”？

将食物理解为原始社会的现金流，地盘理解为产生现金流的财富。原始征服的动机是占地盘以获得新的食物来源。这是原始社会的财富观。这个认识符合马尔萨斯人口理论，也符合人们对原始社会的考察。

智人祖先在东非一隅生活了200多万年。智人在7万年前走出非洲，不到3万年便走到了亚洲、澳洲和欧洲的尽头。后来又走遍了美洲和世界各主要岛屿。千难万险，都无法阻止他们。

通过基因测试和文物考察，可以追溯到他们前进路线的概貌，以及他们如何跨过严寒冰雪和万里波涛。

太平洋中的夏威夷群岛，孤悬海外，原始人怎么知道它的存在？怎么靠原始技术航行千里到达那里？

人类意识之强大，可见一斑。

我们今天生活的世界，就是当年智人征服的世界。原始人的后代，在祖先征服的土地上，创造了灿烂的文明。

亚欧大陆是文明的中心地带之一，其东部有灿烂的农耕文明，西部有灿烂的海洋文明，中部有灿烂的游牧文明。从这些文明，我们可以追溯到当今世界各民族和国家的起源。

亚欧大陆中部的高加索人后来成为世界上分布最广、人数最众的人种。其中的雅利安人，在大航海时代之前，就已分布在从欧洲到印度的广阔地区。

在欧洲人到来之前，美洲和夏威夷的智人后代也进入了王国和帝国的时代。

第四章论述智人在走向世界的过程中，如何在与其他人类物种和动物的竞争中，借助自己的暴力手段取得世界主宰的地位。

人类不是始于伊甸园，而是始于大观园。

原始人对世界的征服，不仅是对陆地和海洋的征服，还包括对其他人类和动物的征服与灭绝。

从400万年前的南方古猿到250万年前的人类，进化都是一个“适应辐射”即物种适应当地环境、走向物种多元化的过程。

大观园中的尼安德特人在7万年前，丹尼索瓦人和弗洛里斯人在4.7万年前，遇到了正在扩张的智人。共处一段时间后，他们无一例外，都消失得干干净净。

大观园变成了伊甸园。现在世界上所有的人，都属于同一个物种。

尼安德特人的脑容量比智人还大。他们会使用火，具有一定的想象力，能够对石器的生产先有巧妙的构思，再按严格的步骤生产实现最初的构思。他们的艺术品，可以追溯到13万年前。他们有很好的社会组织，能照顾老弱病残。

但他们还是在智人到来后灭绝了。现代智人身上带有1.5% ~ 2%的尼安德特人基因。携带尼安德特人基因最多的，竟然是东亚人，而不是尼安德特人故乡的欧洲人。

丹尼索瓦人也在智人到来后完全灭绝了。他们的基因在南亚、东亚、太平洋岛屿的很多原住民身上都可以找到，其中以澳大利亚和新几内亚这些大岛原住民身上所占比例最高，达6%。亚洲大陆人身上携带不足0.2%的丹尼索瓦人基因。尼安德特人基因有助于藏人提高血液吸氧能力，有利于他们适应高原缺氧环境。

智人的扩张，既造成了人类物种的灭绝，也造成了大批动物物种的灭绝。

7万年前，世界上有200个属有体重超过50千克的动物。其中的50%，到1万年前已经灭绝。动物大规模灭绝和其他人类灭绝的时间，基本同步。

智人踏上澳大利亚后，几千年里便灭绝了当地24个属的大型动物中的23个属。智人踏上美洲后，几千年里便灭绝了北美47个属大型哺乳动物中的34个属，南美60个属的大型哺乳动物中的50个属，包括美洲狮、剑齿虎、猛犸象等。很多海岛上的大型动物，都是最近才随着智人的到来逐一消失。

越大，越吃亏，消失得越快。越晚接触人，越吃亏。新大陆的动物未能和人类互动一起进化，未经历“红皇后效应”便突遇智人，不及反应，便消失了。

人类主宰世界，灭绝了很多基因，也推动了一些基因的繁荣。

人类行为引起我们对几个哲学问题的思考。

首先，哪个物种的基因繁衍策略更具优势？以量取胜还是以质取胜好？实践证明，强大是不可靠的，数量才是关键。

其次，什么物种的基因最能受惠于人类？“顺我者昌，逆我者亡”这八个字，很能说明物种繁衍与人类的关系。

最后，动物应该依靠人类扩张自己的基因吗？为了让牛肉更加美味，小牛生下来就被关在小笼子里，一生唯一一次出笼，就是走向屠宰场。

更严重的问题是，人类真的是世界的主宰吗？农业让人类失去了自由，禁锢在土地上，终日劳作，成为小麦和水稻的奴隶。

第五章介绍原始人暴力斗争的原因，以及暴力基因如何在人类身上得到延续。

原始人用石头棍棒打斗，现代人用机枪大炮原子弹打斗，前者的暴力致死率居然为后者的10倍！

除了战争，原始人还会因为食物不足而杀害小孩、老人和受伤的人。研究人员的考察表明，在一些新几内亚和印第安人部落，1/4 ~ 1/2的男性死于暴力。保守估计，原始社会的暴力致死率为10% ~ 20%。

踊跃杀人者可以获得更高的社会地位，获得更多的交配机会。最终，他们生下的孩子比不杀人者多几倍。久而久之，暴力基因必然占据统治地位。

战争都在部落之间进行，规模有限。原始人虽然好战，但战无章法，更像乌合之众打群架。原始战争形式多样，有对阵、伏击、偷袭、诱杀和围歼等多种形式。鸿门宴的故事早就有了。

在原始社会，“小国寡民……邻国相望，鸡犬之声相闻，民至老死，不相往来”。

1770年的澳大利亚，原住民总计有30万～70万人，分为200～600个族群，每个族群都有自己的语言、宗教和习俗，说一种语言的人数就是千人左右。

在新几内亚岛，100万人讲1 000种语言，讲一种语言的人数平均千余人。这些语言中，有些是类似汉语的声调语言，有些是类似印欧语的非声调语言。

造成小国寡民的主要原因是，原始人视进入他们的地盘者为入侵者，格杀勿论。因此，离开自己地盘外出旅行是非常高风险的行为。

原始社会暴力致死率远远高于现代社会，事出有因。第一，原始部落总在打仗，而现代国家只是偶然有战争。第二，原始部落政治是全员参与、民主决策，而现代国家由精英治理、权威决策。当全民都平等地参与决策时，狂热好战分子很容易占上风。第三，原始社会更多是“灭国大战”，即战争以彻底消灭一个部落为目的。第四，原始社会不以杀戮为耻。文明社会则有很多人道主义原则。

第六章分析了原始人的社会秩序，包括部落内部秩序，以及部落之间的外交和商贸。

个体离不开群体，这是人类生存的一大基本法则。

食物是原始人生存的最大挑战，食物分配是部落内部关系中的最大问题。部落内部不仅共享食物，也共享权力。部落内部冲突，首要原因是食物，次要原因是男女关系，其他都微不足道。因男女关系而起的争吵，不及因食物而起的争吵的一半。难怪“食色性也”要将食放在色之前。因性而发生的冲突，也可以用食物摆平。

舆论是原始人解决内部冲突的重要机制。所谓公道，就是甲对乙的损失予以赔偿。大家最能接受的赔偿物是食物。赔偿物的价值，不一定和乙遭受的损失相等。实力是决定性因素。

原始人通过示范和聊天传授知识，分享信息。现代生活的一大缺失，就是没人聊天。

原始人会以犯错严重的程度“量刑”。最严厉的惩罚，莫过于将人永远驱逐出群。

原始人有生育间隔措施，最少2年，理想的是4年。母亲营养不良，同时给两个孩子哺乳，饿死一个的可能性很大。背着两个孩子迁移，很可能3人都会丧命。4岁的孩子才能勉强跟上大人的步伐。动物界也有生育间隔，黑猩猩6年一胎，巴诺布猿5年一胎。

杂婚制模糊孩子的父亲是谁，是对杀婴的反制措施，有更多遗传优势。

科斯认为，如果双方的冲突能谈判解决，避免打斗，可以取得帕累托改进。

王一江强调，谈判不否认暴力。谈判结果要依相对武力，依“假如打，会有什么结果”决定谈判的底线。

原始人也注重人际关系的长期投资，这种投资在遇到敌对部落挑战时和遇到自然灾害时会体现其价值。

来自波罗的海的琥珀，来自地中海和大西洋的贝壳，还有特别适合制作石器的黑曜石。这些来自几百千米，甚至几千千米之外的物品告诉我们，原始人几万年前就建立了相当发达成熟的贸易关系。原始人中还出现了专业贸易部落。贸易的好处如此之大，哪怕是仇敌之间也可以做生意。

因纽特部落之间战事频繁，但每年都会在两个时间停战，开开心心做生意。一次是夏季商展，一次是冬季祭祀典礼，每次为期一到两周。这与现代人在足球比赛期间暂时停战颇为类似。

贸易还有另外两个价值，一是保险，二是联络感情。

1651年，现代政治哲学的鼻祖霍布斯在《利维坦》一书中说，原始社会不知政府为何物，一定是暴力弥漫的地狱。

卢梭则认为，自然人具有两种基本的情感：自爱和怜悯心。自然人的社会是和平的“伊甸园。”

卢梭难以解释暴力，霍布斯无法解释和平。

370年来，历史学家、人类学家、考古学家、政治学家和政治家、哲学家、文学家、科学家纷纷加入辩论，至今未见分晓。

王一江指出了他们方法论上的错误，认为战争与和平是决策问题，需要通过成本收益分析，才能知道谁是均衡。

王一江还指出，科斯谈判不能保证和平：因为存在“囚徒困境”的问题，缺乏第三方干预时，谈判结果不一定能得到执行，战争仍然可能发生。这个认识能解释国家的产生：国家就是那个有能力执行和平协议的第三方。

第七章讨论人类思维能力在生存博弈中的决定性作用。

人类为了生存，必须使用暴力。

最初，人类靠手中的简单工具和自然群体即部落的力量，抵消自己在暴力上的天生不足。

最终，是意识的力量使人成为万物之灵，神一样的存在。

意识是思维的成果，是人类对世界认知的体现。

人类思维具有虚拟性、逻辑性和概念性这三大特色。运用虚拟思维方法，人类可以想象未知和未来，表达愿望。当虚拟性、愿望与逻辑性相结合，人类变得料事如神，预知未来。人类还能精心策划，做好准备，迎接未来，在未来获得最大收益。概念和语言是智人想象虚拟空间和进行逻辑推理不可或缺的工具。

意识通过提高群体的协调能力和工具的技术含量，提高人类的暴力水平，使智人对其他物种的暴力占据绝对优势。智人对智人，才是棋逢对手。

虚拟世界不受现实世界的约束，其存在无须逻辑证明。

饥肠辘辘的原始人，知道附近有狮子，但打不过，知道附近有鹿，但追不上。喜欢构思未来的他们，会想什么？

西方人想到了魔杖，东方人想到了金箍棒。这些想象中的利器后来变成了枪。

人类思维天天都在创造概念。将概念转化为信念或信仰，只需要一小步：停止思考。

对一些概念停止思考，有利于提高大脑使用的效率。社会压力也使人们不敢质疑既成说法。

人如此热爱思考，又如此受限于自己的知识和能力，经常不能获得既符合逻辑又可验证的答案，只有一条出路：编织无法验证的答案。

自认知革命以来，人类即开始有了信仰。信仰在人类世界普遍存在。精神世界的信念、信仰和信心，能反客为主，决定躯体的去向，对人的生理状况和身体健康产生重大影响。

因为接受，所以相信。因为相信，所以看见。因为看见，所以坚定。因为坚定，所以成功。因为成功，更被接受。人类的精神世界与现实世界之间，形成了一个自我实现的闭环。

建立信念，创造信仰，因信而义，依信而行，秉持信仰，不懈努力，信仰的力量能让人在艰苦的环境中越战越强，直至登顶。

从领土面积看，人类有史以来有两次最为成功的征服，第一次是远古智人征服世界，第二次是大英帝国征服世界。两次征服有几点明显区别。

原始征服是财富这只“看不见的手”推动的小众行为，没有政府。

最大的后世帝国大英帝国只征服了地球陆地面积的五分之一，而原始人征服了整个地球。

原始人的征服以万年计，行稳致远。

后世帝国统治昙花一现，原始人征服的成果如今仍被后人享用。

造成这些差别的根本原因，是对手不同。原始人征服世界的时候，没有同等智商的对手。后世帝国征战四方，碰到的是智人同类，可谓棋逢对手。

同样的认知能力意味着通过学习模仿，被征服者可以消除征服者之间的距离。

所以，现代世界大征服和古代亚历山大、冒顿、恺撒、阿提拉、成吉思汗的征服一样，都属于历史长河中的“风水轮流转”。

人的大脑结构雷同，但为何有的人就显得那么聪明，不可逾越呢？是学习的外部和内部条件造成了人脑功能的差别。

开放和交流是社会学习的关键。词汇量的早期积累是个人学习的关键。

世界上有两个人才辈出的社会：一个是《论语》社会，一个是《圣经》社会。

中国孩子从“人之初”到唐诗宋词，犹太孩子从“十诫”到律法，一读就是一辈子。这相当于在大脑发育早期就往大脑中输入优秀的操作系统和数据库，又在一生中反复加强，优秀人才不批量产生才怪。

重要的不是哪一本特定的书，而是有好书。一个社会有没有经典，有没有好书，会造成社会整体智力水平的天壤之别，称此为“一本书主义”未尝不可。

《论语》和《圣经》的初衷，是为了建立行为规范，却同时也为社会提供了词汇、概念和智慧宝典，成为智力开发的利器，成就了高智商的社会。

数学是一种语言。数学是用高度简洁的符号表达概念，用严格逻辑关系连接概念的语言。数学的精髓是逻辑，生命力在于符号。因其符号之简洁和逻辑之严谨，数学可以让人的思维走很远很远、走到其他语言难以达到的地方。在逻辑链尽头，可能会有意想不到的结果。

用符号的组合、变化表达概念之间的关系，可以增强孩子的数学潜能。

本来，人的所作所为，都是为了更好地生存和发展。后来，人类运用大脑的强大功能，在现实世界之上又建立了一个精神世界，依靠精神的力量成为万物之灵、世界主宰。

再后来，对一些人来说，这个精神世界的重要性超过现实世界。他们为概念而活，为信仰而死。

因为精神世界的重要性超过现实世界，在犹太—基督教社会，产生了一个医学现象，叫耶路撒冷综合征。大文豪果戈里去耶路撒冷朝圣，回去以后烧毁了他的著作《死魂灵》手稿，拒绝进食，将自己活活饿死。

对构建了理想内心世界、具备了坚定信仰的人来说，最大的痛苦，莫过于外部世界的发展有违自己的内心世界。

生命给人类开了一个很大的玩笑。玩笑的起点是，为了取得在自然界的竞争优势，人类获得了意识；终点是，意识中强大的虚拟世界，又让人对现实世界的存在和意义发生动摇。由此引出的一个问题是：生命的意义是生命本身，还是理想和事业？

第八章讨论了嵌入人类基因的四组心理特征。

人类的精神世界由知识、信仰和欲望三大变量决定，这三大变量紧密关联，互相影响，缺一不可，组成人类意识。本章在前文讨论思维与信仰的基础上，集中讨论人类心理世界。

我们以四组八大心理特征为例，说明人类心理与生存博弈的关系，说明人生痛苦的一大源泉，是人类心理世界固有的矛盾与冲突。

文明人完完全全地继承了原始人的暴力基因。靠着这个基因，人类才生存发展到今天。

人类遇到不可调和的矛盾时，终极手段、最终解决方案，就是暴力打倒对方。我们生活的世界，充满暴力。如何抑制暴力，包括家庭暴力、社会暴力、职场暴力和国家间暴力即战争，是人类社会管理中最重要、最具挑战性的任务。

人类热爱和平到什么程度？哪怕是最疯狂的战争贩子，也要指责他人将战争强加于己，说自己是为了捍卫和平被迫战斗。

和平是一个不稳定的均衡。和平作为一个均衡，在两种情况下会出现，一是一方臣服，二是双方势均力敌，暴力代价太高。

部落之间未必总是想打，但事实证明他们还是一直在打。战争与和平问题上的囚徒困境，有时需要通过第三方干预才能解决。

人类既携带自私基因也拥有利他的社会基因。

利他的一个重要功能，是在内部政治中获得更多人支持，享受权力。利他的另外一个重要功能，是团结一致对外，争夺更大的地盘和生存空间。

在现代社会，孤独的个人也许在物质方面都没有问题，但长时间孤独会给人的身心带来什么样的痛苦？现代社会的很多身体和精神健康问题，可以归咎于现代生活中人与人的隔阂。

民族国家、爱国主义精神、教会，都源于西方。西方的崛起，从精神世界到现实世界，都离不开组织、集体和国家的力量。所有人都一样，身上携带着集体主义的基因。

既然从众难免，从哪个众才是个人一生最重要的选择。和谁在一起，决定一个人是谁。和谁在一起，决定一个人一生的命运。

从众心理的普世性，预示着人生悲剧的两大根源。一是无众可从，孑然一身，形影相吊。二是不从众，有孤僻、自我隔绝，甚至反社会的心理状态。

贪婪与恐惧都是原始人的遗产。贪婪时过度贪婪则被贪婪所害，恐惧时过度恐惧则被恐惧所伤，世上人间，很多人不同程度遭受过如此折磨。

人类贪婪的基因始于贪吃。饿死鬼就在身边，长期生活在这种状态下，大家养成了习惯，宁愿撑死，不愿饿死。

贪婪的基因、私有产权和社会富足，这三力合一使现代人即使不愁吃不愁穿，也变得前所未有的贪婪。

现代人更将原始人对食物的贪婪转化为对功名利禄的贪婪。能够抑制贪婪的，只有恐惧。最大的恐惧，还是来自人类互相施暴。

暴力环境给人带来巨大心理压力和健康问题。

因为恐惧，更加暴力。缺乏安全感时，更要向人宣示实施暴力的能力和决心。

人类大脑有两个系统：第一系统综合处理所有信息，快速决策；第二系统慢慢将复杂问题理清思路，想清想透。

在原始人的世界里，在暴力对抗的关键时刻，反应速度意味着一切，生死就在电光火石的一瞬间。大脑开发了第一系统，充分体现了动物竞争的本能，对残酷环境中的生存博弈，不可或缺。

开发第二系统，大概和人的贪心、贪欲有关。要满足巨大的贪欲，需要有很强的规划能力，大脑开发了第二系统，能够获得、吸收、消化和使用信息，全面深入细致地思考问题，寻找解决方案。

一旦人类大脑开发了第二系统，暴力不再仅仅是本能，同时也是谋略，是关于未来的构思和有计划的行为。

第二系统虽强大，却是一个高成本运行系统。若非不得已，不会轻易启动。

两个系统并存进化貌似给我们留下了一个完美的大脑，在需要快速决策时，我们可以依靠第一系统，果断决策；在需要深入思考和长远策划时，我们可以启动第二系统，耐心细致，有条有理，寻找最佳方案。

问题出在两个系统互相排斥，互相封闭。人在集中注意力陷入深思的时候，会忽视周边的动向和身边的危险。人在直观处理问题时，会丧失理智。

依赖第一系统草率决策，人们快速进入愤怒状态。大脑的这种工作方式，一次次将个人和社会推向无谓的暴力。

大脑优先使用第一系统，这个工作原理告诉我们，早期教育和“先入为主”非常重要。

## 2_“人为何物”：3×3结构图

关于人的任何一个方面，无疑已有众多人众多次发表过独到见解。

我们认知中缺少的，是对“人为何物”做全面、系统和精准的表述，将宽泛的讨论、将千言万语，纳入一个简洁、有序的结构，让关于“人为何物”的每一个观点，都能在此结构中找到自己的位置。

熟悉物理和经济学的人都知道，结构化、数学化的模型是阐述一个概念、描述一个问题时，做到极简、极准和极透的有效方法。遗憾的是，迄今为止，关于“人为何物”的讨论，还缺少这样一个模型。正因为如此，关于人的讨论，常常是天马行空，任意发挥。

让我们尝试改变。让我们借鉴现代科学建模的方法，用一个简洁、清晰、严谨的结构化模型，总结本书的洋洋洒洒、千言万语。

**3×3结构模型**。这里对“人为何物”的结构化表述是：人是三个存在的总和；三个存在通过两个变量连接为一个整体。

人的三个存在是：自然存在、社会存在和精神存在。

将人视为一个系统，这三个存在就是其中的三个子系统：生存系统、生活系统和精神系统。

下面这个3×3结构图描述这个系统。

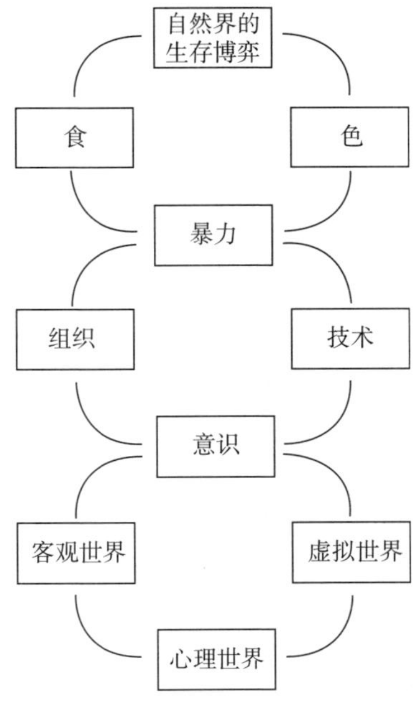


图9.1　关于人为何物的3×3结构图

在图中，人的三个子系统通过暴力和意识这两个变量，连接为一个整体。

这三个子系统的内涵如下。

*生存系统*。人是自然的产物，生活在自然界，生存系统代表了人与自

然的关系。生存需要、生存博弈是认识人的起点。

生存系统的目标函数是生存或生死问题。[1]

决定生死存亡的三个变量是：食、色与暴力。

食色互相依赖。现代人常感食有余而色不足，饱暖思淫欲。原始人则相反，常感食不足而色有余，饥寒起盗心。在人类早期的生存博弈中，食既限制色的数量，也决定色的去向。

暴力是保证食色的手段。在残酷的自然竞争中，“有吃”和“被吃”、即“谁吃谁”的问题始终存在，可谓生死一线，个人和群体在线的哪一边，取决于其暴力能力或曰水平。不具备强大暴力、打不赢的，食既无靠，色亦无着，会被首先淘汰。因此，谈论原始生存博弈，不可忽视暴力的核心地位。

自霍布斯与卢梭以来，哲学家讨论人的问题，常以人作为一个物种的物理存在和自然需要为起点，以认识人的“自然状态”为起点。三环模型高度认可这一方法，也以人的自然存在和自然需要为起点。

*生活系统*。有生活才能生存，生活这个子系统包含了人际关系的总和，在模型中承上启下，处于中心位置，聚焦于人类生活的主要内容。社会学家、政治学家和哲学家强调人的社会性，他们的关注聚焦在3×3结构模型的这一子系统。

在这个子系统中，目标函数是实施暴力的能力，决定暴力能力或水平的三个变量是：组织、技术和意识。

人类需要通过暴力获得生存权、保障自己的自然存在，但人类既不能垄断暴力，亦无暴力的天然优势。面对猛兽，打与跑都为难，经常是既打不赢，也跑不掉。如此先天不足，人类初期生存之艰难可想而知。

---

1 Shakespeare（1599）.

我们在第一章讲到，实际上，人类曾离彻底灭绝只有一步之遥。

人类能幸存，凭的是什么？凭的首先是组织和技术。

原始人过着部落生活，通过组织和集体的力量弥补个人力量的不足。可以说，没有集体，没有协同与互助，人类就无法在早期艰苦博弈中生存下来。个人对集体的依赖，在人类内心深处留下了深深的烙印，直至今日，现代人还总是在寻找归属感，总是在渴望真诚的友谊和可靠的伴侣。

技术是决定战斗力的另一个关键变量。人之初的工具包括石器、木器和骨器等。随着工具的技术含量提高，随着工具变得越来越精湛、锐利、多样和适用，原始人的战斗力也相应得到提高。

组织与技术虽对人类早年的生存很重要，但若仅靠这两条，尚不足以让人类获得生存博弈的绝对优势。动物也会通过群体力量提高自己的战斗力。很多动物生来就是完美的暴力机器，它们自带的暴力工具，尖牙利爪，浑身肌肉，远比人类当年，即“猿之末、人之初”的暴力工具好用。

真正让人封神的是人类意识。人类意识是组织力量和技术力量的放大器，通过意识的力量，人类创造了最强大的组织，掌握了最强大的技术，最终达到了天下无敌的水平。人之尊和人之强，在于意识的存在。

赫拉利的《人类简史》一书，以人类意识为起点，以人类组织与制度的进化为终点，系统讨论意识如何推动合作，使人类强大。这一类讨论，也属于3×3结构模型中人的社会存在这一子系统。

人类如何通过合作，实现共赢，取得进步，是很多人感兴趣的话题，此类讨论甚多，在此不再赘述。我们完全同意，人间很多美好都是来自合作。我们同时强调，在生存权问题上，合作之所以能带来美好，是因为合作能使群体强大。

换言之，生活与生存这两个子系统，是通过暴力连接起来的。

*精神系统*。这个子系统的函数变量是人的意识，决定意识的三个变量

是：对客观世界的认知、对虚拟世界的构思，以及情感带来的迷痴。这个子系统聚焦于人的内心世界，聚焦于人的知识结构，信念、信仰和意志，以及人的心理状态。

人类是唯一想知道“我是谁”的生物，这种愿望说明了人类意识的存在。

决定人类意识的变量之一是知识，包括经验、常识和科学，它体现了人们对客观世界的认知。

决定人类意识的另外一个变量是信仰。超越客观世界，人类创造了一个虚拟世界，创造了宗教、信仰和理想。人类创造的虚拟世界可以足够强大，以至于取代现实、取代生存需要成为人生的目标和意义。对最虔诚的信仰者来说，生命的意义是为理想而奋斗，他们愿意为理想和信仰而献出一切，包括自己的生命。常人抱希望度日，英雄为理想奋斗，二者的高低大小虽然有别，后者的勇气和力量都来自信仰。

人类意识中还有一个最重要的领域，即情绪与情感。金元时期的北方文坛盟主元好问，见猎人打死双飞雁中一只后，另一只久久盘旋，不愿离去，最后竟撞地而亡，不禁感慨万千，叹道：“问世间，情为何物，直教生死相许？天南地北双飞客，老翅几回寒暑。”所问撼人心灵，所叹感人肺腑，所唱脍炙人口，也是本书标题“人为何物”的源头。

情感是一种天赋心理功能，对人的决策和生存能力都至关重要。但人类的情感世界存在着固有的矛盾和冲突，因此，情感让人生充实，同时也不可避免地给人的内心带来痛苦和煎熬，产生痴男怨女，让人生死相许。

情感和认知、信仰共同组成人的精神世界，组成人的意识。

**3×3结构模型的特色**。这个模型第一次结构化地完整回答了“人为何物”这个终极哲学问题，在方法论上将关于人的讨论带到一个新的高度。

3×3结构模型中的三个子系统，每个系统都有明确的函数和决定函数的变量，函数与变量之间的关系非常清楚。

3×3结构模型中的三个子系统，既非独立并存，亦非杂乱相连，而是通过两个变量，即暴力和意识连接起来，形成一个完整系统。用3×3结构模型回答“人为何物”问题，起点、终点和连接点都非常清楚。

起点：讨论“人为何物”问题，要从人与自然的关系开始，从人类的生存需要、生存博弈开始。活人才能讨论问题。

终点：“人为何物”的答案，最终存在于个人的精神世界。在人的精神世界中，才能找到人的认知、行为和对世间万事万物的感受。

连接点：外部世界和精神世界所有与“人为何物”有关的变量，都通过暴力和意识这两个点连接起来。

有高人曾说：枪杆子，笔杆子，抓住两杆子，世界上的事就好办了。这个见解非常精辟，入木三分。枪杆子对应暴力，笔杆子对应意识，3×3结构模型的两个连接点与高人之见不谋而合。常言道，人生博弈，处处需要斗智斗勇，应该也是这个意思。

3×3结构模型能够解释为何抓住这两杆子，世界上的事就好办了。因为抓住这两个连接点，就抓住了人。

虽说不谋而合，但还是需要指出，在3×3结构模型中，“两杆子”并非平起平坐。笔杆子可以影响意识形态，使更多人站在己方，也使人更加团结、更加勇敢，获得武力优势。但3×3结构模型提醒我们，除了组装，技术也会影响武力水平。技术水平较接近时，用笔杆子提高组织的规模和战斗力很有价值。但若一方有绝对的技术优势，比如大金的拐子马和铁浮屠在平原上对阵大宋的步兵，坚船利炮对阵大刀长矛，则笔杆子的作用可以忽略不计。由此可见两杆子的主次地位，也再次印证了暴力对人类生存的第一性地位。

生活这个子系统，存在于3×3结构模型的起点、终点和连接点之间。

依据3×3结构模型，对人类生活，我们可以做如下概括性表述：人依据自己对世界的认知，运用自己掌握的技术（包括技能），生活在社会组织和集体中，在集体中找到自己的归宿，也为集体的强大贡献自己的力量。

依据3×3结构模型，对人类生活，我们还可以做如下概括性表述：人类生活的努力，初衷是为了物质上的富足，结果却成为意识的奴隶。

所谓成为意识的奴隶，没有贬义，只是为了强调，我们在生活中的一切所作所为，都由意识驱动，最终都不过是在表达我们的认知、信仰和情感。认知代表境界，思路决定出路。

从上面介绍可以看到，3×3结构模型承认暴力在人类生存博弈中处于核心地位，由此延伸，全方位描述了“人为何物”，使人成为一个外部有界、内部有序、完整、严谨的概念。

用3×3结构模型再次审视霍布斯与卢梭关于原始社会的辩论，我们可以更加明确地看到，结构化方法的缺失给讨论带来的问题。

卢梭曾批评霍布斯，说他未能严格、准确地把握自然状态与社会状态的边界，才会认为没有政府的社会必然充满暴力。也就是说，霍布斯未能意识到，他将3×3结构中的上面环和中间环搞混了。

可惜霍布斯没有机会回复卢梭。但霍布斯的追随者百思不得其解：卢梭怎么会对弥漫的暴力视而不见呢?

用三环模型来审视，卢梭的问题是他停留在了3×3结构中的第一个环，未能将三环作为一个不可分割的整体、完整地认识人。他忽视了，人类诞生于一个暴力世界，需要通过暴力求生存，在暴力推动下进化成强者。自然状态的概念既然聚焦人的生存需要，便不应忽视人的生存能力，不能忽视人类为提高自身生存能力的进化过程。而人类的进化，核心是暴力能力的进化。

用3×3结构模型将“人为何物”归纳为一句话：人有自然、社会和精神三个存在，这三个存在通过暴力和因暴力需要而开发的意识连接起来，成为一个不可分割的整体。

可以从宇宙学的角度解释为什么理解“人为何物”的关键是暴力而不是其他变量。

我们知道，宇宙是由能量组成的，宇宙中的各种存在，都是能量存在的不同形式，宇宙中的各种运动和变化，都是能量转换的不同形式。[2]

生命也是能量存在的形式，一个个的生命体，通过自身的生理机能，对自身的能量进行管理。当一个生命体丧失这种管理能力时，生命便终结了。[3]

生命能量管理最重要的一项任务，是与外界进行能量交换，从外界获得新的能量。食物是外界能量的载体。从这个角度来说，生物学围绕着食物、围绕着食物链研究生物和生态问题，正是宇宙学的一个具体运用。

能量是理解宇宙的关键，食物是理解生命的关键，是否“打得赢”是理解食物链的关键，这些认识的逻辑延伸就是：暴力是理解“人为何物”的关键。聚焦暴力，本质上是聚焦人类生命如何实现与外界的能量交换。暴力回答的是食物、是能量转换的问题，因此，暴力对理解“人为何物”比其他变量更为基础，更为重要。

## 3_结束语

在最终结束这趟重走祖先之路、探讨“人为何物”的旅程之前，还有两个问题需要说明一下，以释读者之怀。

首先，本书提出了一个消极、悲观的理论吗？

---

2 Carroll（2019）.

3 Cannon（1929）.

其次，现代社会还有必要聚焦暴力来认识人类、讨论人类未来吗？

第一个问题对很多心地善良、热爱和平、推崇和谐、重视合作、珍视友谊的人来说非常重要。对他们来说，承认暴力对推动人类进化的核心作用，围绕暴力讨论“人为何物”问题，会让人感到沮丧，甚至难以接受。

第二个问题对关心社会进步的人来说非常重要。正如我们在书中指出，人类在控制暴力方面已经取得了长足的进步；随着社会的进步，随着制度、教育、商业的发展，人类的暴力水平持续下降。[4] 今日，各种暴力，比如战争、恐怖主义和随机犯罪导致的死亡，不及自杀导致的死亡总数；世界上有相当多的人，一生中也难得亲身经历一次重大暴力。[5] 与原始人时刻担惊受怕不同，很多现代人已难以在日常生活中感觉到暴力的存在。在这个大趋势下，围绕暴力认识人和人类社会，是不是缺乏现实意义呢？

回答这两个问题的关键，是严格区分暴力能力和实际发生暴力行为这两个概念。对这两个概念的区别，我们在讨论霍布斯与卢梭的跨世纪大辩论时，已做了认真解释。

本书围绕暴力讨论人和人类进化，指的是暴力能力。暴力能力存在于人类的生理结构之中，存在于人类的思维能力、语言能力、组织能力、知识和技能之中。人类进化的一个重要结果，是掌握了越来越强大的暴力能力。

掌握强大的暴力能力和实际行使暴力伤害他人，是两个不同的概念。能力是进化问题，行为是决策问题，二者密切相关，而且经常密切负相关：越强大，越不需要使用暴力，或者越不敢使用暴力。

正因为掌握了强大的暴力能力，人类才在与自然的关系中获得了足够

4 Pinker（2011）.

5 Harari（2015），第3页。

的安全感，才在与世间万物的关系中，一劳永逸地解决了“谁吃谁”的问题。正因为掌握了强大的暴力能力，让战争的代价难以承受，人类才在相互关系中，让非暴力的选择更加合理、更具必然。

区分暴力能力和暴力行为，看到两者之间的负相关关系后，读者会发现，本书绝非在宣传一个消极、悲观的理论。以暴力为出发点认识“人为何物”和人类进化，丝毫不否认和平、和谐、友谊和美好人间。这个道理，恰如在生死关系的讨论中，承认死的绝对性和终极性，丝毫也不否认生的美好。相反，正是对死的认识、与死的搏斗，从生活、情感、哲学、文学、艺术、医学、健康学等各个方面，给生带来了绚丽多彩的丰富内容。

区分暴力能力和暴力行为也提醒我们，不能因为暴力行为下降而误以为暴力已渐行渐远、与人类无关。恰恰相反，在现代社会，人类的暴力能力不仅没有退化，反而空前强大，以至于唯一能用暴力灭绝人类的，只有人类自己。

现代化的真实含义是，人类从自然界获得了最大的安全，同时也成为自身最大的威胁。

今天的人类，是250万年生存博弈的进化之果。在这个漫长的历史过程中，暴力催生了人类，推动了人类进化，决定了人类的食色、组织、技术、技能、生理及精神世界。掌握无与伦比的暴力，使人类从万类霜天中的普通一员、从苟且偷生的稀有甚至濒危物种，成长为万物之灵、我们所认知的宇宙之尊。

最近1万多年来，人类进入文明时代，享受着前所未有的和平、秩序与繁荣、富足。现代人沐浴着文明之光，看着挤满地球的同类，欣赏着自己的强大，很难感觉到人类作为一个物种还有生存问题。过分的自信和安全感，忽视了一个重要的事实：对现代人来说，相互之间的暴力才是生存难以消除的永恒威胁。

对原始进化的回顾，对“人为何物”的讨论，让我们相信，人类的未来将一如既往，取决于人类对暴力的掌握和管控。

我们的恐惧，在于人类的暴力基因。

我们的信心，在于人类的智慧之光。

# 致 谢

首先要感谢我的家人，没有他们的理解与包容，没有他们创造的和谐环境，就没有本书。

感谢传授我们知识、教育我们成长的各位老师，感谢袁锡萍、赵正启、张文芳、赵延洲、伏辉竹、李健、陈岱孙、洪君彦、厉以宁、吴敬琏诸位尊师的教诲。

感谢Robert J. Aumann、Richard E. Caves、Martin S. Feldstein、Robert Gibbons、Leo Hurwicz、János Kornai、Eric S. Maskin、Douglass C. North、Dwight H. Perkins、Michael Waldman、Martin L. Weitzman等各位教授，帮助我开拓学术视野，感谢他们多年来对我学术研究的鼓励、支持和挑战。Eric S. Maskin和Robert J. Aumann两位教授对本书核心思想的形成和发展，有重大影响，给予了宝贵指导。

陈在中、陈志武、池宇峰、杜娟、黄旭斌、匡楠、钱金波、钱颖一、雷文勇、刘澈、刘红英、刘旭红、孟扬、田国强、王庆泓、王能、王沿、徐飞、杨晓燕、易定宏、于洪泽、查蓓蓓、周立诸位朋友，与本人进行了深入讨论，对本书的内容和出版提出了很多宝贵意见和独到见解，他们的支持与鼓励，令本人感激不尽。

安俊杰、白建功、陈惠谷、陈劲、陈立军、陈骊珠、陈兴栋、陈侦、程能红、池宇峰、高毅辉、胡慧倩、黄建起、蒋中敏、李稻葵、李江颖、李杰翔、李庆丰、李伟民、李振合、林永育、刘益、毛建明、苗世明、莫扶民、彭一峰、平新乔、任阅桐、石桂红、王琼、王文倩、魏巍（女）、魏巍（男）、温育青、吴则飞、向晓鹏、萧遂宁、谢泽生、熊燕斌、闫爱民、杨健伟、杨秀龙、于水、张桂文、张杰、张鹭芳、张政、张志平、赵志详、周贵、周琦、周跃东诸位朋友的鼓励，也一并感谢。

吴素萍女士为本书顺利出版，提供了宝贵的专业指导和帮助，肖梦女士的指导也弥足珍贵。想到她们多年来的无私奉献和鼎力相助，想到她们10年前为《民富论》的出版付出的心血，这次再续前缘，令人倍加感激。

长江商学院为教授们独立思考和深入研究提供了理想的环境，本书的写作备受其益。长江商学院的学子们思想活跃，与他们的互动推动了我对这个问题的思考和这次写作。

最要感谢的，还是本书忠实的读者们。因为你们，本书才有存在的意义。有意义，才是人类行为之所求。

# 参考文献


爱德华兹、嘉德、哈蒙德，2020，《剑桥古代史》第一卷第一分册，中国社会科学出版社。（I.E.S Edwards, G.J. Gadd, N.G.L. Hammond, 1970. *The Cambridge Ancient History, Volume 1, Part 1: Prolegomena and Prehistory.* Cambridge University Press.）

约翰·阿克顿，2012[1877]，《自由史论》，译林出版社。（John Acton, 1877. *The History of Liberty*.）

黛安娜·阿克曼，2017，《人类时代：被我们改变的世界》，三联书店。（Ackerman, Diane, 2014.*The Human Age*：*The World Shaped by Us*.Norton.）

奥斯特洛夫斯基，尼古拉，1933，《钢铁是怎样炼成的》。

戴维·巴拉什，2019，《告别伊甸园》，三联出版社。（David P. Barash, 2016. *Out of Eden: The Surprising Consequences of Polygamy*. Oxford University Press.）

戴维·巴斯，2007，《进化心理学》，华东师范大学出版社。

柏拉图，2009，《理想国》，上海三联书店。（Plato，*The Republic*.）

费尔南·布罗代尔，2016[1963]，《文明史纲：人类文明的传承与交流》，远足文化出版事业有限公司。（Braudel Fernand, 1963. *Grammaire des civilisations*.）

弗朗斯·德瓦尔，2015，《猿形毕露：从猩猩看人类的权力、暴力、爱与性》，三联书店。（Frans de Waal, *Our Inner Ape: A Leading Primatologist Explains Why We Are Who We Are.*）

贾雷德·戴蒙德，2014，《昨日之前的世界》，中信出版社。（Jared Diamond，2012. The World Before Yesterday：What Can We Learn from Traditional Societies? Viking Press.）

贾雷德·戴蒙德，2016，《枪炮、病菌与钢铁：人类社会的命运》(修订版)，上海译文出版社。( Jared Diamond, 1997, *Guns, Germs and Steel: The Fates of Human Societies*. W. W. Norton. )

威尔·杜兰特，2019[1926]，《哲学的故事》，新星出版社。( Will Durant, 1926.*The Story of Philosophy*. Simon & Schuster. )

恩格斯，2018[1884]，《家庭、私有制和国家的起源》，人民出版社。

布赖恩·费根，2017，《世界史前史》，北京联合出版公司。( Brian M. Fagan,2017. *World Prehistory: A Brief Introduction, 8e*.Talor and Francis Group. )

冯友兰，2009，《中国哲学简史》，三联书店。( Fung, Yu-lan, 1948. *A Short History of Chinese Philosophy*. Macmillan )

马丁·古德曼，2019，《犹太教四千年：从圣经起源、耶稣时代圣殿崇拜到现代分布全球的犹太信仰》，台北，城邦文化事业股份有限公司。( Martin Goodman, 2017, *A History of Judaism*. London, Penguin Books, Ltd. )

尤瓦尔·赫拉利，2014，《人类简史：从动物到上帝》，中信出版社。

霍布斯，1985[1651]，《利维坦，或教会国家和市民国家的实质、形式和权力》，商务印书馆。( Hobbes, Thomas, 1651. *Leviathan.* )

汤姆·霍兰，2016[2003]，《卢比孔河：罗马共和国的衰亡》，中信出版社。( Holland, Tom, 2003. *Rubicon：The Last Years of the Roman Republic.* )

迈克尔·霍华德，2017[1970]，《欧洲历史上的战争》，中信出版社。( Howard, Michael,1970. *War in European History.* )

姜建强，2014，《另类日本史》，上海交大出版社。

孔子，《论语》。

丹尼尔·卡尼曼，2012[2011]，《思考，快与慢》，中信出版社。( Daniel Kahneman, 2011. *Thingking, Fast and Slow*. Commonwealth Publishing. )

麟剑，2017，2018，2019，《世界民族与文明历史》不同章节。https://

mp.weixin.qq.com/s/zsMukvnMGFxjrFaf4asRCQ.

马克思，2007[1867],《资本论》，北京出版社。

卡尔·马克思，弗里德里希·恩格斯，1995[1848],《共产党宣言》，人民出版社。（Karl Marx and Friedrich Engels,1848.*The Communist Manifesto*.）

卢梭，1997[1755],《论人类不平等的起源和基础》，商务印书馆。（Rousseau, J. J. 1992 [1755]. *Discourse on the Origin of Inequality*. Hackett Publishing Company, Inc.）

卢梭，2003[1762],《社会契约论》，商务印书馆。（Rousseau, J. J., 2004[1762], *The Social Contract*. Penguin House.）

卢梭，2008[1782],《忏悔录》，长江文艺出版社。（Rousseau, J. J., 1992[1782]. *Confessions*. Random House Inc.）

吕不韦及门客，2009[239B.C.],《吕氏春秋》，内蒙古人民出版社。

西蒙·蒙蒂菲奥里，2014[2011],《耶路撒冷三千年》，民主与建设出版社。（Simon S. Montefiore, 2011.*Jerusalem: The Biography*. Weidenfeld and Nicolson.）

赖克，大卫，2019,《人类起源的故事》，湛庐文化。

普洛基，2019,《欧洲之门：乌克兰2000年史》，中信出版集团。（Plokhy, Serhii, 2015. *The Gates of Europe: A History of Ukraine*.）

让·萨伊，1982,《政治经济学概论》，商务印书馆。（Say, Jean–Baptiste, 1871. *A Treatise on Political Economy; or, The Production, Distribution, and Consumption of Wealth*. New York: Augustus M. Kelly Publishers.）

水木森，2016,《匈奴简史》，民主与建设出版社。

水木森，2017,《罗马帝国简史》，民主与建设出版社。

司马迁，《史记》。

孙膑，《孙子兵法》。

孙皓晖，2016,《大秦帝国》，中信出版社。

列夫·托尔斯泰，2003，《战争与和平》，人民文学出版社。

王华，2017，《文明入侵与夏威夷宗教生活的变迁（1778–1843）》，https://mp.weixin.qq.com/s/qTtjdNS5BYd-Khn0gxy4Qg。

王一江，2010，《民富论：关于发展与分配问题的讨论》，中信出版社。

王一江，2017，《从掠夺型邻居到掠夺型国家：关于社会秩序的理论》。(WANGYijiang, 2017. "From Predatory Neighbors to Predatory States: A Theory of Social Order." *Social Science Research Network*, https://ssrn.com/abstract=3058461or http://dx.doi.org/10.2139/ssrn.3058461 . Previously titled "War, Peace and the Making of the State: A Theory of Social Order." )

王一江，2019，《国富新论：斯密式市场为何稀有且脆弱？》。(WANGYijiang, 2019. "The Wealth of Nations: Why the Smithian Market Is Rare and Fragile?" *Social Science Research Network*, https://ssrn.com/abstract=3421222or http://dx.doi.org/10.2139/ssrn.3421222. Previously titled "The Wealth of Nations: A Further Inquiry into Its Cause and Natures." )

荀子，《荀子·天论》。

盐野七生，2018，《希腊人的故事Ⅱ》，中信出版集团。

臧克家，1949，《有的人》。

David Brooks, 2011. *The Social Animal: The Hidden Sources of Love, Character, and Achievement*. New York: Random House.

Cannon, Walter, B., 1929. "Organization for Physiological Homeostasis." *Physiological Review*, 9(3): 399-431.

Carroll, Sean B., 2016. *The Serengeti Rules: The Quest to Discover How Life Works and Why It Matters*. Princeton University Press.

Carroll, Sean M., 2019. *Something Deeply Hidden: Quantum Worlds and the Emergence of Space time*. Dutton.

Clark Grahame,1961. *World Prehistory: An Outline*. Cambridge University Press.

Cross Samuel H. and Olgerd P. Sherbowitz-Wetzor, ed.,1953.*The Russian Primary Chronicle*.Laurentian Text. The Medieval Academy of America, Cambridge, MA,USA.

Coase, Ronald, *1960*. "The Problem of Social Cost." *Journal of Law and Economics*. 3 *(1): 1–44.*

Darwin, Charles, 1859. *On the Origin of Species by Means of Natural Selection, or the Preservation of Favoured Races in the Struggle for Life*. John Murray.

Dawkins, Richard, 2016[1976].*The Selfish Gene*.40th Anniversary Edition.Oxford University Press.

Dawkins, Richard, 1995. *River Out of Eden: A Darwinian View of Life*. Basic Books.

de Becker, Gavin, 1997. *The Gift of Fear: Survival Signals that Protect Us from Violence*. Delta.

de Waal, Frans, 1982. *Chimpanzee Politics*.

Descartes, Rene, 1644. *Principles of Philosophy*.

Durant, Will and Ariel, 1968.*The Lessons of History*.Simon & Schuster, Paperbacks.

*The Economist*. October 7, 2010.

Elton, Charles, S. 1927. *Animal Ecology*. Macmillan.

Freud, Sigmund, 1990. *Torten and Taboo*. W.W. Norton & Co.

Furtado, Peter, ed., 2017. *Histories of Nations: How Their Identities Were Forged*. Thames & Hudson.

Gibbon, Edward, 1776. *The History of the Decline and Fall of the Roman Empire*. Strahan &Cadell.

Harari, Yuval Noal, 2015. *Homo Deus: A Brief History of Tomorrow*. Vintage.

Hardy, G. H., 2017. *A Mathematician's Apology*, 25th edition.Cambridge University Press.

Hart, B. H. Liddell, 1972. *Why Don't We Learn from History?*

Keynes, John Meynard, 1936, *The General Theory of Employment, Interest and Money*. Macmillan, London.

Machiavelli, Niccolo, 1532. *The Prince.*Antonio Bladod' Asola.

Malthus, Thomas Robert, 1798. *An Essay on the Principle of Population.*J. Johnson.

McNeill, William H., 1991[1963].*The Rise of the West: A History of Human Community*. University of Chicago Press.

Mead, Margaret, 1928. *Coming of Age in Samoa.*

Morgan, Lewis H., 1877. *Ancient Society.*

Morris, Ian, 2011. *Why the West Rules – for Now*. Farrar, Straus and Giroux.

Morris, Ian, 2014. *WAR! WHAT IS IT GOOD FOR?*Farrar, Straus &Girous.

Nisbett, Richard E. 2003. *The Geography of Thought: How Asians and Westerners Think Differently…and Why*. Free Press.

North, C. Douglass, John Joseph Wallis, Barry R. Weingast, 2009. *Violence and Social Orders: A Conceptual Framework for Interpreting Recorded Human History*. Cambridge University Press.

Pavlac, Brian A., 2011. *A Concise Survey of Western Civilization: Supremacies and Diversities throughout History*. Rowman and Littlefield Publishers.

Pinker, Steven, 2011. *The Better Angels of Our Nature: Why Violence Has Declined*? Viking Books.

Ricardo, David, 1817.*On the Principles of Political Economy and Taxation.*

Seligman, Martin E.P., Peter Railton, Roy F. Baumerster and Chandra Sripada, 2016.*Homo Prospectus*.Oxford University Press.

Sen, Amartya, 1982. *Poverty and Famines: An Essay on Entitlement and Deprivation.* Oxford University Press.

Shakespeare, William, *1599. Hamlet.*

Smith, Adam, 1997[1776].*An Inquiry into the Nature and Causes of the Wealth of Nations.*

Simon, Herbert A., 1982. *Models of Bounded Rationality,* Vols. 1 and 2.The MIT Press.Vol. 3.in 1997, MIT Press.

Thaler, Richard H., and Cass R. Sunstein, 2008. *Nudge: Improving Decisions about Health, Wealth, and Happiness*. Yale University Press.

Wilson, Edward, O., 2014. *The Meaning of Human Existence*. Liveright.